도서출판 애플북

지금까지 경매에 관하여 이런 책은 없었다!!
이 책은 당신을 반드시 부자로 만들어 줄 것이다

제1권

부동산 경매 시크릿

부동산학박사 **김태건** 지음

초보에서 고수까지, 낙찰자는 물론
소유자·채무자·채권자에게도 경매의 진수를 보여 주는 책

경매의 바이블이자 끝판왕!
평택 부동산경매학원 김태건 원장의 실전 노하우!

도서출판 애플북

이 책의 특성과 당부의 말씀

지금 바로 당신 앞에는 천문학적인 재물이 널려 있다. 당신은 그 재물을 잡기만 하면 된다. 시크릿(secret)의 저자 론다 번은 이렇게 주장한다. 세상에는 재물이 널려 있다. 다만 그것을 내 것으로 만들지 못하고 있을 뿐, 누구든 그 재물을 내 것으로 만들 수 있다고 역설한다. '백만장자 시크릿'의 저자 '하브 에커' 역시 '론다 번'과 같은 주장을 하면서 재물을 끌어당기는 17가지의 법칙을 역설하였다. 맞다. 세상에는 재물이 널려 있다. 다만 민법적으로만 소유자가 있을 뿐, 인문학적으로는 그 재물은 애초에 주인이 없다. 세상에 널려 있는 재물을 어떻게 끌어당겨서 내 것으로 만드느냐는 오직 나의 의지와 실천에 달려 있다. 세상에 널려 있는 재물을 끌어당기는 합법적인 수단은 경매가 유일하다. 그런데 아이러니하게도 사람들은 부자가 되기를 원하면서도 바로 자신 앞에 놓인 엄청난 재물을 내 것으로 만드는 방법을 모른다.

이 책은 경매에 관한 한 시중의 그 어떤 책과도 비교할 수 없을 만큼 깊이와 폭이 있다. 부동산과 경매에 관한 최고의 책을 만든다는 생각으로, 또한 내 인생에서 마지막이라는 생각으로 이 책을 썼다. 15권 이상의 부동산 종합 저서를 집필하고, 40년 이상의 대학과 학원에서의 강의 경험, 소송과 법무 실무, 중개와 경매 실무에 관한 노하우가 녹아 있다. 초보자를 위한 기초부터 고수를 위한 고도의 노하우에 이르기까지 경매의 진수를 이야기식으로 담았다. 일반적인 부동산 경매는 물론 부동산 중개와 법무 실무까지 아우르는 부동산 가치분석에 관한 종합적인 내용을 담았다. 한 마디로 부동산에 관한 바이블이자 끝판왕이다.

당신이 경매 공부를 위하여 이 책을 잡은 것은 매우 탁월한 선택이다. 왜냐하면 저자는 40년이라는 인고의 세월을 시행착오를 겪으면서 지금의 순간에 이르렀지만, 이 책을 선택한 당신은 초심만 잃지 않는 한 당신의 의지와 실천만으로도 빠르고 확실하게 부자가 될 수 있기 때문이다. 다시 말해서 당신 앞에는 이미 재물을 얻을 수 있는 절체절명의 기회가 놓여 있고, 인고의 세월을 시행착오를 통하여 얻은 나의 경험과 정보와 지식의 도움으로 초심을 잃지 않고 꾸준히 그리고 열심히 노력만 한다면 분명히 성공할 수 있다. 이 책에 대한 편견과 선입견은 절대 금물이다. 내가 이 책 집필에 인생의 마지막 정열을 쏟았듯이 당신 역시 나를 믿고 따라오기만 하면 된다.

세간의 범인들은 "실전이 필요하지, 이론이 뭐 필요해……?"라고 강변하는 자도 있다. 하지만 고수가 되기 위하여 분명한 것은 이론과 실전이 모두 필요하다는 사실이다. 실전을 모르는 이론은 '공허'하고, 이론을 모르는 실전 또한 '맹목적'이기 때문이다. 이 책은 기초부터 고급까지 이론과 실전을 모두 담고 있다. 경매 실무와 이론을 40년 법조계의 실무와 부동산 실무경험으로 녹여서 접목하였다. 심지어는 부동산업계의 잘못된 경매 실무를 여러 군데에서 바로 잡았다. 적어도 10회 독은 한다는 각오로 이 책을 펼치기 바란다. 그러면 분명 당신은 부동산 중개와 경매에 관하여 고수가 될 것이다. 반대로 편견과 선입견을 가지거나 단순한 호기심에 이 책을 펼쳤다면 당장 손에서 이 책을 내려놓기 바란다. 독서백편 의자현(讀書百遍 義自見)이라고 하였다. 저자는 40년 인고의 경험으로 이 책을 썼는데, 10번을 읽는 것도 못하겠는가? 다독을 하여도 이해가 오지 않으면 저자를 찾아오라. 저자가 당신에게 멘토가 되어 드릴 것을 약속드린다. 그리고 당신을 고수로 만들어 드리겠다.

저자는 수많은 경매 낙찰과 컨설팅을 하였고, 스스로 경매를 통하여 돈도 어느 정도 벌었다. 하지만 이 책은 일반적인 경매 책과 같이 경매 옥션을 이용하여 허세적인 시나리오를 쓰거나 수차 유찰되어 타인이 낙찰받은 물건을 마치 자신이 투자하여 성공한 것처럼 허풍을 떨지 않았다. 모든 유튜브가 그런 것은 아니지만 허풍투성이인 유튜브만으로 경매 공부를 하거나, 경험과 내공을 기반으로 하지 않은 근거 없는 책을 짜깁기한 책을 전전하거나, 인내심 없이 즉흥적인 시작과 포기를 반복한다면 10년이 넘어도 절대로 고수의 반열에 오르지 못한다. 그러나 그 반대라면 3년 이내에 고수의 반열에 오르게 될 것이다. 저자는 오직 근거 중심, 법리 중심, 이해 중심, 실무(실전) 중심으로 독자들이 경매의 진수를 터득하도록 최대한 객관적인 입장에서 이 책을 썼다. 건투를 빈다.

2025. 1. 1. 을사년 새해 벽두에
12. 3. 비상계엄을 걱정하면서…

평택 부동산경매학원 & 컨설팅 연구실에서
원장 겸 교수 부동산학박사 **김 태 건**

저자 소개

저자는 대학과 대학원(법학대학원과 부동산대학원)에서 법학과 부동산학을 모두 전공하고, 대학과 경매학원에서 경매·중개 실무 강의와 함께 경매학원과 컨설팅으로 실전 경매를 하고 있다. 법무부 공무원, 검찰공무원, 법무법인과 변호사 사무실, 부동산업계 등 토탈 40년의 성상(星霜)을 법조계와 부동산업계에서 법률실무와 중개·경매 실무에 종사하였다. 그동안 부동산 경매와 중개 실무 관련 종합서로 15권의 책을 집필하였고, 한국부동산원 등 저명한 학술기관에 다수의 부동산 관련 학술논문도 등재하였다. 돌이켜보니 경매와 중개에 관한 부동산 관련 전 분야의 책을 집필한 셈이다. 이제 인생에서 마지막으로 독자들이 경매 고수의 경지에 이르기까지 쉽게 이해할 수 있도록 부동산학과 법학의 종합과학인 경매에 관한 책을 교과서식이 아닌, 대화식 또는 강의식의 실무서를 쓰고자 한다. 이순이 넘은 나이에 내 생애 마지막으로 경매에 관한 진수를 후진에게 남기기 위하여 이 책을 쓴다.

저서(단행본) : 부동산 블랙박스 시리즈

- 시리즈① 상가주택임대차실무(권리금 포함) (제1판~제3판)
- 시리즈② 상가창업과 상가중개실무 (총론) (제1판~제2판)
- 시리즈③ 상가창업과 상가중개실무 (각론) (제1판~제2판)
- 시리즈④ 부동산경매실무 (제1판~제3판)
- 시리즈⑤ 임차권·유치권의 대항력과 민사집행(근간)
- 시리즈⑥ 부동산 사법 강의(근간)
- 시리즈⑦ 실전 부동산중개실무(Ⅰ) - 중개실무일반, 민법과 계약실무, 법조실무
  - (제1판~제3판)
- 시리즈⑧ 실전 부동산중개실무(Ⅱ) - 상가중개실무, 부동산세법실무, 특약실무
  - (제1판~제3판)
- 시리즈 ⑨ 실전 부동산중개실무(Ⅲ) - 부동산공법실무 - (제1판~제3판)
- 시리즈 ⑩ 실전 부동산중개실무(Ⅳ) - 토지보상실무 - (초판)

- 시리즈 ⑪ 경매투자 시크릿 (초판, 제1권)
- 시리즈 ⑫ 경매투자 시크릿 (초판, 제2권)
- 기 타 ⑬ 민사집행에 미치는 대항력의 범위와 한계에 관한 연구(부동산학박사 논문)
- 기 타 ⑭ 자동차사고와 의료과오의 경합에 따른 민사책임(법학석사 논문) 등이 있다.

학술논문

① 임차보증금반환채권의 가압류와 임대인의 지위승계에 관한 연구 –대법원 2013. 1. 17.선고 2011다49523[추심금] 전원합의체 판결을 중심으로– (건국대학교 법학 연구소 일감 부동산법학 제22호, 2021. 2. 등재)

② 부동산 유치권의 대항력 제한에 관한 법리 연구–대법원 판결과 관련하여 – (건국대학교 법학연구소 일감 부동산법학 제23호, 2021. 8. 등재)

③ 권리금 회수기회보호 규정의 개선방안 (한국부동산원 제7권 제3호, 2021. 11. 등재)

④ 권리금 보상 법제의 문제점과 입법과제 (건국대학교 법학연구소 일감 부동산 법학 제25호, 2022. 11. 등재)

⑤ 채권행위와 물권행위의 무인성과 독자성 등 기타 논문 다수

목차

제1장 부자 마인드는 경매의 출발이다 ····· 11

[01] 부자가 되는 방법은 부동산 투자 중 경매가 최고이다. ····· 12
[02] 당신 앞에 놓인 부와 재물을 잡아라. 그렇지 않으면 당신은 후회하게 될 것이다. ····· 13
[03] 당신은 빠르고 확실하게 성공할 수 있다. ····· 16
[04] 부동산 정책에 일희일비하지 마라. ····· 18
[05] 경매가 나쁘다는 편견은 구시대의 사고이다. ····· 18
[06] 경매는 돈을 벌 수밖에 없는 구조이다. ····· 20
[07] 경매란 무엇인가? 과연 경매에 관한 일반인들의 생각은 옳은가? ····· 23
[08] 경매는 부동산 매매이자 사법적 집행이다. ····· 26
[09] 경매 공부의 핵심은 무엇인가. ····· 27
[10] 경매 공부에서 민법은 시작이자 끝이다. ····· 33
[11] 경매에 임하는 자세가 성공을 좌우한다. 싸움닭 기질을 발휘하라. ····· 42
[12] 객관성, 일반성이 관건이다. ····· 46

제2장 경매 기초지식 익히기 ····· 49

[13] 감정가의 실체를 바로 알자. ····· 50
[14] 부동산의 종목에 따른 가치 판단하기 ····· 51
[15] 부동산 공적 장부 이해하기 ····· 53
[16] 권리분석의 기준은 무엇인가? ····· 57
[17] 경매의 종류에는 어떤 것이 있나? ····· 59
[18] 부동산 경매의 매각절차는 알고 가자. ····· 65
[19] 말소기준권리는 무엇이며, 왜 필요하며, 법적 근거는 무엇인가? ····· 74
[20] 최우선변제기준권리는 또 무엇이며, 왜 필요한가? ····· 84
[21] 대항력과 최우선변제권은 권리분석과 배당표 작성의 바로미터이다. ····· 91

[22] 확정일자는 우선변제권 발생에 필요하다. ·· 97
[23] 경매에서 건물임차인은 대지 매각대금에서도 우선변제를 받는다. ················ 101
[24] 민사집행법 이해는 경매의 고수에 이르는 첩경이다. ·· 103
[25] 임의경매와 강제경매는 어떻게 다르며, 낙찰자가 구별할 필요가 있는가? ········ 106
[26] 낙찰을 받으면 집행법원이 낙찰자 명의로 소유권이전등기를 해준다? ·············· 109
[27] 인도명령과 명도소송을 잘 활용하는 것도 경매에서 매우 중요하다. ················ 111
[28] 공매 공부는 경매와 별도로 하여야 하는가? ·· 116
[29] 입찰시 주의사항, 입찰작업 순서, 입찰 전 체크 사항 ·· 121
[30] 특수물권 권리분석 및 입찰 전 체크 사항 ·· 123
[31] 입찰표 작성에서의 주의사항 ·· 125

제3장 매각절차 속에 숨겨진 투자의 비밀 ·· 135

[32] 배당요구는 왜 알아야 하나? ·· 136
[33] 배당을 받을 채권자는 누구인가? ·· 149
[34] 낙찰자가 배당까지 알아야 하는가? ·· 162
[35] 최우선배당과 우선배당의 사례연습 ·· 165
[36] 이른바 중복경매의 경우에는 감정가와 1차 매각가격이 다른 경우가 있다. ······ 171
[37] 남을 가망이 없는 경매(무잉여 경매)는 무조건 취소된다? ································ 178
[38] 공유자우선매수와 차순위 제도 ·· 186
[39] 일반 매각사건에서의 차순위 제도 ·· 194
[40] 경매조건의 변경은 입찰 경쟁을 낮춘다. ·· 197
[41] 경매신청의 취하와 매각절차의 취소·정지는 어떻게 다른가? ·························· 201
[42] 명도와 관련한 불편한 진실 ·· 207
[43] 항고 속의 숨겨진 절차적 손익을 생각하라(항고의 역설) ·································· 211

제1장
부자 마인드는 경매의 출발이다

제1장
부자 마인드는 경매의 출발이다

[01] 부자가 되는 방법은 부동산 투자 중 경매가 최고이다.

현대 인간의 삶은 빠른 속도로 국제화되고 있고, 교통·통신·인터넷의 발달로 정보와 지식 수준이 매우 빠르고 높다. 또한 갈수록 인간의 삶이 자본의 지배를 많이 받게 되고, 상대적으로 옛날보다 더 많은 노력을 하여도 삶의 질과 실질적인 행복은 줄어들고 있다. 특히 좁은 국토에 인구밀도가 높은 우리나라에서는 살기가 팍팍하고 취업은 물론 돈을 벌기도 쉽지 않다.

거기다가 높은 교육열로 인하여 국민들의 평균 학력 또한 매우 높아서 취업은 하늘의 별따기이다. 모든 분야에서 경쟁이 치열하니 먹고살기가 척박하다. 그래서 취업과 결혼 연령이 자꾸만 늦어지고 있고, 게다가 적성에 맞는 만족스러운 직장이나 직업을 향유하기란 매우 어렵다. 오로지 자본력이 최고가 되어 버렸고, 개천에서 용이 나는 시대는 아득한 옛말이 되고 말았다. 이러한 사회적 상황에서 부모로부터 두둑하게 상속을 받지 않는 한 50대까지 자수성가를 하기란 쉽지 않다. 재산을 모으는 사회적 수단은 노력이나 정보 또는 지식이 아니라 자본이 되었기 때문이다.

이뿐인가? 생산인구는 줄어들고 있고, 고령화 시대는 무서울 정도로 빠르게 다가오고 있다. 100세 시대는 이제 눈앞에 다가왔다. 천간(天干)과 지지(地支)로는 60이면 환갑이지만 오늘날 60은 이제 청춘이다. 그런데 퇴직 이후 할 일이 없고, 이렇다 할 수익이 없다. 퇴직 이후 30~40년을 무엇을 하면서 어떤 수익으로 살아갈 것인가? 사회보장제도는 허울뿐이다. 기존에 재산이 없거나 노후 대비에 충분하지 않은 사람은 노후의 삶이 걱정되지 않을 수 없다. 설사 재력이 충분하다고 하더라도 60대 이후 아무것도 하는 일 없이 여생을 보낸다는 것은 너무도 따분하고 불행한 일이 아닐 수 없다.

이와 같은 나라에서 특히 60대 이후에 제2의 직업으로 경제적 자유에서 해방되어 고독한 삶을 걷어차고 활기찬 삶을 살 수 있는 최고의 방법은 무엇일까? 한때는 저축이 미덕으로 생각된 적도 있지만, 이러한 사회적 상황에서는 저축으로 부자가 되기는 애당초 불가능하다. 그래서인지 젊은이들은 로또나 복권을 추종하면서 미래가 없는 즉흥적인 삶을 살아가는 이가 많아지고 있다. 그리고 일반적으로 재산을 축적하는 방법으로 채권, 주식 등의 투자도 있지만, 뭐니 뭐니해도 가장 효자 노릇을 하는 것은 부동산 투자이고, 부동산 투자에서도 경매가 최고임은 저자의 경험상으로는 의심의 여지가 없다. 적어도 우리나라와 같은 사회적 여건 아래에서는 말이다.

[02] 당신 앞에 놓인 부와 재물을 잡아라 그렇지 않으면 당신은 후회하게 될 것이다.

지금 당신 앞에는 엄청난 재물이 놓여 있다. 그 재물을 당신은 잡기만 하면 된다. 그 재물을 잡지 않으면 당신은 분명 후회하게 될 것이다. 호주의 기자 출신 작가 '론다 번'은 '시크릿(secret)'이라는 책에서 이렇게 주장한다. "세상에는 재물이 널려 있다. 다만 그것을 내 것으로 만들지 못할 뿐이다. 누구든 그 재물을 내 것으로 만들 수 있다"고 역설한다. '백만장자 시크릿'의 저자 '하브 에커' 역시 론다 번과 같은 주장을 하면서 재물을 끌어당기는 17가지의 법칙을 주장하고 있다.

맞다. 세상에는 재물이 널려 있다. 다만 민법적으로만 소유권자가 정해져 있을 뿐, 인문학적 관점에서는 그 재물은 주인이 없다. 세상에 널려 있는 재물을 어떻게 끌어당겨서 내 것으로 만드느냐는 오직 나의 의지에 달려 있고, 그 의지는 재산을 모으고자 하는 부자의 마인드에서 시작된다. 그 다음에는 경매 지식과 정보로 무장하고 '시크릿의 원리(끌어당김의 법칙)'로 세상에 널려 있는 재물을 내 것으로 끌어당기면 된다.

통상 우리는 법적으로는 소유권이니 점유권이니 등의 권리를 말한다. 그러나 그것은 어디까지나 인간이 사회질서 유지를 위하여 사회과학적으로 정해 놓은 것일 뿐이고, 그 소유자 역시 살아 있는 동안에 잠시 그 물건을 소유권자라는 이름으로 가지고 있을 뿐이다. 그 소유자가 사망하면 그 재산은 다른 사람의 소유가 되며, 또한 소유자가 부도나서 부동산이 경매로 나오게 되면 '시크릿의 원리(끌어당김의 법칙)'와 같이 그 부동산을 내 것으로 만드는 것은 나의 의지와 재물을 끌어당기려는 준비와 노력에 의하여 결정되는 것이다. 그 끌어당김의 방법은 바로 부자의 마인드와 경매 공부이다.

다음은 1980년~2020까지 40년간 국내 주요 재화 및 서비스 가격의 변화를 보여 주는 자료이다. 이 자료를 통해서도 부동산 투자가 부자가 되는 지름길임이 입증된 것이다. 이 자료를 보면 강남 아파트 매매가가 GDP 대비 84배로 가장 많이 올랐음을 알 수가 있다. 놀라운 사실이 아닐 수 없다. 인구가 줄어들고 있다지만 그래도 앞으로의 대한민국의 부동산 가격의 상승은 다른 물품이나 서비스에 비하여 훨씬 더 많이 상승할 것이다. 여기에 경매로 수 회 유찰된 부동산을 낙찰받을 경우의 수익은 다른 물품이나 서비스의 수익에 비하여 훨씬 높은 것임은 이미 경매시장에서 입증되었다. 다만 일반인에게는 불편한 진실일 뿐이다.

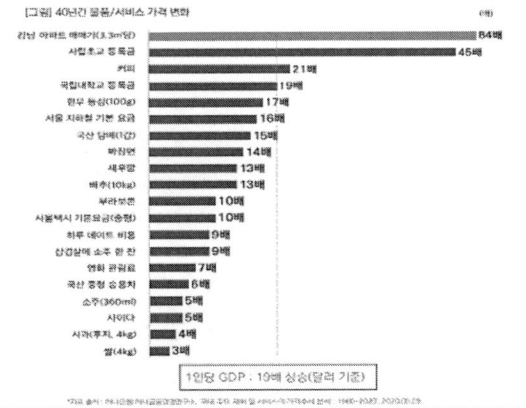

한편 2017년 한국은행이 발표한 아래의 그래프에 의하면, GDP가 약 1,900배 늘어날 때 땅값은 3,000배 올랐음을 알 수가 있다. 이 자료는 한국은행이 경제개발이 본격화된 이후의 땅값 변화를 추적한 것이다. 한국은행의 이 자료는 토지 가격에 있어서 시가총액에 대한 최신의, 최장의, 가장 신뢰도 높은 것이다. 이 자료는 토지자산의 장기시계열을 일관된 방법으로 접근하였고, 특히 1960년대 중반 이후 우리나라의 경제성장 및 개발과정을 토지자산의 가치 변화라는 측면에서 살펴볼 수 있는 매우 의미 있는 자료이다. 이 자료에 의하면 50년간 GDP(국내총생산)는 정확히 '1,933배' 증가했음에 반하여, 같은 기간 전국 땅값 상승률은 정확히 '3,030배'에 이른다. ㎡당 평균 가격은 19.6원에서 5만 8,326원으로 뛰었다. 1970년에는 고속도로 및 산업단지 건설과 영동(강남) 개발, 1991년에는 '3저 호황'에 따른 소득증가와 집값 폭등에 영향을 준 것으로 보인다. 전국기준 지목별 지가 상승은 대지가 최고였다. 50년간 대지의 비중은 전체토지의 1.4%에서 3.3%로 커졌는데, 50년간 전체 땅값에서 차지하는 대지의 비중은 28.8%에서 50.8%로 올라갔다. 도로, 철도, 상수도 용지 등 주로 도시화나 산업화와 관련된 지목의 땅값 비중도 14.0%에서 20.6%로 커졌다. 전, 답, 임야의 가격 비중은 57.2%에서 23.7%로 오히려 떨어졌다. 이 자료에 의하면 부동산, 특히 땅(대지)이 가장 큰 부를 가져다주었음을 알 수가 있다.

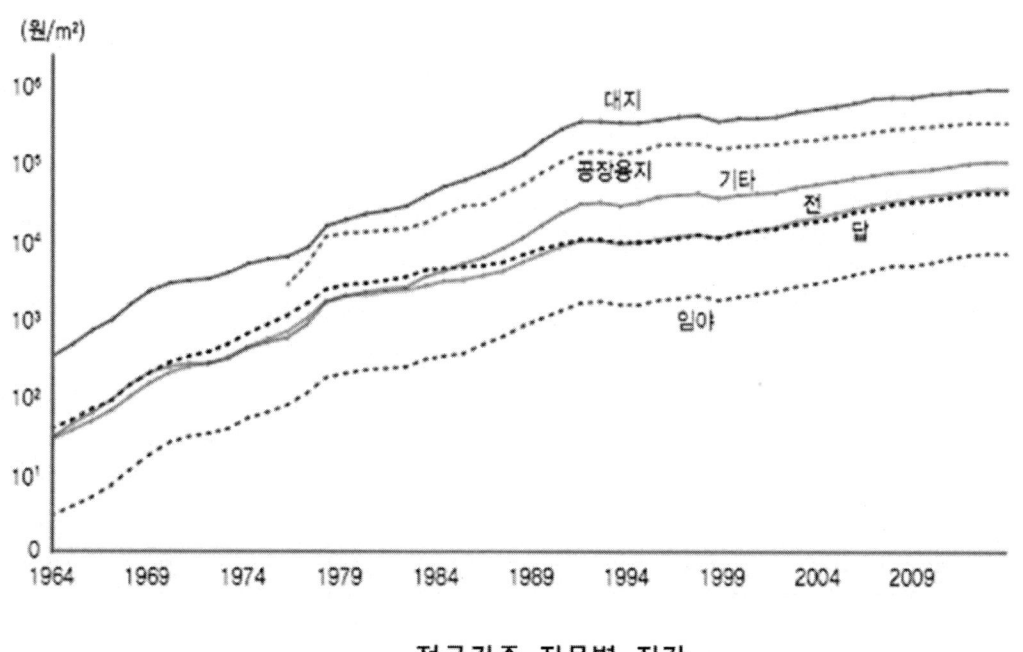

전국기준 지목별 지가

[03] 당신은 빠르고 확실하게 성공할 수 있다.

　당신이 이 책을 선택하여 읽기 시작한 것은 매우 탁월한 선택이다. 이 책을 선택한 당신은 초심을 잃지 않고 인내만 한다면 빠르고 확실하게 성공할 수 있다. 왜냐하면 지금 당신이 이 책을 마주하고 있다면, 당신 앞에는 이미 재산을 모을 수 있는 절체절명의 기회가 놓여 있고, 인고의 세월을 통하여 얻은 나의 경험과 정보와 지식의 종합적인 도움으로 초심을 잃지 않고 꾸준히 그리고 열심히 노력만 한다면 분명히 성공할 수 있기 때문이다. 나의 40년의 세월을 10분의 1 이하로 단축할 수 있는 것이다. 또한 부동산 경매는 당신이 자본이 많든 적든, 능력이 있든 없든, 당신의 의지와 노력과 인내만 있으면 레버리지와 싼 가격을 활용하여 반드시 성공할 수밖에 없는 구조이다. 따라서 경매를 통한 성공은 투자 의지와 경매 지식에 의하여 반드시 그리고 분명히 성사될 수 있다. 일정한 수준의 내공을 쌓는 한 경매에 있어서 종국적으로 실패란 없기 때문이다.

　당신이 이 책을 몇 회독 하고 나면 알게 되겠지만, 우리 민사집행법은 낙찰자의 명백한 실수가 아닌 한 입찰보증금 회수는 물론 낙찰자가 원하는 대로 매각허가이든 불허가이든 인정받을 수 있는 길을 법적으로 열어 놓고 있다. 다만 경매 공부를 오직 '권리분석'에 관해서만 피상적으로 한 경우에는 입찰보증금 회수는 물론 낙찰자가 원하는 대로 매각허가이든 불허가이든 인정받을 수 있는 길이 법적으로 보장되고 있다는 사실을 몰라서 스스로 보증금을 포기하는 것뿐이다. 현재 부동산 경매시장에서 재매각 사건이 20%가 넘으며, 지속적으로 증가하고 있다. 아시다시피 재매각 사건에서 전 매각절차에서의 최고가매수신고인[1]은 특별한 사정이 없는 한 원칙적으로 입찰보증금을 반환받지 못한다. 이것은 바로 경매 공부를 제대로 된 학원과 책으로, 근거 중심으로, 또한 체계적으로 공부를 하지 않고, 과장된 유튜브나 인문학적 관점에서 쓴 경매 책[2]으로 권리분석에 관한 공부만 하고 성급하게 경매 투자에 뛰어들었기 때문에 일어나는 현상이다.

　경매학원을 선택함에 있어서는 그것이 서울에 있느냐 지방에 있느냐가 중요한 것이 아니

---

1) 매각기일에 최고가매수신고인으로 호창된 자를 말한다. 아직은 소유자가 아니므로 최고가매수신고인이라고 부른다. 매각결정기일에 매각허가결정이 있으면 이때 매수인(낙찰자)이 되고, 잔금을 납부하면 소유권이전등기를 하지 않아도 소유자가 된다(민법 제187조, 민집법 제135조 및 제268조).
2) 인문학적 관점에서 쓴 경매 책이란 옥션의 경매사건을 마치 자신이 투자한 것인 양, 얼마의 기간 동안에 얼마를 투자하여 얼마를 벌었다는 등의 소설식의 결과 중심, 흥미 중심의 과장된 책을 말한다. 세상에 동일한 부동산은 존재하지 않을 뿐 아니라 경매는 케이스 바이 케이스로 부동산 경매에 관한 객관적인 지식으로 무장하지 않는 한 타인의 경험은 나에게 동기부여는 될지언정 결코 나에게 똑같은 수익을 가져다주지는 않는다.

라, 그 학원의 커리큘럼과 교수의 마인드와 경력이 중요하다. 즉, 가르치는 사람이 근거 중심의 체계적인 커리큘럼을 갖추고, 법학과 부동산학은 물론 이들에 대한 실무적 경험(소송 실무, 부동산 실무, 경매 실무 등)까지 한 사람인가가 중요한 선택의 기준이 되어야 한다. 그렇지 않으면 수강생 수요가 풍부한 대도시의 경매학원은 자칫 결과 중심, 흥미 중심의 과장된 강의가 이루어질 가능성이 높고, 이러한 강의를 수강한 사람이나 유튜브만을 청취한 사람은 법리가 까다롭고 유찰이 많이 된 물건은 낙찰받기 어렵다. 낙찰을 받아도 입찰보증금을 포기하고 사건이 다시 재매각으로 매각절차에 등장할 가능성이 높다.

그리고 앞에서 지적한 바와 같이 경매에 관한 책도 법적 근거 중심, 법리 중심이 아닌 인문학적 관점에서의 "얼마를 투자하여 얼마를 벌었다"는 식의 결과 중심 또는 흥미 중심으로 쓴 과장된 책은 한두 권 정도로써 '부동산 경매의 입문에 대한 동기부여로 만족해야' 한다. 왜냐하면 이러한 허세적이고 가장(假裝) 또는 과장(誇張)된 책은 수십 권·수백 권을 읽어도 '법적 근거 중심의 객관적인 지식'을 제공받지 못하며, 경매 공부에 대한 시간만 낭비할 뿐이기 때문이다.

이점은 유튜브도 마찬가지이다. 경매는 법학·부동산학·경제학 등을 기반으로 하는 사회과학의 정점에 있는 종합과학 분야이다. 따라서 유튜브는 부동산 경매의 입문에 대한 동기부여는 될지언정 부동산 경매 강의의 수단으로는 부적합할 뿐 아니라(경매는 강의실에서의 이론 강의뿐 아니라 반드시 임장을 통한 물건분석과 수익분석도 필수적으로 해야 함을 생각해 보라), 유튜브는 광고 수익을 얻기 위하여 구독자 수를 늘리려는 것이 목적이다 보니 과장되거나 단정적이고 자극적이거나 허풍투성이이다. 유튜브로 경매 공부를 하는 것은 시간 낭비가 많고, 이러한 과장투성이의 유튜브와 소설식의 인문학적 경매 책으로 공부를 한 사람은 법적 근거 중심의 공부를 하지 않았기 때문에 자신감이 없어서 입찰에 참여하기가 어려우며, 설사 참여했다 하더라도 대응능력 부족으로 잔금 납부를 포기하고 보증금을 날려버리는 등의 손실과 상처를 입기 쉽다는 점을 알아야 한다.

부동산 경매는 이론과 실무 모두 필요한 '사회과학의 정점'에 있는 분야이기 때문에 유튜브로 강의를 하는 데는 수단에 있어서 한계가 있다는 얘기이다. '자연과학의 정점'에 있는 의학이나 공학에서 유튜브로 강의를 하는 자를 본 적이 있는가? 사회과학의 정점에 있는 경매 역시 유튜브로 강의를 하기에는 부적합한 과목임을 알아야 한다. 전국 부동산학과가 있는 대학 중 부동산 경매 실무 강의가 개설된 학교는 다섯 손가락 안에 들 정도로 몇 개 되지 않는다.

경매는 법학과 부동산학의 정점에 있은 순 실무과목으로서 종합과학에 해당되기 때문이다.

[04] 부동산 정책에 일희일비하지 마라.

우리는 앞에서 30~50년 동안 아파트는 84배, 토지는 3,000배 이상 올랐음을 객관적인 자료를 통하여 보았다. 여기서 우리는 부동산 투자는 장기간에 걸쳐서 일어나는 현상임을 알아차려야 한다. 따라서 매번 정부 정책에 일희일비하면 안 된다. 정부 정책은 정치권자에 따라서 늘 변할 뿐만 아니라 현재와 과거를 넘나들기 때문에 정책에 좇아서 일희일비하면 절대 돈을 벌지 못한다. 정책에 쫓아서 일희일비하면 세금과 각종 공과금으로 인하여 장기적으로 볼 때 손해이기 때문이다.

같은 이유로 부동산을 자주 샀다 팔았다를 반복하면 돈을 벌지 못한다. 부동산 가격은 시간의 흐름에 따라서 상승과 하락을 반복하지만 장기에 걸쳐서 보면 늘 우상향으로 상승하기 때문이다. 덤으로 현재는 인구감소와 지구온난화 등의 환경문제 및 식량안보 등의 먹거리 문제로 인하여 부동산개발과 분양 또한 한계에 직면하고 있으며, 부동산 가격 상승 역시 위치에 따라서 국지적으로, 용도지역과 지목에 따라서 선별적으로 상승할 뿐이며, 70~80년대와 같이 묻지 마 식으로 모든 종목이 동반하여 상승하지 않기 때문에 부동산 경매를 통하여 족집게 식으로 투자하여야만 성공할 수 있으며, 그렇게 투자하는 것이 환금성에서도 유리하다. 이와 같이 정부정책에 일희일비하지 않고 나만의 기조(基調, keynote)와 방식으로 족집게식으로 투자를 하기 위해서는 경매에 대한 체계적인 지식과 정보로 무장하여야 한다.

[05] 경매가 나쁘다는 편견은 구시대의 사고이다.

자~~! 이제 투자의 일반 지식에서 경매제도에 한 발자국 더 접근해 보자. 경매가 돈을 버는 가장 좋은 방법임은 경험칙상 분명한 사실이고, 또 대부분의 사람들이 알고 있다. 그러나 경매는 법학과 부동산학적 관점에서 정점에 있는 종합과학임에도 불구하고, 조급한 마음에 즉흥적으로 시작과 포기를 반복하는 사람들이 많고, 이를 악용하는 사람들 또한 많아서 경매 제도의 실체가 사회적으로 상당히 와전되어 있다. 그래서 먼저 잘못 알고 있는 부동산 경매에 대한 상식을 깰 필요가 있다.

첫째로, 한때 경매는 깡패들이 하는 것이라는 생각을 하는 사람이 많다. 이런 생각은 매우 오래전 호가(呼價)경매가 시행될 때의 이야기이며, 호가제는 아주 오래전에 현재의 입찰제로 바뀌었다. 물론 지금도 호가제가 존재하지만 실제로 호가제를 시행하는 법원은 전국에 어디에도 없다. 따라서 이러한 생각은 전혀 타당하지 않다.

둘째로, 경매는 망한 사람의 눈에 눈물 나게 하는 나쁜 짓이라는 생각을 하는 사람이 있다. 정리(情理)주의 또는 온정(溫情)주의 사회의 특징적 사고방식으로서, 부자는 나쁜 자, 가난한 자는 착한 자라는 합리성이 결여된 '이분법적 사고'이다. 실상은 낙찰자는 최고가를 쓴 사람으로서 사회경제적으로 소유자 또는 채무자에게 공로자이자 구세주이다. 따라서 이러한 생각 또한 현실적이지 못한 잘못된 생각이다.

셋째로, 부도가 난 경매물건은 재수가 없다고 생각하는 사람이 있다. 경매물건의 소유자가 운영을 잘못하여 부도가 난 것뿐이다. 그런데 그 물건이 재수가 없다니.... 얼마나 한심한 '샤머니즘적 사고방식'인가? 경매물건은 감정평가 등 이미 검증을 거친 양질의 물건이다.

그리고 경매는 채권자와 채무자의 불행한 관계를 끊어주는 행위이다. 채권자와 채무자의 교착상태인 관계를 끊어 주어, 채권자에게는 채권 관계의 정리와 오랜 고통에서 벗어나게 해주고, 채무자에게는 사실상의 파산을 정리하고 회생의 길로 인도하는 양자 모두에게 구원적인 행위이다. 결론적으로 이와 같은 생각은 경매의 경자도 모르는 문외한적 사고이다. 이러한 사고를 가진 사람은 결코 부자가 될 수 없다.

한편 부동산 가격은 한번 올라가면 내려올 줄 모른다. 이것은 부동산 경매시장과는 달리 일반 부동산거래시장에서는 매도인이 과거 자신이 부동산을 살 때 지급한 가격 때문이며, 시중의 부동산 가격은 호가 중심이기 때문이다. 한번 오르면 내려올 줄 모르는 부동산 가격을 끌어내리는 유일한 곳은 경매시장뿐이다. 수 회의 유찰을 거쳐서 싸게 살 수 있는 시장은 오직 경매시장뿐이다.

매 회 30%씩의 유찰제도와 말소기준권리를 중심으로 원칙적으로 모든 권리가 소멸하는 소위 말소주의를 취하고 있기 때문에 경매는 소액으로도 부동산 투자를 하여 수익을 올릴 수 있다. 보증금과 대출 레버리지를 활용하면 1~2천 만원 또는 4~5천 만원으로도 얼마든지 투자를 할 수 있다. 경매에서는 심하게는 1,000%의 수익률을 올리는 경우도 자주 있다.

또한 경매는 누구나 할 수 있다. 자격증도 필요 없고, 운전을 할 수 있고 걸어 다닐 수만 있으면 할 수 있으며, 은퇴도 정년도 없다. 다른 직업을 은퇴한 후에도 여행 삼아 할 수 있는 '인생 2막의 최고의 직업'이 될 수도 있다. 다만 인내심을 가지고 1~2년 정도의 내공을 쌓는 인고의 시간을 가진다면 말이다.

[06] 경매는 돈을 벌 수밖에 없는 구조이다.

자~~!, 이제 왜 경매는 돈을 벌 수밖에 없는지를 구조적으로 접근해 보자. 첫째로, 경매에 관한 공부를 제대로 하지 않은 사람은 경매가 복잡하고 어렵다고만 생각한다. 그러나 경매는 '객관적인 법적 절차에만' 따르면 되므로 조금만 공부를 하면 오히려 '정형적인 요식행위'이다. 제대로 된 멘토를 만나서 1~2년 정도 집중적으로 공부를 하면 누구나 할 수 있고 돈을 벌 수 있다. 수억 또는 수십억 원 이상의 돈을 벌 수 있는 일 중에 이 정도의 시간을 투자하지 않고 그 정도의 돈을 벌 수 있는 일이 세상에 어디에 있단 말인가?

물론 세상사에서 가장 쉬운 투자는 로또이다. 그러나 로또는 당첨 가능성이 아주 희박하다. 이에 비하여 경매는 로또보다 어려운 만큼 경쟁이 적고 수익이 확실하다. 경매는 당첨 가능성이 입찰자 자신에게 달려 있다. 로또는 운이지만 경매는 노력한 만큼 대가가 따라 오는 확실한 투자이다. 당신은 당첨 가능성이 아주 희박하고 운에 의하여 좌우되는 로또를 선택하여 한평생 요행을 바라며 공허하게 살 것인가? 좀 어렵지만, 경쟁이 적고 당락을 입찰자가 결정할 수 있는 수익이 높고 확실한 경매를 선택하여 경제적으로 윤택한 삶을 살 것인가? 당신은 베짱이로 살 것인가? 개미로 살 것인가? 진솔하고 용감하게 지금 당장 스스로 선택과 집중을 해보라.

둘째로, 경매는 남는 것이 별로 없다고 생각하는 사람이 있다. 그렇지 않다. 일반시장보다 수익률이 훨씬 높다. 아는 만큼 보이고, 공부한 만큼 수익이 높아진다. 불경기 시에는 50% 또는 40%~20%대에 낙찰된다. 심지어는 10% 또는 1%대에 낙찰되는 경우도 왕왕 있다. 과연 일반 거래에서는 아무리 급급매물이어도 이와 같은 수익을 낼 수는 절대로 없다.

셋째로, 경매는 위험하고, 명도가 골치 아프다고 생각하거나, 잘못하면 계약금을 떼인다고 생각하는 사람이 있다. 그러나 이 또한 경매 공부는 하지 않고 수익만 내려는 성급한 사람들의 짧은 생각이다. 경매는 법원이 관여하는 공정하고 투명한 '완전경쟁시장'이다. 일반 매물과 같이 사기를 당할 염려도 없고, 경매 공부를 체계적으로 하면 계약금을 떼이거나 이중매매를 당하지도 않는다. 혹자는 명도가 골치 아프고, 잘못하면 계약금을 떼인다는 등 경매에는 함정이 많다고 하나, 그것은 경매를 모르는 문외한인 낭설이다. 경매는 민사집행법적으로 낙찰자의 명백한 실수 외에는 모두 구제받을 수 있다는 사실을 알아야 한다. 경매는 민사집행(사법적 집행)을 통한 부동산 매매이기 때문이다.

넷째로, 물량이 많지 않다고 생각한다. 그렇지 않다. 일반거래시장도 세상의 모든 매물이 거래 대상이 아니라 매물로 나온 물건만 거래의 대상이다. 오히려 일반 거래시장에서 매물로 나온 물건을 찾기란 더 어렵다. 부동산 사무실을 수없이 돌아다녀도 값싼 양질의 물건을 찾기가 쉽지 않다. 그러나 경매에서 낙찰을 받을 물건은 임장을 필수적인 선행 조건으로 하지만, 물건검색은 안방에 앉아서 손가락만으로 할 수 있고, 값싼 양질의 물건과 투자할 종목이 다양하고 넘쳐난다.

경매물량이 많지 않다는 생각은 최근에 민사집행법 실무상 부동산 경매물건 공고를 집행법원의 각 경매계별로 매각기일 1주일 전에만 검색이 가능하도록 하고, 매각기일 후에는 검색이 되지 않도록 법이 변경되었기 때문에 일어나는 착시 현상일 뿐이다. 다시 말해서 부동산 경매물건 공고에 관한 민사집행법 개정으로 인하여 항상 물건을 볼 수가 없어서 마치 경매물건이 적은 것처럼 보일 뿐이다. 경매시장은 물건이 넘쳐나는 '부동산의 만물상 또는 합법적인 도깨비시장'이다.

다섯째로, 경매는 하자 있는 물건만 나온다고 생각한다. 그러나 그렇지 않다. 경매물건은 금융기관 등으로부터 이미 평가와 검증을 거친 양질의 물건이다. 일반시장에서도 물리적 하자 있는 물건은 싸게 팔지지 않는가? 경매 역시 물리적 하자이든 법률적 하자이든 하자가 있으면 수 회 유찰된다. 그리고 경매의 하자는 대부분 치유가 가능한 하자이다. 특히 권리의 하자는 치유가 100% 가능하다. 물리적 하자도 대부분 치유될 수 있는 것이다. 또한 물리적 하자와 같은 치유가 되지 않는 하자는 아주 싸게 살 수 있다는 점이 일반 거래와 다르다.

부동산은 부동산 자체가 운명을 결정하는 것이 아니라 인간이 하자를 만들고 인간이 그 부동산의 운명을 결정짓는다는 사실을 명심해야 한다. 부동산은 그 운명을 사람이 결정하고 하자 또한 사람이 만든다. 그래서 경매에서 하자는 반드시 해소될 수 있다. 부동산의 운명은 부동산이 아니라 소유자가 결정하기 때문이다. 경매에 나온 물건은 그 물건이 나빠서 경매에 나온 것이 아니다. 그 부동산을 운용하는 소유자가 잘못하여 부도가 나고 경매에 나온 것뿐이다. 이 점을 아느냐 모르느냐 또는 인식하느냐 못하느냐는 부동산을 주관적 잣대로 바라보느냐 객관적 잣대로 바라보느냐와 같이 결과에 있어서 엄청난 차이를 초래한다.

여섯째로, 취득에 제한이 많다고 생각한다. 아니다. 경매는 일반 거래보다 취득에 따른 규제를 덜 받는다. 토지거래허가구역이라도 별도의 허가 없이 매입이 가능하는 등 일반인들의 입찰 참여에 특별한 제한이 없다.

일곱째로, 경쟁이 치열하고 매각가격이 높다고 생각한다. 아파트를 제외하고는 경쟁이 적고 일반 매물에 비하여 훨씬 저렴하다. 아파트도 유치권 신고가 있거나 대지권 미등기 또는 토지에 별도등기가 있는 등의 경우에는 많이 유찰된다. 부동산은 아이템과 용도에 따라서 천의 얼굴을 가지고 있다. 따라서 남들이 쳐다보지 않는 소외된 물건도 아주 싼 가격에 낙찰받아서 미용과 성형으로 상당히 가치 있는 물건으로 둔갑시킬 수 있어서 일반 물건에 비하여 가성비가 높다. 바로 싸게 낙찰받기 때문에 이와 같은 결과가 가능한 것이다.

여덟째로, 경매정보는 전문가만이 알 수 있다고 생각하는 사람이 있다. 아니다. 경매 공부는 하지 않고 엄청난 수익만 얻으려는 잘못된 생각에서 비롯된 생각이다. 땀을 흘리지 않고 인내심 없이 어떻게 부자가 된단 말인가? 경매정보는 열린 정보이므로 누구나 알 수 있으며, 법원이 관여하기 때문에 정확하고 안전하다. 절차적 하자나 부정확한 정보가 있으면 낙찰불허가의 대상이 되고, 입찰보증금도 반환받을 수 있다. 부동산에 대한 정보와 법적 제한을 알아야 하는 것은 일반 매매와 다를 것이 없다.

아홉째로, 추가 비용이 많이 들어간다고 생각한다. 그렇지 않다. 오히려 취득 시 세금이 매매보다 훨씬 싸다. 유찰되어 낙찰된 금액을 기준으로 세금이 부과되기 때문이다. 명도 시에 이사비가 비공식적으로 들어가는 경우도 있지만, 낙찰자 본인이 골머리 앓지 않고 쉽게 명도받으려고 이사비를 주는 것일 뿐 법적으로는 전혀 지급할 의무나 이유가 없다. 권리분석상으로 문제가 없으면 인도명령 또는 명도소송으로 간단히 해결할 수 있다.

그리고 혹자는 보증금을 반환받지 못한 임차인이 기물을 파손하거나 물건을 훼손하기도 하기 때문에 골치 아프다고 하나, 민사집행법상의 보전처분으로 낙찰자(최고가매수신고인)는 매각허가결정 전에는 부동산침해방지명령을 신청하거나(민집법 제83조, 규칙 제44조), 매각허가결정 이후 부동산 인도 시까지는 관리명령 신청으로(민집법 제136조 2항) 낙찰자는 자신이 낙찰받은 경매물건을 임차인 등 제3자가 훼손하지 못하도록 할 수도 있다. 이상과 같이 경매에 대한 일각의 낭설은 경매 공부를 해보지도 않고 말하는 문외한들의 생각일 뿐이다.

[07] 경매란 무엇인가? 과연 경매에 관한 일반인들의 생각은 옳은가?

앞에서 우리는 경매의 실상과 구조와 시중의 와전된 낭설까지 낱낱이 살펴보았다. 이제 경매가 무엇인지를 전문가가 되기 위한 입장에서 정확하게 접근해 보자. 일반적인 관점에서 경매란 무엇인가? 한마디로 답할 수 있는가? 일반적으로 경매란 싸게 사는 것이지만, 어려운 것이라고만 생각한다. 싸게 살 수 있다는 것은 맞지만, 어려운 것이라는 생각은 옳지 않다. 경매는 법학·경제학·부동산학을 바탕으로 하고, 민사집행법을 추가적으로 알아야 하는 종합과학이다 보니 일반적으로 어렵다고 생각하는 것 같다.

그러나 경매는 민사집행 절차에 따르는 것 외에는 일반 매매와 똑같다. 즉, 경매에 적용되는 법률이 일반매매에서도 그대로 적용된다. 일반매매 역시 경매에서 필요로 하는 권리분석, 물건분석, 수익분석이 경매와 똑같이 필요하다. 다시 말해서 경매는 민사집행법을 적용하는 것 외에는 일반 매매와 적용법률이 똑같다. 다만 일반 매매에서는 서로 다르다고 잘못 인식하면서 매매를 하는 것뿐이다. 다만 경매에서는 법원이 관여하니 철저히 공부해서 매매에 임해야 된다고 인식하는 반면에 일반 매매에서는 경매와 똑같은 법이 적용된다는 인식 없이 수익분석만으로 매매에 임하는 경향이 있을 뿐이다. 일반 매매에서는 이와 같은 인식 없이 사적거래로서 서로 믿고 철저한 권리분석 없이 거래를 하다 보니 경매에 비하여 오히려 착오, 사기, 기만 등에 의한 분쟁이 더 많다.

그런데 한편 더 나아가 냉정히 생각해 보면, 우리는 최소한 40세 내외 정도만 살았어도 이미 제도권 내외에서 경제행위와 부동산거래, 사법적·공법적 법률행위를 수없이 공부하거나 몸으로 실천해왔기 때문에 이미 몸에 어느 정도는 체질화되어 있다. 따라서 단호한 의지만 있다면, 1~2년 정도 제대로 된 책과 멘토를 만나서 체계적으로 공부한다면 결코 경매가 어려운 것이 아니다. 생각해 보라. 학문적으로 따지면, 경매란 경제학과 부동산학과 법학이 어우러진 종합과학이다. 단순히 생각하여 만약에 위 3개 학과가 일상생활과 밀접한 관련이 없는 생소한 것이라면, 박사 수준 정도로 3과목을 동시에 섭렵하려면 중고등학교의 기본 교육을 제외하고도 최소한 20년은 족히 걸릴 것이다.

그러나 경매는 순 실무적 과목이다. 따라서 대부분의 사람들이 대학에서 최소한 위 3개의 과목 중 하나 정도는 이미 공부를 한 상태이거나 또는 일상생활에서 지속적으로 법률행위와 경제행위를 몸소 실천해 왔기 때문에, 기성 사회인으로서 실무적 경매를 익히는 것은 생각보다 재미있고 어렵지 않다. 왜냐하면 실무적 경제행위와 실무적 법률행위는 이미 몸에 어느 정도 배여 있기 때문이다. 이와 같은 관점에서 일상생활에서의 경매를 통한 부동산 매매란 결코 우리의 삶과 동떨어진 것이 아니기 때문에 인내를 가지고 초심만 잃지 않는다면 결코 그렇게 어려운 것이 아니다. 당신의 전공이 무엇이든, 직업이 무엇이든, 돈이 많든 적든, 의지만 있으면 가능한 일이다. 그 정도의 의지도 없이 어떻게 짧은 시간에 부자가 될 수 있단 말인가? 세상에 호락호락한 일이 어디에 있던가. 그것도 부자가 되어 인생 역전을 하는 것이 어찌 그 정도의 시간과 노력 없이 가능할 손가?

그렇다면 실무적 관점에서의 경매란 무엇인가? 경매란 '부동산 매매'이다. 대법원 역시 부동산 경매의 성격을 '사법상의 매매'로 보고 있다. 즉, 사법적 매매라는 것이 대법원과 학계의 통설·판례였다.[3] 사법적 매매라는 관점에서는 경매는 일반 매매 또는 중개를 통한 매매와 다르지 않다. 그러면 경매를 통한 부동산 매매가 일반 매매 또는 중개 거래에서의 매매와 완전히 똑같다는 말인가? 물론 그렇지는 않다. 결론적으로 부동산 경매란 '부동산 매매'인 것은 일반 거래와 똑같다. 그러나 경매는 '민사집행(결정이라는 재판)을 통한' 부동산 매매라는 사실이다. 대법원도 이와 같은 관점에서 "비록 경매가 '사법상 매매'의 성질을 보유하고 있기는 하나, 다른 한편으로는 법원이 소유자의 의사와 관계없이 그 소유물을 처분하는 '공법상 처분으로서의 성질'을 아울러 가지고 있다"고 하였다.[4] 공법상 처분으로서의 성질을 가지고 있다는 것은 바로 공법인 민사집행(결정이라는 재판)을 통한 매매라는 의미이다.

---

3) 대법원 1969. 11. 19. 선고 69마989 결정, 대법원 1998. 3. 27.선고 97다32680 판결, 대법원 1991. 10. 11. 91다21640 판결, 대법원 1993. 5. 25.선고 92다15574 판결 등 참고.
4) 대법원 2012. 11. 15. 선고 2012다69197 판결 [명의신탁해지에기한소유권이전등기], 법원실무제요 2020년판 제2권 3쪽 참조

이와 같이 경매가 무엇인가에 대해서는 경매에 참여하는 사람들도 인식하지 못하는 사람이 많다. 결국 부동산 경매란 '부동산 매매'이지만, '민사집행(결정이라는 재판)을 통한' 부동산 매매라는 점이 일반 매매와 다르다. 따라서 설사 낙찰을 잘못 받았더라도 매각절차에 문제가 있을 경우에는 즉시항고 등 민사집행법상 낙찰자에게 유리한 제도를 활용하여 입찰보증금을 돌려받을 수도 있을 뿐 아니라, 최고가매수신고인이 된 후에도 합리적인 이유가 있으면 당해 매각절차를 이용하여 이의신청 또는 항고 등 경매법원의 매각절차 진행에 관여하여 매각허가 또는 불허가 결정을 받아낼 수도 있다. 왜냐하면 경매는 일종의 민사집행, 즉 재판을 통한 부동산 매매 또는 사법상의 권리에 대한 집행절차이기 때문에 재판을 받을 권리의 일환으로 입찰자의 과실이 아닌 한 그 절차에서의 즉시항고 또는 이의신청 등으로 입찰자는 구제를 받을 수 있다.

이에 비하여 일반 매매에서는 사기·기만·과실 등으로 착오 또는 오류가 발생하면 '민사소송'를 통하여 바로 잡아야 하는 번거로움이 따른다. 이와 같이 경매 공부를 하는 사람은 경매가 무엇인가라는 물음부터 정확하게 감지하여야 한다. 그렇지 않고 경매가 일반 매매와 서로 다르다고만 생각하거나 경매를 오직 권리분석만으로 접근하는 것은 근시안적인 사고로 잘못된 생각이다. 경매를 정확하게 알아야만 경매를 통한 부동산 매매에서 부동산을 저렴하게 취득할 수 있음은 물론 낙찰자에게 유리한 지위와 입장을 활용하여 억울한 손실을 막을 수 있게 된다.

일반 매매에서도 상대방의 사기, 강박, 착오 등이 있거나 상대방이 채무를 이행하지 않을 경우에는 계약을 해제 또는 해지하고 계약금을 돌려받거나 손해가 있으면 손해배상까지 청구하지 않는가? 이에 비하여 오히려 경매는 법원이 관여하는 매매이기 때문에, 절차상의 하자 또는 물건에 하자가 있거나, 절차상의 오류·착오·불완전 등이 있는 경우에는 앞에서 보았듯이 전적인 입찰자의 과실이 아닌 한 입찰자는 항고 또는 이의신청 등으로 당해 절차를 이용하여 바로 구제를 받을 수 있다. 민사소송이라는 스스로의 새로운 절차 없이도 법원이 깔아놓은 집행절차를 이용하여 이의 또는 항고만으로 입찰자에게 유리한 결과를 얻어낼 수도 있는 것이다. 따라서 일반 매매에서 계약 상대방을 상대로 민사소송을 해야 하는 것보다 집행법원이 깔아놓은 매각절차를 이용하는 것이 훨씬 쉽고 빠르고 안정적이라는 사실을 알아야 한다.

[08] 경매는 부동산 매매이자 사법적 집행이다.

우리는 앞에서 '일반적인 관점'과 '실무적인 관점'에서 경매란 무엇인가에 관하여 살펴보았다. 그러면 여기서 '법적 관점'에서 경매를 한 번 살펴보자. 법적 관점에서 경매란 민사집행법을 통한 부동산 매매임을 이미 앞에서 우리는 간단히 정의하였다. 수 회 유찰된 물건은 민법·주임법·상임법·가등기담보법 등의 실체법과 부동산등기법·민사집행법 등의 절차법을 통한 실체적, 절차적 권리분석이 필요하다. 실체법과 절차법을 통한 권리분석이란 실체법과 절차법을 통한 다면적 권리분석을 해야 한다. 민사소송은 원칙적으로 '양 당사자의 대립구조'이나, 민사집행은 '다수 당사자의 다면적 대립구조'가 원칙이기 때문이다.

소유자, 채무자, 채권자, 낙찰자 등 여러 명의 이해관계인이 존재하고, 채권자에는 임차권자, 근저당권자, 전세권자, 지상권자, 유치권자, 법정지상권자 등 수없는 사람이 각자의 이익에 따라서 서로 다른 이해관계를 가지고 대립하는 것이다. 그래서 민사집행은 다면적 구조이기 때문에 실무적으로 밖으로는 평온해 보이나 안으로 이해관계인들 사이에서 민사집행 절차를 통하여 치열한 법률적·경제적인 눈치작전이 벌어지는 것이다. 오직 실체법상의 법리만 주로 따지는 양 당사자의 대립구조가 원칙인 민사소송과는 다른 훨씬 복잡한 양상을 띈다.

그리고 경매는 일반 매매와 같이 부동산에 대한 '매매행위'이다. 하지만 일반 매매와는 달리 민사집행이라는 절차법에 따라서 이루어지는 채무자 또는 소유자가 원치 않는 매매이다. 이 점이 경매에서의 핵심적 요소이다. 그런데 세간의 대부분의 사람들은 - 심지어는 학원강사나 대학교수까지도 - 협의의 매각절차를 제외하고는 민사집행법을 무시하거나 잘 모르는 경우가 대부분이다. 심지어 입찰 참여자는 매각절차를 제외하고는 민사집행법을 알 필요가 없다고까지 말하는 사람도 있다. 특히 유튜브에서 이런 허접한(?) 사람들을 많이 볼 수가 있는데, 물론 경매를 진행하는 집행관이나 집행법원의 직원만큼 민사집행법을 속속들이 알 수도 없고 또 알 필요도 없다.

그러나 권리분석에도 실체적 권리분석뿐만 아니라 '절차적 권리분석'도 경매의 낙찰 결과에 지대한 영향을 미치기 때문에 매각절차에서의 경매개시결정등기[5]의 역할, 민사집행의 3대 원칙, 배당요구의 중요성과 배당요구종기일의 의미, 당연배당권자, 이중경매(중복경매),

---

[5] 경매개시결정등기는 민사집행법상의 용어이고, 경매신청등기 또는 경매기입등기는 부동산등기법상의 용어이다. 그러나 이들은 모두 같은 용어이다. 이하에서는 '경매개시결정등기'라고 한다.

공유자 우선매수와 차순위 제도, 일반 사건에서의 차순위 제도, 남을 가망이 없는 경매와 낙찰자에게 미치는 효과, 최우선변제기준권리와 그 역할, 다가구·통 상가(꼬마빌딩)의 배당표 작성, 매각절차에 따른 낙찰자 구제 방법 등 최소한의 규정과 효과는 반드시 숙지하고 있어야 한다.

절차법인 민사집행법상의 위와 같은 것들은 실체법상의 권리분석 못지않게 경매에서 중요한 역할을 한다. 위와 같은 절차법상의 제도로 인하여 수차 유찰되거나 실체법적 권리분석에 영향을 미치는 경우가 상당히 많다. 그런데도 민법과 민사특별법상의 실체법적 권리분석만 중시하고 '절차적 권리분석'은 등한시하는 것은 경매초보자들이 저지르는 실수이다.

[09] 경매 공부의 핵심은 무엇인가.

그렇다면 부동산 경매 공부의 핵심은 무엇인가? 일반적으로 경매 실무에서는 대상 부동산에 대한 권리분석, 물건분석, 상권분석, 배당표 작성과 수익분석을 한다. 그리고 입찰에 참여하여 낙찰을 받고 수익을 창출한다. 어느 하나도 소홀히 할 수 없는 것들이다.

먼저, 권리분석에는 민법의 지상권, 지역권, 전세권 등 용익물권과 유치권, 질권, 저당권, 근저당권 등 담보물권이 바로 권리분석의 기본 중의 기본이다. 이들 권리는 채권행위와 물권행위가 하나의 계약 과정에서 따로따로 일어나는 것이 아니라 동시다발적으로 연계하여 일어난다.

부동산 경매도 법적 성질이 매매이므로 원칙적으로 일반 거래와 같이 민법상 매매의 성질이 기본적으로 그대로 적용된다. 그래서 매수인인 낙찰자는 경매가 잘못되어 손실을 보게 된 경우에는 종국적으로는 매각절차와는 별개의 절차로 채무자·소유자·채권자에게 민법상의 담보책임을 추궁하여 손실을 회복할 수도 있다(민법 제578조 참조).

그러나 일반적인 경매 책과 경매학원에서는 이러한 가장 기본적이면서도 근본적인 문제를 모르고 강의를 하거나, 또는 거두절미하고 몸통만 강의하는 경우가 대부분이다. 그리고 위와 같이 경매는 물건분석과 수익분석이 권리분석과 유기적으로 연계되어 있고, 권리분석 못지않게 물건분석과 수익분석이 중요함에도 불구하고, 실상은 권리분석 강의에만 치중하는 경향이 있음이 경매업계의 현실이다. 이 책에서는 시중의 그 어떤 책이나 강의와는 달리 권리분석은 물론 물건분석과 수익분석에 관한 내용까지도 구체적으로 언급할 것이다.

다음으로, 민법상의 권리분석뿐 아니라 주임법, 상임법, 가등기 담보 등에 관한 법률(이하 가담법이라 한다) 등 민사특별법상의 권리분석을 할 줄 알아야 한다. 이들은 민법의 특별법이기 때문에 민법에 우선하여 적용된다. 또한 민법의 특별법으로서 민법상의 중요한 제도와 원칙을 수정 또는 보완하는 다수의 규정을 포함하고 있다. 예컨대 민법 중에서도 물권법은 배타성(排他性) 내지 독점성(獨占性)[6]과 대세권(對世權)[7]이라는 성질 때문에 일물일권주의(一物一權主義)[8]와 물권법정주의(物權法定主義)[9]를 취하고 있다. 물권법의 '배타적 지배권으로서의 성질' 때문에 제3자가 부동산 등기를 통하여 그 부동산이 누구의 소유인지를 알 수 있도록 하기 위하여 공시주의(公示主義)를 채택하고 있다. 이러한 공시주의 또는 공시제도를 관철하는 방법을 공시방법이라고 하며, 부동산은 등기를, 동산은 점유를 공시방법으로 하는 것이 민법상의 원칙이다.

그러나 우리나라는 부동산 임대차의 경우 임차인이 임차권등기를 하고 싶어도 부동산등기법상 등기는 '공동신청주의가 원칙'이기 때문에 계약상 우월한 지위에 있는 임대인이 임차권등기에 협조해주지 않아서 임차권등기를 할 수가 없었다. 그래서 계약기간 종료 후 임대차보

---

6) 배타성 내지 독점성이란 물권은 원칙적으로 하나의 물건 위에 내용이 상충하는 수 개의 물권이 존재할 수 없는 성질로 인하여, 물건에 대한 타인의 간섭을 배제하고 독점적으로 이익을 누릴 수 있는 성질을 말한다. 예컨대 물권인 소유권을 가지고 있으면 타인의 간섭없이(배타적으로) 독점적으로 소유권을 행사할 수 있다. 따라서 타인이 물권의 실현을 방해하는 경우 이를 배제할 수 있는 '물권적 청구권(방해예방청구권·방해제거청구권·반환청구권)'이 인정되고, 이러한 물권의 배타성 내지 독점성이라는 특성 때문에 물권의 종류와 내용을 법률로 정하는 '물권법정주의'가 적용되며, 물권의 존재를 외부에서 알 수 있도록 '공시제도'가 필요하며, 하나의 물건에는 하나의 물권만이 성립될 수 있다는 '일물일권주의(一物一權主義)'가 적용된다. 배타성 내지 독점성으로 인한 일물일권주의는 물권의 내용이 서로 동일하여 하나의 물건에서 '서로 양립할 수 없는' 물권들 사이에서만 인정되고, 물권의 내용이 서로 달라서 하나의 물건에서 '양립할 수 있는 권리', 즉 소유권과 제한물권, 근저당권과 전세권, 점유를 수반하지 않는 여러 개의 근저당권 사이는 하나의 물건 위에 동시에 성립할 수 있다. 이에 대하여 상대권인 채권은 배타성 내지 독점성이 인정되지 않는다.
7) 물권법상의 권리는 세상의 모든 사람들에게 그 권리를 주장할 수 있다는 것을 말한다.
8) 물권법의 절대성·배타성으로 인하여 원칙적으로 물권의 목적물은 1개의 독립한 물건이어야 한다는 원칙이다. 따라서 원칙적으로 물건의 일부나 수개의 물건에 대하여 하나의 물권이 성립할 수 없다. 물권의 이러한 성질 때문에 지적법상 '분필과 합필 제도'가 생겨난 것이다. 그러나 이 원칙은 물건의 일부나 집합물 또는 물건의 집단을 객체로 물권을 인정해야 할 사회적 필요성으로 인하여 '채권·동산 등의 담보에 관한 법률'과 같은 특별법이 생겨 나는 등 상당히 후퇴하였다.
9) 채권법상의 계약이 대인권으로서 '계약자유의 원칙(사적 자치의 원칙)'이 적용되는 것과는 달리, 물권법은 배타성·독점성·대세권으로 인하여 물권법정주의가 적용된다. 물권법정주의란 물권의 내용과 종류는 법률과 관습법에 의하지 않고는 창설하지 못한다는 것을 말한다.

증금을 돌려받지 못하여 길거리에 내몰리는 사태가 빈번하였다.[10] 이와 같은 사회적인 문제를 해결하기 위하여 세계 문명국가는 물론 우리나라도 주임법과 상임법에서 민법상의 부동산 물권의 공시방법인 '등기'를 포기하고, '동산'의 공시방법인 '점유'를 '부동산'의 공시방법으로 채택하게 된 것이다.

그런데 민법상 동산의 공시방법인 점유는 점유자가 '소유권자로서 점유하고 있는지, 임차인으로서 점유를 하고 있는지를' 적어도 부동산 등기부를 보지 않고는 외관상 제3자에게 쉽게 드러나지 않기 때문에, 동산의 공시방법인 점유를 부동산의 공시방법으로 사용하는 것은 문제가 없지 않다.

따라서 동산의 공시방법으로서의 점유의 불완전성 때문에 주임법과 상임법은 주택은 점유에다가 주민등록(전입신고)을, 상가는 점유에다가 사업자등록을 추가하여 공시방법으로 사용하게 된 것이다. 주임법과 상임법이 민법과 다른 공시방법을 사용함으로써, 또한 민법이 인정하지 않는 '최우선변제권'을 인정함으로써 1990년대 이후 대법원 판례에서 법리적으로 일대 혼란이 초래되었고, 과거 대비 현재의 부동산 경매에서 권리분석은 물론 나아가 특히 배당표 작성에서 매우 어려운 문제가 발생되었다.

이와 같이 민법과 임대차보호법(주임법과 상임법) 등 사법(私法)의 연혁을 알아야만 현재의 부동산 경매에서 권리분석, 특히 다가구나 통 상가와 같이 임차인이 많은 물건을 정확한 권리분석과 배당표로 수익을 많이 남기면서 낙찰을 받을 수 있게 된다. 다가구나 통 상가(꼬마빌딩)와 같이 임차인이 수십 명인 물건은 배당표를 작성해 보지 않고는 어떤 임차인이 얼마의 배당금을 받고 나가는지, 어떤 임차인이 명도 대상인지, 낙찰자가 어떤 임차인의 보증금을 인수해야 하는지 등을 알 수가 없다. 따라서 낙찰 후에 낙찰금액과 별도로 많은 금액을 부담하게 되거나 여러 명의 임차인을 명도해야 되는 등 명도 문제로 진통을 앓을 수 있다. 결국 다가구와 통 상가와 같은 수익성이 높고 임차인이 많은 물건은 반드시 배당표를 정확하게 작성할 줄 알아야 적어도 이 두 종목에 대한 경매는 성공적으로 할 수 있게 된다는 점을 명심하기 바란다.

---

10) 임차권을 물권으로 하느냐 채권으로 하느냐는 입법정책의 문제일 뿐이지 논리필연적인 것은 아니다. 물론 우리나라의 임차권은 물권이 아니라 채권이다. 그러나 민법 또는 주임법과 상임법을 통하여 채권인 임차권은 물권화하고 있음을 주의해야 한다.

우리는 산업화와 인구의 도시 집중으로 인한 사회경제적인 변화로 출현한 주임법과 상임법이라는 민사특별법으로 인하여 부동산 경매의 권리분석은 물론 배당표 작성이 상당히 어려워졌음을 앞에서 보았다. 한편 부동산 경매는 엄청나게 싼 가격으로 소유권을 취득할 수 있는 합법적으로 유일한 제도이기 때문에, 일반 거래 대비 권리분석·물건분석·수익분석이 더 중요하지 않을 수 없다. 다시 말해서 부동산 경매는 일반 매매보다 권리분석, 물건분석, 수익분석을 더 철저히 해야 한다. 특히 권리분석 이상으로 중요한 것이 '물건분석과 수익분석'이다. 그런데 대부분의 사람들이 일반적으로 경매라고 하면 권리분석만을 생각하는 경향이 있으며, 또한 권리분석은 전통적으로 부동산 경매에서 많이 다루고 강조되어 왔기 때문에 어느 정도 널리 알려져 있다.

그러나 실상 '물건분석과 수익분석'은 경험적 요소가 강하고 부동산 공법 등 특별법의 영역에 주로 속하다 보니, 경매학원이나 부동산 관련 책은 물론 대부분의 사람들이 물건분석과 수익분석을 잘 할 줄 모른다. 여기서 나는 물건분석과 수익분석에 대하여 부동산의 종목에 따라 개괄적으로 이야기하고자 한다. 그리고 이 책의 마지막 편에서 이에 대한 근거 법령을 제시하면서 구체적으로 설명을 할 것이다.

물건분석과 수익분석을 위해서는 토지는 용도지역·지구·구역과 그에 따른 행위제한, 그리고 개발행위 인허가 등에 필요한 도로 문제, 진출입로 문제, 나아가 그 토지가 대지이냐, 농지 또는 산지이냐에 따른 개발행위와 그 개발행위 부담금 문제, 농지전용과 농지전용부담금 문제, 산지전용과 대체산림자원조성비 문제 등 물건분석과 수익분석에 필요한 실무상의 문제들을 알고 물건을 낙찰받아야 스스로 개발을 하거나 개발을 전제로 한 매매가 쉬워진다. 다시 말해서 낙찰자가 직접 개발을 하는 경우는 물론 직접 개발을 하지 않더라도 타인이 개발을 전제로 매수할 경우 환금성이 높아지거나 시세차익에 영향을 미치게 된다는 사실이다.

상가나 업무시설, 공장, 창고 등 수익성 부동산에도 역시 권리분석 이상으로 물건분석과 수익분석이 중요하다. 상가나 업무시설, 공장, 창고 등 수익성 부동산의 경우에는 건축법상의 '용도'를 정확하게 숙지하고, 이에 따른 각종 '업종' 관련 법령과 제한을 알아야 한다. 그래야만 물건분석과 수익분석이 가능해지고, 나아가 많은 수익을 창출할 수 있게 된다. 전국의 경매학원 또는 경매 책이나 유튜브 등이 권리분석에 대해서만 강의를 하고 있으나, 상가나 업무시설, 창고, 공장 등 수익성 부동산은 물건분석과 수익분석이 권리분석보다 더 중요하다는 사실을 알아야 한다. 또한 물건분석과 수익분석이 중요한 이유는 '다가구나 통 상가'와 같은 임차인이 많은 수익성 부동산에서 배당표 작성을 해보아야만 낙찰금액, 인수금액, 명도 대상자 등 구체적인 물건분석과 수익분석이 가능해진다는 사실은 앞에서 이미 보았다.

그런데 물건분석과 수익분석이 중요한 또 하나의 이유가 있다. 그것은 '경매를 하는 방법'과 '경매로 돈을 버는 방법'은 다르다는 사실이다. '경매를 하는 방법'은 절차법적 지식, 실체법적 지식, 즉 권리분석과 약간의 민사집행 절차만 알면 가능하다. 그러나 '경매로 돈을 버는 방법'은 물건분석은 물론 물건의 미래가치에 대한 수익분석을 활용할 때 비로소 가능해지기 때문이다. 예컨대 법정지상권(이하 '법지권'이라 한다) 성립 여부가 불분명한 물건이 경매에 나오면, 법지권 성립요건에 관한 지식만으로는 큰돈을 벌지 못한다. 법지권 성립요건에 관한 지식은 '경매를 하는 방법'에 해당한다. 따라서 법지권이 성립하면 대부분의 사람들은 낙찰을 받지 않을 것이기 때문에 경매를 하는 방법인 법지권의 성립요건을 아는 것만으로는 큰돈을 벌지 못한다.

그러나 물건을 분석·재단하고, 물건의 미래가치를 볼 수 있는 눈을 가진 사람은, 법지권 성립 여부에 관계 없이 그 물건을 싸게 낙찰받아서 법지권이 성립되면 되는 대로, 성립되지 않으면 않는 대로 양면적으로 요리를 하게 될 것이고, 결국 이 사람은 경매를 하는 방법뿐 아니라 경매로 돈을 버는 방법을 동원하여 큰돈을 벌 수 있게 된다. 부동산 경매로 돈을 벌기 위해서는 권리분석뿐 아니라 물건분석과 수익분석도 매우 중요함을 잊지 말아야 한다. 따라서 이 책에서는 권리분석은 물론 물건분석과 수익분석에 관하여도 마지막 편에서 자세히 언급할 것이다.

끝으로 여기서 권리분석, 물건분석, 수익분석을 위하여 숙지해야 할 법령과 제도를 개괄적으로 살펴본다. 권리분석에서 알아야 할 핵심은 저당권·근저당권·전세권·임차권·유치권·지상권·법지권·이른바 담보지상권 등의 민법상의 권리와 대항요건·대항력·최우선변제·최우선변제기준권리·우선변제·확정일자부임차권·가등기 등의 민사특별법상의 권리를 공부해야 한다.

그리고 민사집행법상의 제도로 말소기준권리, 잉여주의(남을 가망이 없는 경매의 취소)·인수주의·말소주의, 가압류·가처분·압류, 경매개시결정등기·매각절차·배당(배당표 작성), 이의신청·항고 등을 숙지해야 한다. 이들은 특히 절차적 권리분석으로써 실체적 권리분석 못지않게 경매에서 지대한 영향을 미친다.

또한 물건분석과 수익분석을 위해서는 국토계획법[11], 건축법[12], 도로법, 사도법, 농어촌도로법[13], 농지법[14], 산지법[15], 하천법[16] 등의 법령과 식품위생법[17], 공중위생법[18], 학원법과 교육환경보호법[19], 다중이용업소법과 소방법[20], 주차장법과 각 지자체의 조례[21], 하수도법[22] 등의 핵심은 개괄적으로라도 알 필요가 있다.

자~~! 앞에서 이러한 물건분석과 수익분석 관련 법령을 접한 당신은 현재의 기분과 심정이 어떠한가? 법령 제목만 읽었는데도 골치가 아픈가? 그러나 전혀 고민할 필요 없다. 왜냐하면 이들 법령을 속속들이 공부할 수도 없고 또 그럴 필요도 없다. 각 수익 관련 법령의 목적과 취지 및 최소한의 핵심적인 내용, 즉 각주에 실린 내용 또는 이 책 마지막 단원(제5편)에 실린 내용 정도만 알면 충분하다. 이러한 수익 관련 법령의 행위제한 속에 수익분석, 즉 부동산의 가치가 잠재되어 있기 때문에 이 책에서 제시한 정도의 내용만 알면 된다. 이것이 바로 부동산 경매에서의 물건분석과 수익분석의 핵심적인 내용이다.

물론 이러한 내용은 부동산 일반 거래 또는 중개 거래에서도 역시 중요한 필수적인 체크 사항이다. 이러한 내용은 반드시 체크해야 할 사항임도 불구하고, 다만 일반 거래 또는 중개 거래와 부동산 경매에서 대다수의 사람들이 모르고 있을 뿐이다. 모르고 거래하면 요행히 그 제한을 벗어나서 문제가 되지 않을 수도 있지만, 개발이 필요한 경우 등 제한에서 벗어나지 못하면 분쟁으로 이어지거나 결국에는 매수인에게 손실과 후회로 돌아오게 된다. 항상 불행은 뒤늦게 시작되는 것이다. 물론 이에 관하여는 시중의 그 어떤 경매 책과 유튜브에서도 언급하지 않을 뿐 아니라 이러한 사실은 일반 거래이든, 중개 거래이든, 경매 거래이든, 부동산 업계의 불편한 진실이다.

---

11) 이 법에서는 용도구역제, 도로, 개발행위허가 등을 알아야 한다.
12) 이 법에서는 건축허가와 도로 등을 알아야 한다.
13) 이상의 법에서는 건축허가 또는 개발허가와의 관계, 도로점용, 진출입 등을 알아야 한다.
14) 이 법에서는 농취증, 농지전용, 농지전용부담금 등을 알아야 한다.
15) 이 법에서는 산지전용, 대체산림자원조성비, 임야 개발을 위한 표고 분석도(표고 조사서) · 평균경사도 · 입목 축척 또는 입목본수도(산림조사서)등의 개념을 알아야 한다.
16) 이 법에서는 하천점용 등을 알아야 한다.
17) 이 법에서는 일반음식점의 유형과 단란주점, 유흥주점 등의 업종을 이해해야 한다.
18) 이 법에서는 이발소, 미용실, 목욕장, 건물청소업 등의 업종을 알아야 한다.
19) 이 법에서는 학원과 교육환경보호법과의 관계 등을 알아야 한다.
20) 이 법에서는 다중이용업소의 의미와 종류 및 소방법과의 관계에 대하여 이해해야 한다.
21) 이 법에서는 각 건물의 업종에 따른 주차장의 규모와 차량의 설치 대수를 알아야 한다.
22) 이 법에서는 하수도의 하수와 오수의 배출량에 따른 하수도원인자부담금을 이해하여야 한다.

[10] 경매 공부에서 민법은 시작이자 끝이다.

　자~~! 우리는 이제 서론 부분에서 가장 중요한 시점에 이르렀다. 커피 한잔하시고 정신을 맑게 하여 다시 옷매무새를 가다듬고 시작하자. 부동산 경매는 민상법상의 권리인 채권이 채무자의 채무불이행으로 인하여 실현되지 않을 때 '국가 집행의 원칙(사적 실행 금지의 원칙)'에 따라서 법원을 통하여 강제로 집행을 하는 것이다. 즉, 부동산 경매는 실체법인 민상법상의 권리를 민사집행 절차에 따라서 채권자가 채권의 내용을 실현하는 것이다. 간단히 말해서 경매는 사권에 대한 사법적 집행이다.

　그런데 낙찰자는 바로 이러한 매각절차에서 매수인의 지위에 있는 사람이다. 이러한 매수인의 지위에 있는 낙찰자는 일반 거래와는 달리 소유자 또는 채무자의 의사를 무시하고 오직 법정조건과 자신의 재력과 실력에 따라서 매수(낙찰) 여부를 결정하는 것이다. 결국 낙찰에 대한 엄청난 수익은 물론 그 책임 역시 낙찰자 스스로의 몫인 것이 일반 부동산거래와의 차이점이다. 따라서 전적으로 자신의 책임으로 일반 거래에서는 상상도 하지 못하는 수익을 얻는 것이 바로 부동산 경매이기 때문에 경매에서는 더욱 부동산에 관한 지식과 내공이 필요하다. 만약에 이러한 내공을 갖추지 못한 사람은 수수료를 부담하고서라도 전문가의 자문(컨설팅)을 통하여 낙찰을 받는 것이 일반 매매보다 훨씬 이익이다. 이와 같은 경매 지식에는 가장 핵심이 바로 민법이다. 한마디로 민법은 경매에서 시작이자 끝이다.

　민법상의 권리는 부동산 경매에서 채권과 물권의 형태로 나타난다. 즉, 민법상의 권리들은 일반 거래에서 채권과 물권의 특성으로서 하나의 계약에서 동시다발적으로 연관되어 나타난다. 부동산 경매에서도 마찬가지로 채권과 물권의 법리와 특성은 그대로 반영되어 나타난다. 결국 민법상의 채권과 물권의 특성과 법리를 부동산 경매의 권리분석에서도 그대로 깔고 가야 한다. 따라서 여기서 채권과 물권의 특성과 법리를 간단히 언급하고 각론상의 각각의 권리에 대하여도 핵심적 내용을 설명하겠다. 법학을 전공하지 않은 사람은 조금 어렵더라도 경매는 물론 일상생활에서도 마치 공기와 같이 필수적이니 인내하고 이 부분만이라도 다독을 하기 바란다.

　민법에서 채권이란 특정인(즉, 채권자)이 특정인(즉, 채무자)에게 '일정한 행위나 급부'를 청구할 수 있는 권리를 말한다. '특정인에 대한' 권리가 채권이므로, 채권은 '사람에 대한 권리'이므로 '대인권'이고, 채권자와 채무자 양자 간의 법률문제이므로 '상대권'이다. 채권은 대인권이다 보니 물권에 비하여 상대적으로 계약 자유 또는 사적 자치의 원칙과 '신의칙'이 더 강조된다. 이에 비하여 물권은 특정 물건을 배타적·독립적으로 직접 지배할 수 있는 권리이다. 채권이 사람에 대한 권리(대인권)임에 반하여 물권은 특정의 '물건'에 대한 권리이므로 '대물권'이다. 물권은 물건에 관하여 '모든' 사람들에게 주장할 수 있는 권리이므로 '대세권'이고, 물건에 대하여 배타적·독립적으로 다른 사람의 도움 없이 직접 그 물건을 지배할 수 있는 권리이다 보니 '절대권'이다. 독점적 배타적 권리이니 원칙적으로 하나의 물건에는 하나의 권리가 성립되는 것이 원칙이다. 이것을 '일물일권주의'라고 한다. 배타적·독립적 지배권으로서 대세권·절대권이기 때문에 '사적 자치 또는 계약 자유의 원칙'이 적용되는 채권과 달리 물권의 종류와 내용을 사사(私事)로이 만들 수 없도록 하는 '물권법정주의'가 적용되고, 동시에 물권은 배타성으로 인하여 거래의 안전을 확보하기 위하여 외부의 제3자가 어떤 물건에 어떤 권리가 존재하는가를 알 수 있도록 공시하는 '공시제도'가 필요하다. 부동산은 '등기'가, 동산은 '점유'가 그 '공시방법 또는 공시수단'이다. 계약자유의 원칙이 적용되고 채권적 청구권이 지배하는 채권에 비하여, 물권은 배타적·독립적 지배권으로서의 특성을 살리기 위하여 상대적으로 '물권적 청구권'이 더 강조된다.

한편 이러한 채권은 각종 계약[23], 사무관리[24], 부당이득[25], 불법행위[26]에 의하여 생겨난다. 그래서 이들 4가지를 '채권의 발생원인 또는 성립원인'이라고 한다. 사적 자치가 인정되는 채권은 이들 발생 원인 중 '계약'을 통하여 얼마든지 채권을 발생시킬 수 있음은 물론이다. 이런 의미에서 계약자유의 원칙 또는 사적 자치의 원칙이라고 한다. 이러한 원인에 의하여 발생된 채권은 채무자가 채무를 스스로 이행하면 그것으로 채권의 일생은 소멸하지만, 채무자가 스스로 이행하지 않는 경우 채권을 실행하기 위하여 채권자는 그 이행강제로써 부동산 경매를 신청할 수 있고, 불이행에 따른 손해가 있으면 채무자를 상대로 손해배상을 청구할 수 있으며, 손해배상금액이 확정된 후에도 채무자가 스스로 이행하지 않는 경우에는 손해배상채권 역시 채권이므로 그 이행의 강제로써 부동산 경매를 신청할 수 있는 것이다.

이와 같이 부동산 경매는 바로 이러한 4가지의 채권의 발생 원인에 의하여 발생한 채권이

---

23) 민법상 전형계약은 15개이나 사적 자치의 원칙에 의하여 계약의 종류와 내용은 강행법규 또는 신의칙에 반하지 않는 한 당사자가 얼마든지 창설할 수가 있다.
24) '법률상 의무 없이' 타인의 사무를 관리한 자는 그 상대방에게 이로 인한 손해배상을 청구할 수 있는 채권을 말한다.
25) '법률상 원인 없이' 타인의 재산 또는 노무로 인하여 이익을 얻고 이로 인하여 타인에게 손해를 가한 경우 채권자가 채무자에게 이득의 반환을 청구할 수 있는 채권을 말한다.
26) 당사자 일방이 고의 또는 과실에 의하여 상대방에게 손해를 입힌 경우에 채권자가 채무자에게 청구할 수 있는 채권을 말한다.

채무자가 채무를 이행하지 않는 경우 채권자가 민사집행법에 따라서 경매를 신청하는 경우에 비로소 시작된다. 이렇게 시작된 것이 바로 강제경매이다. 결국 부동산 경매의 발생 원인은 '채권이 그 시발점'이다. 이에 비하여 계약 자유의 원칙을 기조로 하는 채권과는 달리 물권은 '특정 물건'에 대한 배타적 지배권으로서 대세권이므로 '물권의 종류와 내용은 법률과 관습법에 의하지 않는 한 창설하지 못한다'. 이에 관하여 민법은 "물권의 종류와 내용은 법률로 정한다"고 하여 '물권법정주의'(민법 제185조)를 규정하고 있는데, 이에 따라서 민법에는 구체적으로 8종류의 물권을 법정하고 있고, 관습법에 의하여 '관습법상의 법지권과 분묘기지권'이 인정되고 있다. 결국 현재 우리 민법상으로 물권의 발생 원인은 물권법정주의에 따라서 '10개의 물권'이 인정되는 셈이다.

민법상의 8종류의 물권에는 '본권인 소유권과 점유권'으로 크게 분류되고, 소유권을 제한하여 인정된 것이 '제한물권'이다. 원칙적으로 일물일권주의의 원칙상 물권의 목적물은 1개의 독립한 물건이어야 하며, '물건의 일부나 수개의 물건'에 대하여는 하나의 물권이 성립할 수 없는 것이 원칙이다. 그러나 소유권은 법제사(法制史, 법의 역사)적으로 현실적이 아닌 '관념적 권리'이고, 일물일권주의는 동일한 내용을 가지고 있어서 '서로 양립할 수 없는' 물권들 사이에서만 인정되고, 서로 내용을 달리하여 '양립할 수 있는 권리(즉 소유권과 제한물권, 근저당권과 전세권, 점유를 수반하지 않는 여러 개의 근저당권 사이)'들 사이에는 하나의 물건 위에 동시에 여러 개의 물권이 성립할 수 있다.

이렇게 일물일권주의의 예외로서 성립하는 제한물권에는 '용익물권'과 '담보물권'이 있다. 용익물권은 타인의 부동산(토지와 건물)을 '사용·수익(즉 용익)'하는 권리로서 지상권, 지역권, 전세권이 여기에 속하고, 담보물권은 타인의 부동산에 담보권을 설정하는 것으로서 담보물권에는 유치권, 질권, 저당권이 있다. 담보물권 중 유치권은 '동산과 부동산'을 대상으로 하고, 질권은 '동산과 권리'를 대상으로 성립되며, 저당권은 '부동산과 권리'를 대상으로 설정된다.

질권은 부동산을 대상으로 하지 않기에 부동산 경매와 무관한 것처럼 생각하기 쉬우나, 질권은 권리도 그 대상으로 하므로 '지상권, 전세권, 저당권'과 같은 권리 위에 설정되어 부동산 경매에 등장하며, 권리를 대상으로 하는 저당권 역시 지상권과 전세권 등에 설정되어 부동산 경매에서 '지상권저당권 또는 전세권저당권'의 형태로 등장하여 권리분석을 어렵게 하기도 한다. 이점 실무상 유의해야 한다. 부동산을 대상으로 하는 유치권과 저당권은 담보권으로서

이 권리로써 바로 부동산 경매를 신청할 수 있다. 유치권에 의한 경매가 형식적 경매이고, 저당권에 의한 경매가 바로 임의경매이다. 임의경매는 저당권에 의하여 시작되고, 저당권은 물권이므로 물권의 우선변제적 효력에 따라서 강제경매와 달리 판결문과 같은 집행권원 없이도 임의경매를 통하여 피담보채권을 변제 받을 수 있다는 장점이 있다(민법 제356조).

이렇게 발생한 채권과 물권은 그 권리의 본질적 효력으로서 일정한 효과가 생기는데, 이것을 민법은 '권리의 효력(채권의 효력, 물권의 효력)'이라고 부른다. 이렇게 발생한 채권은 그 변제기가 도래하면 당연히 채무자에게 채권의 내용에 따른 이행을 청구할 수 있는 '청구력'이 생기며, 채권자가 채권의 내용에 따른 청구를 하여도 채무자가 이행을 하지 않는 경우에는 법원으로부터 판결 등을 받아 강제집행을 청구할 수 있는 이른바 '집행력'이 발생한다. 이와 같이 채권자는 채권의 청구력과 집행력에 의하여 법원에 채무자의 재산에 대하여 민사집행(경매)을 청구할 수 있게 되고, 이와 같이 채권자의 청구에 의하여 채무자의 부동산에 개시된 것이 바로 우리가 공부하는 부동산 강제경매이다. 한편 채권과 달리 물권이 성립하면 물권의 효력으로써 '우선적 효력'[27]과 '물권적 청구권'[28]이 발생한다. 이러한 우선적 효력, 즉 우선순위를 정하는 것을 경매에서는 특히 '권리분석'이라고 부른다. 우선적 효력으로서 유치권[29]과 저당권은 담보권으로서 부동산 경매를 신청할 수 있고, 유치권에 의한 경매가 형식적 경매이고 저당권에 의한 경매가 임의경매임은 이미 앞에서 보았다.

한편 권리는 인간이 필요하여 만든 것이므로, 인간 세계에서 인간 사이에 인간에 의하여 탄생한 모든 권리는 발생 후 언제나 그대로 존재하는 것이 아니라 인간의 생각과 활동에 따라서 늘 그 모습이 변화한다. 이것을 '권리(채권, 물권)의 변경 또는 변동'이라고 하는데, 이러한 권리의 변동은 '권리의 발생, 변경, 소멸'의 과정을 거치게 된다. 권리(즉, 채권과 물권)의 발생에 대해서는 채권의 발생 원인과 물권의 발생 원인이라는 제목으로 앞에서 이미 보았다. 권리의 변경에는 '당사자가 변경되는' 경우도 있고, '권리의 내용이 변경되는' 경우도 있다.

채권의 변경에서 당사자가 변경되는 경우로는 채권자의 입장에서 '채권을 양도하는 방법'과 채무자의 입장에서 '채무를 인수하는 방법'에 의하여 당사자가 변경된다. 전자는 채권자가 변경되고, 후자는 채무자가 변경되는 것이다. 채권양도에는 '지명채권(채권자가 특정되어 있

---

27) 이에는 '물권 상호 간 우선적 효력'과 '채권에 우선하는 효력'이 있는데, 이와 같이 물권적 효력을 이용하여 물권과 채권에 관하여 권리 상호 간의 선후 관계를 정하는 것이 바로 우리가 공부하는 경매에서의 권리분석이다.
28) 이에는 점유권에 의한 물권적 청구권, 소유권에 의한 물권적 청구권, 기타 물권에 의한 물권적 청구권이 있다.
29) 유치권은 실체법인 민법이 아니라 민사집행법에서 사실상 우선적 효력이 인정되고 있다(민집법 제91조 5항).

는 채권을 말한다)'을 양도하는 방법, '증권적 채권(증권으로 된 채권을 말한다)'을 양도하는 방법이 있고, 채무인수에는 기존의 채무자는 채무를 면하고 새로운 채무자만이 채무를 지는 '면책적 채무인수'가 있고, 기존 채무자와 새로운 채무자가 중첩적으로 채무를 지는 '중첩적 채무인수'가 있다.

물권의 변동으로는 법률행위에 의하여 물권이 변동되는 경우(민법 제186조에 의한 변동)와 법률의 규정에 따라서 물권이 변동되는 경우(민법 제187조에 의한 변동)가 있다. 전자는 이른바 형식주의에 따라서 등기를 하여야 물권변동이 발생하고, 후자는 법률의 규정에 따른 것이므로 등기 없이도 물권변동이 발생한다. 그러나 처분 시에는 반드시 등기를 한 후에 처분을 하여야 한다. 전자는 주로 계약에 의한 물권변동이고, 후자의 법률의 규정에는 상속(민법), 공용징수(공공용지의 취득 및 손실보상에 관한 법률), 경매(민사집행법), 판결(민사소송법), 기타의 법률 규정에 의하여 등기 없이도 물권의 변동이 일어나는 경우이다.

물권은 배타적·대세적 권리이므로 물권의 변동과 관련하여 '공시의 원칙'[30], '공신의 원칙'[31]이라는 것이 있다. 권리(즉, 채권과 물권)가 변경되면 제3자에게 대항하기 위해서는 대항요건을 갖추어야만 대항력이 인정되는 것은 당연한 법리이다. 대항력이 인정된다는 것은 채권이나 물권이 변경된 경우에 양수인이 그 양수한 채권 또는 물권으로 양도인이 가지고 있던 대항력을 제3자에게 주장할 수 있는 것을 말한다.

이처럼 양수인이 양수한 채권으로 제3자에게 대항할 수 있기 위해서는 채권은 '채무자의 승낙'이 있거나 '양도인'이 '확정일자 있는 증서'에 의하여 채무자에게 '통지'를 해야만 제3자에게 대항력이 생긴다. 확정일자 있는 증서에 의한 통지란 공정증서에 의한 통지나 내용증명 우편에 의한 통지를 생각하면 된다. 채권의 양도에 대항력을 인정하기 위하여 '채무자의 승

---

30) 공시의 원칙이란 물권은 물건에 대한 배타적 독립적 지배권이므로 타인이 물권에 대한 지배 사실을 알 수 있도록 공시를 하도록 하는 원칙을 말한다. 공시의 원칙을 관철하기 위하여 민법은 부동산은 등기, 동산은 점유를 인정하고 있다.
31) 진실한 물권 관계와 일치하지 않는 공시(부동산은 등기, 동산은 점유)에 대한 제3자 또는 진정한 권리자 보호를 위한 원칙을 '공신의 원칙'이라고 한다. 결론부터 말하면 우리 민법은 부동산과 동산에는 모두 공시의 원칙을 인정하여, 부동산은 등기를 동산은 점유를 하여야 각각 물권이 변동되는 것으로 본다. 그러나 공신의 원칙은 동산의 점유에만 인정하고, 부동산의 등기에는 공신의 원칙을 인정하지 않는다. 따라서 공신의 원칙이 인정되는 동산의 경우에는 도둑의 점유를 믿고 거래한 자의 점유도 공신력이 인정되어 선의취득을 인정함에 반하여(민법 제249조), 공신의 원칙이 인정되지 않는 부동산의 경우에는 서류를 위조하여 등기한 자의 등기부상의 소유권을 믿고 매수한 자의 소유권이전등기는 소유권이전등기가 정상적으로 되었다고 하더라도 매수인의 소유권이 인정되지 않는 것이 원칙이다. 부동산에는 공신의 원칙이 인정되지 않기 때문이다. 부동산에 공신의 원칙을 인정하지 않는 것은 등기를 위조한 자가 아니라 '진정한 권리자'를 보호하기 위해서이다.

낙'이나 '양도인이 확정일자 있는 증서'에 의하여 채무자에게 '통지'하도록 한 이유는 채권은 특정인과 특정인 사이에 인정되는 대인권이므로 채무자가 승낙을 하거나 객관적으로 확정일자 있는 증서에 의하지 않으면 제3자가 채권의 양도 사실을 알 수가 없기 때문이다(민법 제450조 참조). 그러나 물권은 대세권이므로 등기와 점유 등의 공시방법(公示方法)에 따라서 부동산은 등기를 통하여, 동산은 점유의 이전을 통하여 각각 양도할 수 있으므로 등기와 점유의 이전으로 대항력이 발생한다. 이러한 부동산의 등기와 동산의 점유를 '공시의 원칙'에 있어서의 '공시방법 또는 공시수단'이라고 한다.

다음으로 권리(채권, 물권)의 소멸에는 채권의 소멸 원인에는 변제, 대물변제, 공탁, 상계, 경개[32], 면제, 혼동[33]이 있고, 물권의 소멸 원인에는 목적물 멸실, 소멸시효 완성, 물권의 포기, 존속기간의 만료, 혼동이 이에 속한다.

우리는 지금까지 민법에서도 재산법의 가장 중요한 부분인 채권과 물권의 발생, 변경, 소멸에 관하여 보았다. 채권이 이행되지 않아서 채권자가 경매를 신청하면 이제 입찰 참여자들은 입찰에 참여하여 낙찰을 받게 된다. 이제 권리분석에 관한 권리 중 민법이 규정하고 있는 권리에 관하여 구체적으로 한번 보자.

민법상의 권리에는 크게 소유권과 점유권으로 크게 나누어진다. 소유권은 사실적 현실적 지배가 아닌 '관념적 지배권'이고, 점유권은 '사실적 현실적 지배권'이다. 소유권은 현실적이 아닌 관념적 지배권이기 때문에, 연혁적으로 소유권의 권능을 제한하여 이른바 '제한물권이 탄생'하였다. 또한 소유권은 그 속성이 논리 필연적인 것이 아니라 경제적·사회적 투쟁을 통하여 탄생한 '역사적 산물'이다. 사유재산제도의 발달 또는 자본주의의 발달과 관련하여 17~18세기의 유럽 각국에서의 소유권 발달 과정은 바로 이와 같은 소유권의 역사적 사실을 말해주고 있다. 소유권에 설정된 제한물권이 해소되면 소유권은 다시 본래의 상태로 돌아온다. 이것을 소유권의 탄력성이라고 한다. 이처럼 소유권은 관념적 권리로서 '탄력성'을 가진다.

또한 민법상의 권리 중 유일하게 소유권은 소멸시효에 걸리지 않는다. 앞에서 보았듯이 모든 권리는 발생하면 언제까지나 존재하는 것이 아니라 원칙적으로 모든 권리는 존속기간이

---

32) 채무의 중요 부분을 변경하여 다른 채무로 바꾸는 것, 예컨대 乙에게 10억의 채무를 지고 있는 甲이 채무를 소멸시키고 자신의 아파트를 乙에게 대물변제로 주기로 하는 경우가 경개이다. 이때 구채무가 소멸되므로 경개는 채권의 소멸 원인이다.
33) 채권과 채무가 동일한 주체에 귀속되는 경우를 혼동이라고 한다. 예컨대 채무자가 채권자를 상속한 경우에는 채권은 혼동으로 소멸한다. 따라서 혼동은 채권의 소멸원인이다.

있는데 그 기간이 지나면 소멸하는 것이 원칙이다. 이것은 민법은 소멸시효라고 한다. 소유권은 가지고 있는 동안에는 시효로 인하여 소멸하지 않는다는 의미에서 소유권은 '항구성'을 가진다. 소유권은 관념적 권리이기 때문에 소유권의 권능을 제한하여 제한물권이 탄생하였다고 하였는데, 소유권의 권능을 제한하여 다른 물권을 설정한다고 하여 '제한물권'이라고 부른다. 제한물권에는 용익물권과 담보물권이 이에 속한다.

용익물권은 타인의 부동산(토지와 건물)을 사용·수익하는 물권이고, 이에는 지상권, 지역권, 전세권이 있다. 지상권은 타인의 토지를 이용할 수 있는 권리인데, 임차권 때문에 실무상 거의 이용되지 않고 있다. 그 이유는 지상권은 대부분의 규정이 강행규정이고, 타인의 토지에서 견고한 건물을 건축하거나 수목을 식재할 경우에는 지상권의 최단 존속기간이 30년으로서 장기이기 때문에, 상대적으로 최단기가 10년이고 채권으로써 임의 규정이 원칙인 임차권을 이용하는 것이 토지 소유자에게 유리하므로 토지 소유자가 지상권 설정을 회피하기 때문이다. 지상권에는 경매에서 아주 독특한 권능을 나타내고 있는 실무상 특이한 담보권으로써 이른바 '담보지상권'이라는 것이 있다. 담보지상권은 부동산 경매에서 매우 중요한 역할을 한다. 담보지상권이란 금융기관이 나대지에 담보권을 설정하면서 담보권의 채무자(토지 소유자)가 그 지상에 건물을 신축하는 등의 담보권의 가치를 저감시키는 행위를 하지 못하도록 하기 위하여 근저당권과 동시에 지상권을 설정하는데, 이때 지상권을 담보권의 가치 저감을 막는다는 의미에서 금융 실무상 이른바 '담보지상권'이라고 한다. 이 담보지상권은 부동산 경매에서 매우 치명적이고 특별한 작용을 하는 권리로 둔갑하였는데, 실무상 법지권과 유치권의 발생을 원천적으로 차단하기 위한 수단으로 활용되고 있다는 점이다. 이에 관하여는 뒤에서 법지권을 설명하면서 다시 자세히 언급하기로 한다.

용익물권 중 지역권은 어떤 토지가 다른 토지의 편익(예컨대 통행 등의 편익)을 위하여 제공되는 물권을 말한다. 지역권은 부동산 경매의 권리분석에서 직접적으로 활용되지는 않는다. 그러나 맹지의 경우 지역권을 활용하여 종국적으로 맹지 문제를 해결할 수도 있다는 점에서 중요한 역할을 한다. 그리고 마지막으로 전세권은 세계적으로 한국에만 존재하는 권리이다. 원래 전세권은 대지와 건물 모두에 인정되는 권리이지만, 대부분 건물 특히 주택에서 물권적 등기 없는 '채권적 전세권'으로서 관례적으로 이용되어왔다. 그러나 1984년 채권적 전세권에 물권으로서의 등기가 허용되면서 물권법의 영역에 들어왔지만, 물권으로서의 전세권이 탄생 된 후에도 여전히 '임차권 또는 채권적 전세권'의 형태로 계속 애용되고 있다. 그런데 문제는 이 전세권이 '용익물권이면서 담보물권으로서의 성격도 동시에 가지고 있어서(통설·

판례)' 용익권으로서의 역할과 담보권으로서의 두 가지의 역할로 인하여 부동산 경매에서 '대항력과 말소기준권리와의 관계'에서 매우 어려운 문제를 불러일으키고 있다. 이점 또한 담보지상권과 함께 뒤에서 자세히 설명하기로 한다.

다음으로 담보물권에는 유치권, 질권, 저당권이 있다. 유치권은 부동산 경매에서 고수들에게 매우 인기 있는 권리임은 말할 필요가 없지만, 유치권은 우리 민법에서는 체계상 담보물권에 속하지만 애초에 유치권은 점유권을 그 태생 또는 본질로 하고 있다는 점이다. 점유권은 원래 떠돌이 민족이었던 독일의 게르만족이 발전시킨 권리인데, 게르만족은 떠돌이 민족이다 보니 부동산보다 동산이 재산으로써 중요 시 되었고, 동산을 중심으로 점유권을 발전시켰던 것이다. 이러한 점유권이 우리 민법에 수입되면서 담보권인 유치권에 접목되어 경매 운용상에 많은 문제점을 초래하였고, 12대 국회에서는 두 번에 걸쳐서 민법에서 유치권을 없애는 개정안이 제출되었지만 회기 만료로 폐기된 적이 있다. 그러나 당시 입법에 관여한 자들은 유치권의 본질을 직시하지 못한 근시안적인 시각에서 바라본 나머지 졸속입법을 제출하였던 것으로써, 개정안 제안자와 찬동자들은 유치권을 폐기하는 입법이 매우 잘못된 것이었음을 늦었지만 지금이라도 깨달아야 한다.

한편 질권은 '동산과 권리'를 그 대상으로 하는 담보물권이다. 따라서 부동산 경매와는 무관한 것처럼 보일 수 있다. 실제로 세간에는 부동산 경매에서 몰라도 되는 권리라는 식으로 잘못 알고 있거나 강의까지 그렇게 하는 사람도 있다. 그러나 질권도 권리를 대상으로 하므로 실무상 '근저당권, 지상권, 전세권'과 같은 권리 위에 설정되어 부동산 경매에서 활용되고 있음을 알아야 한다. 특히 근저당권질권(줄여서 근저질권)은 제3금융권 또는 대부회사 등에서 부실채권(NPL)과 관련하여 많이 활용하고 있다.

마지막으로 담보권으로는 저당권과 근저당권이 있다. 저당권은 '현재의 특정한 채권'을 담보하는 담보물권[34]이고, 근저당권(일반근저당권)은 '기본계약(예컨대 대리점계약)'에 따라서 '채권최고액'을 한도로 '장래'에 있어서 증감·변동하는 피담보채권을 담보하는 담보물권이다. 우리 민법은 양자에 관하여 모두 규정하고 있다. 그러나 근저당권에 대하여는 금융 실무상 일반인들이 잘 알지 못하는 불편한 진실이 있다. 민법은 저당권과 근저당권에 관하여 규정하지만, 금융 실무상의 근저당권의 종류에는 '일반근저당권, 한정근저당권, 포괄근저당권'이

---

34) 예컨대 2024. 11. 10. 2억 원의 대출금과 같이 증감·변동하는 것이 아닌 '현재의 2억원의 대출금'을 담보하는 담보물권을 말한다.

존재한다는 사실이다. 경제의 발달과 거래의 동적인 면을 고려한 것이다. 민법상의 근저당권을 금융실무는 '한정근저당권'을 원칙으로 보고 있지만, 대법원은 과거 금융권이 만들어낸 '포괄근저당권'을 인정하고 있다. 금융실무상 '한정근저당권'과 '포괄근저당권'만 존재하므로, 결국 저당권과 근저당권은 더이상 찾아볼 수 없는 현실적으로는 존재하지 않는 권리이다. 이 책을 보시는 분 중 대부분이 무슨 말이냐고 의아해할 것이다. 실무상 금융기관은 모두 '포괄근저당 또는 한정근저당권'을 설정하기 때문이다. 민법이 아니라 금융 실무상 그렇다는 것이다.

포괄근저당권이란 '과거, 현재, 장래'에 발생하였거나 발생하는 '일체의 피담보채권'을 '채권최고액'을 한도로 담보하는 담보물권을 말한다. 그리고 한정근저당권이란 '거래의 종류를 한정[35]'하여 '채권최고액'을 한도로 피담보채권을 담보하는 담보물권을 말한다. 즉, 일반근저당권은 '특정한 피담보채권'을 거래의 대상으로, 한정근저당권은 거래의 종류가 '한정된 피담보채권'을 대상으로, 포괄근저당권은 '모든 거래의 종류를 피담보채권'으로 한다는 점이 다르다. 어떤가? 개념에서 일반근저당권, 한정근저당권, 포괄근저당권에 대한 구별이 오는가? 등기부상으로는 포괄근저당권과 한정근저당권도 모두 단순히 '근저당권'이라고만 표시되기 때문에 구별이 쉽지 않다. 하지만 현실적으로는 대부분 '포괄근저당권'이다. 금감원에서는 포괄근저당을 금지하고 있지만, 대법원 판례는 아직도 인정하고 있다.

그렇다면 민법상 '저당권과 일반근저당권'이 실무상 존재하지 않는다면 이들을 공부할 필요가 없지 않느냐는 생각이 들지 않는가? 그러나 안타깝게도 실무상 (포괄)근저당권이 대부분이고 저당권이 존재하지 않는다고 하더라도 부동산 경매에서는 근저당권은 물론 저당권의 성격과 피담보채권의 범위는 최소한 알고 있어야 한다. 왜냐하면 부동산에 경매가 신청되면 (포괄)근저당권은 결국은 저당권으로 변하고, 저당권으로 변하면 '저당권의 피담보채권의 범위'에 관한 민법 제360조가 적용되기 때문이다. 따라서 근저당권은 물론 저당권에 관한 민법 제360조를 동시에 숙지하고 있어야 경매에서 제대로 된 권리분석과 배당을 할 수 있게 된다.

그리고 특수저당권으로 공동저당, 입목저당, 공장재단저당, 광업재단저당, 동산저당이 있다. 또한 통설·판례가 인정하는 비전형담보물권(변칙담보)도 있다. 이러한 변칙담보에는 가등기담보와 양도담보가 있다. 가등기담보는 가등기담보 등에 관한 법률이 입법되어, 동법 제13조, 제14조에 의하면 가등기담보는 저당권으로 보고 있다. 양도담보에는 매매(환매와 재매

---

35) 예컨대 일반대출금, 적금대출금, 자립예탁금대출금, 카드대출금 등과 같이 거래의 종류가 포괄적이 아니라 한정된 거래를 말한다.

매의 예약)의 형식에 의한 '매도담보'와 소비대차 형식을 이용하는 '좁은 의미의 양도담보'가 있다(통설, 판례). 이러한 양도담보는 이른바 유담보형(流擔保形)[36]은 인정되지 않으며, 청산의무를 지는 이른바 '약한 의미의 양도담보만' 인정된다. 양도담보 역시 명칭 여하를 불문하고 가등기담보법이 적용되며, 모두 청산절차를 거치지 않으면 무효이다.

끝으로 본권(本權)[37]에 속하지 않는 권리로서 '점유권'이 있다. 점유권은 '사실상의 지배를 보호'하는 권리인데, 이 점유권은 부동산 경매에서 유치권과 관련하여 대단히 중요한 역할을 한다는 사실을 명심해야 한다. 유치권과 관련하여 다시 자세히 설명하겠다.

[11] 경매에 임하는 자세가 성공을 좌우한다. 싸움닭 기질을 발휘하라.

경매에 임하는 자세는 매우 중요하다. 경매에 임하는 자세가 바로 성공을 좌우하기 때문이다. 긍정적 마인드와 함께 초심을 잃지 않는 열정은 어디에서 나오는가? 그것은 바로 경매를 임하는 자세에서 나온다. 또한 경매를 임하는 자세는 부자의 마인드(투자 마인드)와 긍정적 마인드에서 나온다. 부동산 경매가 엄청난 부를 가져다줄 수 있지만, 그 시작은 아주 작은 행위인 손품을 파는 일(인터넷 검색)부터 시작하여야 한다. 부지런히 손품을 팔아서 물건검색을 하지 않으면 양질의 물건을 발견할 수 없고, 또 발견하여도 늑장을 부리면 다른 사람에게 기회를 빼앗기게 된다. 경매는 손품에서 시작하여 발품으로 끝난다고 해도 과언이 아니다. 손품과 발품은 반드시 성실과 지속적인 노력이 뒷받침되어야 결실을 거두게 된다. 이와 같은 경매 활동은 다음과 같은 마인드로 무장되어야 한다.

첫째로, '부자의 마인드 또는 투자 마인드'를 갖춰야 한다. 부자의 마인드 또는 투자 마인드가 없는 사람은 애초부터 경매와는 맞지 않는다. 이와 같은 마인드가 없는 사람은 돈을 벌 생각 자체가 없기 때문이다. 돈이 절실하게 필요해야 한다. 싸움닭 기질을 갖춰야 한다. 돈을 벌 생각 자체가 없는 사람은 지속적이고 어렵고 힘든 경매를 하려고 하지 않기 때문이다. 또한 경매는 일반적인 투자보다도 민사집행이라는 엄격하고 까다로운 절차를 거치기 때문에 이와 같은 마인드가 없는 자는 더더욱 경매로 돈을 버는 것은 불가능하다.

---

36) 청산절차를 거치지 않고 채권자가 담보물의 소유권을 취득하는 것을 유담보(流擔保)라고 한다.
37) 본권이란 법률적으로 점유를 정당하게 하는 권리를 말한다.

둘째로, '객관적 마인드'와 '긍정적 마인드'를 갖춰야 한다. 경매에서 주관적 판단은 금물이다. 부지런하고 지속적으로 임해야 함은 말할 나위 없다. 객관성을 갖추기 위해서는 경매 공부를 근거 중심, 법리 중심으로 하여야 한다. 그렇지 않으면 주관적 판단으로 치우쳐서 부동산의 긍정적인 면을 보지 못하고 언제나 부동산을 부정적인 면만을 보게 된다. 예컨대 부동산의 장단점은 보는 사람의 가치와 생각에 따라 다르기 때문에 물리적인 단점을 갖지 않은 부동산은 세상에 없다. 그러나 객관적이고 긍정적인 마인드를 가진 사람은 부동산의 긍정적인 면만을 보고 미용과 성형으로 부가가치를 높이는 반면, 부정적인 마인드를 가진 사람은 항상 부동산의 부정적인 면만을 보기 때문에 부동산을 통하여 돈을 벌 기회 자체를 갖지 못한다. 객관성을 결한 주관적 판단은 부정적 마인드와 함께 경매에서 최악의 적이다. 또한 부동산은 종목에 따라서, 어떻게 개발하고 활용하느냐에 따라서, 천의 얼굴을 가지고 있다. 부정적 마인드는 주관적 판단과 함께 천의 얼굴을 가진 부동산에 늘 부정적인 영향을 주어 부동산에 대한 '최유효 이용'을 저해하기 때문이다. 또한 경매 공부를 근거 중심, 법리 중심으로 객관화하지 않으면 주관적으로 흐르기 쉽다. 유튜브로 공부를 하는 것은 객관성을 상실하여 주관적으로 흐르기 쉬우니 주의해야 한다.

셋째로, '생각의 전환'을 해야 한다. 부자의 마인드(투자 마인드)와 객관적·긍정적 마인드를 갖추기 위해서는 생각(발상)의 전환을 배워야 한다. 누구나 생각하는 주관적이고 구태의연한 생각으로는 안 된다. 그러한 생각(발상)의 전환은 경매 공부에 대한 법적 근거와 법리에 대한 객관성을 갖춰야만 가능해진다. 경매에서 발상의 전환은 긍정적 마인드와 함께 정반대의 시너지를 가져다준다. 예컨대 무잉여 경매, 법지권 등이 그 예이다. 무잉여 경매, 법지권 등이 성립될 가능성이 있는 물건은 발상의 전환을 갖지 않으면 언제나 그 물건은 패스하기 때문에 진짜 고수익을 올릴 수 있는 물건은 낙찰받지 못하게 된다.

넷째로, '초심을 잃지 말아야 한다'. 경매로 돈을 벌기 위해서는 손품과 발품에서부터 부지런하게 지속적으로 실천해야 한다. 이점은 주식도 마찬가지이다. 그것은 다른 말로 표현하면 초심을 잃지 말아야 한다. 세상사 모든 일이 다 그렇지만, 특히 부동산 경매는 터널을 지나듯이 매우 지루한 과정을 인내해야만 그 결실을 맺을 수 있다. 그러한 초심을 잃지 않는 인내만 있다면 경매는 반드시 돈을 벌 수밖에 없는 구조이다.

결국 한마디로 말해서 '돈을 버는 것이 절실 해야' 하며, 절실하지 않으면 싸움닭 기질이 발휘되지 않는다. 또한 '부지런하고 지속적'이며, '초심을 잃지 말아야' 한다. 부지런하고 지속적이라는 것은 아무리 실력이 뛰어나도 경매에 관한 양질의 물건을 발견하지 못하면 경매로 돈을 번다는 것은 헛구호에 불과하다. 양질의 물건을 발견하기 위해서는 지속적으로 손품과 발품을 팔아야 하기 때문이다. 돈을 버는 것이 절실하고, 부지런하고 지속적이며, 초심을 잃지 않기 위해서는 경매에 대한 '의지와 인식'이 확고해야 한다. 종잣돈이 적거나 없는 것은 2차 문제이거나 전혀 문제가 되지 않을 수도 있다. 부지런히 지속적으로 손품과 발품을 팔면 아주 많이 유찰된 양질의 물건을 만나게 되고, 종잣돈이 부족하거나 없어도 대출 또는 보증금으로 해결할 수도 있으며, 심지어는 종국적으로는 내 돈 한 푼도 들이지 않고도 낙찰을 받을 수도 있다. 따라서 경매를 위한 중고수의 레벨에 해당하는 최소한의 내공을 먼저 섭렵하고, 그리고 부지런하고 지속적인 손품과 발품으로 초심을 잃지 않는다면 당신은 반드시 부자가 될 수 있으며, 경매는 절대로 당신을 실망시키지 않을 것이다.

세상에서 가장 쉬운 투자는 로또이다. 그러나 로또는 당첨 가능성이 매우 희박하다. 경매는 어려운 만큼 경쟁은 적고 수익은 매우 높다(고위험 고수익). 로또는 운이지만 경매는 노력한 만큼 대가가 오는 확실한 투자이다. 당신은 요행을 선택할 것인가? 확실한 결과를 선택할 것인가? 환언해서 노력은 필요 없지만 결과는 아주 희박한 로또 당첨을 기다리며 인생을 허비할 것인가? 인내와 땀으로 요행이 아닌 확실한 결과로 인생을 꽃피울 것인가?

현대사회는 통계, 빅데이타, 메타버스, AI시대이다. 그러나 부동산 경매는 통계, 빅데이타, 메타버스, AI를 굳이 알 필요는 없다. 이들은 경매에 크게 의미가 없기 때문이다. 바로 이 점은 무섭게 디지털화해가는 현대사회에서 부동산 경매가 매력적이지 않을 수 없다. 특히 통계, 빅데이타, 메타버스, AI 시대로의 변화에 따라 고령화 시대의 고령층이 고독과 경제적 압박에서 해방되어 부동산 경매가 '제2의 직업'이 될 수도 있고, 이를 통하여 경제적 자유를 얻을 수 있다는 것은 소일거리가 없어서 고독한 노후의 삶에 흥분되는 일이 아닐 수 없다. 긍정적 마인드와 함께 초심을 잃지 않는 열정과 꾸준함만 있으면 당신은 반드시 부동산 경매로 성공할 수 있기 때문이다. 경매에 필요한 것은 객관적 지식이고, 객관적 지식의 기준은 각종 분석을 정확하게 하는 것인데, 각종 분석의 정확성은 '객관적 근거에 바탕을 둔 지식과 정보'에 의하여 확보되는 것이다.

일반적으로 아파트는 경매에서 가장 쉬운 종목 중의 하나이면서 가장 경쟁률이 높은 종목이다. 긍정적 마인드와 초심을 유지하는 한 경매에서 가장 경쟁률이 높은 아파트에서도 실거래가 보다 10%~30% 정도는 더 낮은 금액으로 낙찰받을 수 있다. 나아가 아파트도 대지권 미등기, 토지에 별도등기 있음, 가등기가 있거나 유치권 신고가 된 경우 등 조금만 권리분석이 어려우면 40%~50% 내외 더 싼 금액에 취득할 수도 있다. 실거래가에 비하면 매우 저렴한 금액이다. 그런데도 일반적으로 사람들은 "아파트는 비싸서 경매로 낙찰받기 어려워…"라고 한다. 실거래에서는 20% 이상 싼 물건은 찾아보기 힘들다. 왜? 매도인은 자신이 매수 당시에 전 매도인에게 지급한 금액이 있고, 또 수익을 남기고 싶은 것은 인지상정이기 때문이다. 그런데 권리분석이 그리 어렵지 않은 아파트 경매에서 위 정도 이상으로 싸게 낙찰받기를 바라는 것은 무리한 욕심일 뿐이다. 아래에서 최근 아파트에 대한 경쟁률이 상당히 높은 시기의 아파트 사례를 한번 보자.

이 사건은 권리분석이 아주 단순한 사건이다. 말소기준권리보다 대항요건을 먼저 갖춘 선순위 임차인이 있는 사건이다. 따라서 낙찰자는 선순위 임차인의 보증금을 인수해야 한다. 낙찰자는 인수하는 보증금을 조금 초과한 금액을 써서 낙찰을 받았다. 2순위 이하의 배당권자는 근저당권자들이다. 이 권리들은 담보권이어서 모두 말소된다(민집법 제91조 참조). 낙찰자는 이 점을 알고 낙찰을 받은 것 같다. 즉, 주임법상의 요건으로는 선순위 임차인이므로 매수인이 임차인의 보증금을 인수하여야 하나, 민사집행법적으로 임차인이 배당요구를 하였기 때문에 배당재단에서 배당을 받으므로 매수인은 임차보증금을 인수하지 않아도 된다는 사실을 말이다. 시기적으로 볼 때 8명이 경쟁하여 87% 정도에 낙찰받은 것은 성공한 케이스이다. 구체적으로 수익분석을 해보면, 매수인은 268,838,000원에 낙찰받았다. 여기에 매수인이 인수하는 임차보증금 210,000,000원+저당채권 약 5,200만원+경매비용 약 700만원 정도를 감안한 금액이다. 2순위 입찰금액 263,950,000원을 고려하면 감정가 대비 4,000만 원 정도를 싸게 구매하였으니, 이 정도면 당시로서는 낙찰을 잘 받은 것이다.

2023타경44253 • 수원지방법원 평택지원 • 매각기일 : 2024.04.08(月) (10:00) • 경매 4계(전화:031-650-3171)

소재지	경기도 평택시 동삭동 ㅇㅇㅇ, ㅇㅇㅇ이아파트 101동 5층 505호				
새 주 소	경기도 평택시 서재로 36, 서재자이아파트 101동 5층 505호				
물건종별	아파트	감 정 가	310,000,000원	오늘조회: 1 2주누적: 2 2주평균: 0	
				구분 / 매각기일 / 최저매각가격 / 결과	
대 지 권	35.594㎡(10.77평)	최 저 가	(70%) 217,000,000원	1차 2024-03-04 310,000,000원 유찰	
				2차 2024-04-08 217,000,000원	
건물면적	59.53㎡(18.01평)	보 증 금	(10%) 21,700,000원	매각 : 268,838,000원 (86.72%)	
매각물건	토지·건물 일괄매각	소 유 자	김ㅇㅇ	(입찰8명,매수인:김ㅇㅇ / 차순위금액 263,950,000원)	
개시결정	2023-05-19	채 무 자	김ㅇㅇ	매각결정기일 : 2024.04.15 - 매각허가결정	
				대금지급기한 : 2024.05.17	
사 건 명	임의경매	채 권 자	(주)피플펀드컴퍼니	대금납부 2024.05.03 / 배당기일 2024.06.19	
				배당종결 2024.06.19	

• 임차인현황 (말소기준권리 : 2021.06.08 / 배당요구종기일 : 2023.08.17)

임차인	점유부분	전입/확정/배당	보증금/차임	대항력	배당예상금액	기타
이ㅇㅇ	주거용 505호 전부	전입일자: 2021.01.18 확정일자: 2021.01.08 배당요구: 2023.05.26	보210,000,000원	있음	배당순위있음	

• 등기부현황 (채권액합계 : 176,600,000원)

No	접수	권리종류	권리자	채권금액	비고	소멸여부
1(갑4)	2019.07.01	공ㅇㅇ지분전부이전	김ㅇㅇ		매매, 거래가액:194,000,000	
2(을15)	2021.06.08	근저당	엠메이드대부유한회사	16,900,000원	말소기준등기	소멸
3(을16)	2021.12.08	근저당	엠메이드대부유한회사	63,700,000원	확정채권양도전: 주식회사 피플펀드컴퍼니	소멸
4(을17)	2022.02.14	근저당	김ㅇㅇ	96,000,000원		소멸
5(갑5)	2023.05.22	임의경매	엠메이드대부유한회사	청구금액: 51,831,998원	2023타경44253	소멸

[12] 객관성, 일반성이 관건이다.

일반적으로 감정가, 중복경매, 인도, 명도, 항고 등 매각절차를 활용하여 더 많은 수익을 창출하는 것은 결코 하수가 실천하기에는 쉽지 않다. 하수는 어디서 한 번쯤 위와 같은 고수단적 방법을 들어 본 적이 있다고 하더라도, 민사집행법이나 경매에 대한 농익은 이해를 통하여 그 방법을 그때그때의 절차에 맞춰서 적절하게 적용할 정도로 자기 것으로 만들지 못하기 때문에, 고수가 발견한 생각의 전환과 수익의 기회를 잡지 못한다. 그들이 그와 같은 기회를 놓치는 것은 위와 같은 고수들의 비법을 받아들일 만한 지식과 정보에 대한 객관성과 일반성을 갖추지 못하였기 때문이다. 그래서 용기를 내지 못하는 것이다. 아마도 당신의 기억 속에도 이러한 경험이 한두 번쯤은 있을 것이다. "아, 그때 그 말 믿고 투자를 했어야 했는데……그때 했어야 했는데…"하는 후회의 변 말이다. 그때는 하수여서 잡지 못하였지만, 지금에 와서 수준이 높아진 후에 생각하니 자신의 잘못을 깨닫게 된 것이다. 이것이 바로 동일한 정보와 지식에 대한 객관화 또는 일반화에 따른 결과적 차이이다.

고수들의 비법을 받아들일 만한 '객관성, 일반성이란' 바로 투자의 법적 근거에 의한 보편성과 일반성에 따른 투자의 확신을 말한다. 즉, 투자에 대한 판단이 주관적이 아니라 법적 근거 등에 의한 객관성과 일반성에 따라서 체계화된 것을 말한다. 말이 어려운가? 다시 말해서 감정가, 중복경매, 인도, 명도, 항고 등 매각절차를 활용하여 더 많은 수익을 창출하기 위해서는 민사집행법과 매각절차를 주관적 판단이 아니라 법적 근거에 따른 객관성과 일반성에 따라서 터득하고, 이들 절차를 경제적 투자 마인드에 따라서 활용하는 일반적·객관적인 지식과 방법을 터득해야 한다는 것이다. 그래야만 불리한 상황마저도 수익으로 전환하는 발상의 전환을 이끌어 낼 수가 있게 된다. 이 책에서 실전과 이론은 물론 이해관계인이 법원에 대하여 신청하는 실전 서식까지 싣고, 그 취지와 주의사항까지 서식 속에 주석을 달아서 설명한 것은 바로 매각절차와 경매지식에 대한 객관화와 일반화를 위하여 입체적으로 공부하도록 하기 위한 것이다.

일반적으로 마음이 조급하면 객관성을 유지하기 어렵다. 조급하다는 것은 민첩하다는 것과는 서로 다른 의미이다. 전자는 마음이 급하다는 것이다. 그래서 행동이 급하고 허둥댄다는 것이요, 후자는 행동이 빠르고 정확하다는 것이다. 경매 투자에서는 조급은 화근이 될 수 있다. 그렇다고 행동에 있어서 느긋하라는 것은 아니다. 마음을 조급하게 가지지는 않되, 기회가 와서 객관성이 확보되면 민첩하게 행동해야 한다. 나비처럼 날아서 벌처럼 쏘라는 얘기다. 이를 어려운 말로 눌언민행(訥言敏行)이라는 말로 표현할 수도 있다. 눌언민행(訥言敏行)이란 논어에 나오는 말로, 군자는 '말은 느리게 하고, 처신과 행동은 재빠르게 하라'는 의미로써, "군자, 욕눌어언, 이민어행(君子, 欲訥於言, 而敏於行)"에서 나온 말이다.

조급함과 민첩함의 구별도 바로 실체법과 민사집행 제도의 법리에 대한 객관성이 담보될 때 가능해지는 것이다. 아는 만큼 보인다는 격언과 같이, 내공이 깊어 고수에 이르게 되면 (즉, 객관성을 확보하면) 판단은 정확하게 행동은 민첩하게 된다. 그것은 바로 고수익과 연결될 수밖에 없다.

제2장

부동산의
기초지식 익히기

제2장
부동산의 기초지식 익히기

[13] 감정가의 실체를 바로 알자.

　채권자가 경매신청을 하고 일반인들이 그 물건을 볼 수 있을 때까지는 5~6개월에서 심지어는 기일변경신청 등이 있는 경우에는 1년 정도의 상당히 오랜 시간이 걸린다. 경매신청과 감정평가가 이루어진 후에 경매개시결정 등에 대하여 소유자 또는 채무자 등 이해관계인들이 이의신청 또는 즉시항고를 하여 매각기일이 지연되는 경우에는 2~3년 내외의 기간이 걸릴 수도 있다. 이와 같은 사건의 경우에는 경기상황과 당해 지역의 부동산 상승률에 따라서 감정가가 전혀 현실 거래가를 반영하지 못한다.

　또한 부동산 가격의 '하락기'에 감정평가를 했느냐, '상승기'에 감정평가를 했느냐에 따라서도 상당한 차이가 있을 수 있다. 전자의 경우에는 좀 유찰된 뒤에 낙찰을 받아야 할 것이고, 후자의 경우는 1차~2차 기일에 바로 입찰해야 할 것이다. 특히 후자의 경우에는 대다수의 사람이 감정가를 현 시세로 오인하기 때문에 1차~2차 기일에 입찰하면 입찰 경쟁자가 거의 없는 단독입찰이 되는 경우가 대부분이다. 아파트 등 권리분석이 복잡하지 않은 물건은 감정가가 시세보다 낮거나 가격 상승기에 감정된 경우에는 1차에 입찰하는 것도 한 방법이다.

　감정평가금액이 너무 높아서 유찰이 많이 되는 경우도 있다. 유찰이 많다는 것은 '감정가 대비' 싸다는 것을 의미하는 것이지, 반드시 '시세 대비' 싸다는 의미는 아니다. 이처럼 감정가는 절차의 지연에 따라서, 경기상황에 따라서, 부동산 가격이 하락기냐 상승기냐에 따라서 천차만별이기 때문에 맹신해서는 안 된다. 실거래가와 현실가를 확인하여야 하고, 감정가는 참고로만 활용해야 한다.

[14] 부동산의 종목에 따른 가치 판단하기

경매시장은 물론 일반시장에서도 부동산은 그 가치가 중요하다. 특히 미래가치가 중요하다. 일반적으로 부동산은 토지와 건물로 대별 되는데, 감가상각이 따르는 건물과는 달리 토지는 장기적으로 볼 때 대체로 가격이 우상향으로 상승한다. 따라서 미래가치란 바로 토지의 미래가치를 말한다. 전체 인구와 생산인구가 줄어들고 있는 현재는 토지도 단순 시세차익을 노린다면 도시 외곽의 토지보다는 시내에 있는 토지가 일반적으로 좋다. 그러나 건물은 일반적으로 감가상각이 따르므로 미래가치를 논할 수 없다. 건물은 특별한 사정이 없는 한 건물이 깔고 있는 토지 가격의 상승으로 인한 경우를 제외하고는 대체로 가격 상승이 없다.

토지는 용도 제한이 중요하다. 용도 제한이 미래가치를 의미한다고 봐도 될 정도로 중요하다. 용도 제한이란 전국의 토지를 용도지역, 지구, 구역으로 세분하고 이에 따라서 행위제한을 하는 것을 말한다. 용도 제한은 국토계획법, 농지법, 산지관리법 등의 부동산 공법뿐 아니라 지자체의 도시계획조례도 간과해서는 아니 된다. 건물의 용도 및 업종제한과 함께 행위제한에 따라서 건축행위와 개발행위 등의 규모와 범위가 정해지기 때문이다. 토지와 건물의 용도와 행위제한 또는 업종제한과 용도변경에 관하여는 국내 경매 책 중 최초로 이 책 제5장에서 자세히 언급하였다. 이 부분은 경매와 투자는 물론 중개업·건축업·개발업·토목설계업과 부동산 전 분야에서 매우 중요하다.

상가건물은 수익률이 중요하다. 상가건물의 수익률은 매매가와 임대료 모두에 영향을 미치기 때문이다. 특히 토지와 상가건물은 가격형성요인이 개별적·구체적이고 천차만별이다. 상가건물은 '상권의 발달 정도와 상권의 특성'에 따라서 수익률과 매매가에 미치는 영향이 크다. 또한 상가건물은 '업종'과도 매우 관련이 깊다. 근생시설, 문화집회시설, 교육복지시설 등 건축법상의 용도와 소형 업종, 대형 업종, 국내외 프랜차이즈, 스타** 등 세계적인 브랜드 등 업종에 따라서 월세와 보증금 등 임대료가 천차만별이고 그 가치가 달라진다. 따라서 상가건물은 '상권'뿐만 아니라 '상가건물의 용도와 각 업종에 따른 단행법상의 행위제한'등도 수익률과 매매가에 크게 영향을 미친다. 경매에서의 물건분석과 수익분석은 큰 틀에서 토지공법과 상가건물공법의 용도, 업종, 행위제한 등을 검토할 줄 아는 것이 중요하다. 이에 관하여는 이 책에서 구체적으로 설명한다.

일반적으로 부동산 경매에 관한 강의를 하거나 공부를 하는 사람들은 대부분 '권리분석에만' 치중한다. 물론 경매에서 권리분석이 중요함은 말할 나위 없지만, 물건분석과 수익분석 (부동산의 미래가치) 또한 권리분석 못지않게 중요하다. 애석하게도 이러한 물건분석과 부동산의 미래가치, 즉 수익분석은 권리분석을 위한 민법 등 일반사법이나 민사특별법만으로는 부족하고, 부동산 공법, 즉 토지공법 중 개발이나 농지·산지 등의 전용, 도로와 건축인허가 또는 개발 인허가를 알아야 하며, 건물공법 중 용도·업종·행위제한 관련 사항까지 파악하여야 제대로 된 수익분석이 가능하다. 이 책에서는 이에 관하여 설명한다.

나아가 상가건물의 경우에는 당해 업종에 대한 '영업 노하우'는 물론 '부동산 정책'과 '상업상의 시대 상황 또는 트렌드의 변화'도 상가건물의 가치 파악에 영향을 준다. 이런 관점에서 상가건물에 대한 경매는 일반적인 '물건 시세'보다도 '구체적인 지역 시세와 상권분석'이 중요하다. 상권과 지역 시세는 영업과 상가의 가치에 지대한 영향을 미치기 때문이다.

그런데 학원 강의와 임장을 하다 보면 수강생 중에는 물건에 대한 정확한 분석과 구체적인 지역 시세 또는 상권분석은 하지 않고, 근처 부동산사무실에 들러 시세를 물어보고 입찰 여부를 결정하는 경우가 많다. 특히 그 지역에서 평소에 잘 알고 있는 공인중개사의 말을 무조건 따르는 경향이 있다. 매우 어리석은 판단이다. 설사 그 공인중개사가 해당 지역의 부동산에 관한 일반적인 사항을 잘 알고 있다고 하더라도 토지공법과 건물공법 및 경매에 대하여 얼마나 내공이 깊으며, 특히 해당 사건과 물건에 관하여 권리분석, 물건분석, 수익분석을 구체적이고 깊이 있게 해보았을 리가 없을 진데, 그 중개사가 누구길래 어찌하여 그 사람의 말과 주관적인 판단을 맹목적으로 신뢰하고 수억 원 또는 수십억 원을 투자한단 말인가?

경매는 중개의 연속선상에서 부동산 관련 분야임은 틀림이 없지만, 법학과 부동산학에 대한 종합과학이자 부동산 실무 중 매우 정치(精緻)한 분야로써 중개와는 달리 민사집행법적 지식과 함께 매우 디테일한 권리분석, 물건분석, 수익분석을 요구한다. 그런데 위와 같은 경매인의 행동은 경매 활동에 관한 객관적인 판단과 방법으로는 매우 잘못된 행동이다. 물론 동네 중개사를 통한 각종 분석은 큰 틀에서 참고하여야 할 것이지만, 낙찰을 받을 것인지 말 것인지와 구체적인 정보수집과 판단 문제까지도 중개사의 말을 맹목적으로 신뢰하는 것은 잘못된 것이다. 지인인 공인중개사를 인격적 직업적으로 신뢰하는 것과 경매 활동에 있어서의 객관적인 분석은 전혀 다른 별개의 문제이기 때문이다.

[15] 부동산 공적 장부 이해하기

우리나라 전국의 지적의 총 필지 수는 약 3,700필지 정도이다. 땅을 기준으로 전국적으로 지적의 비율은 임야 65%, 농지 21%, 주거용지와 상업용지 3%, 도로와 철도가 3%이다. 그런데 우리나라의 지적도는 매우 불안정한 상태이다. 1910~1920년경 일제가 토지조사사업의 일환으로 대한민국의 지적을 일본 동경을 기점으로 사행식(蛇行式, 뱀이 기어가듯이 지번을 부여한다고 사행식이라고 함)으로 측량하였기 때문에 아직도 전 국토면적의 15% 정도가 토지대장과 일치하지 않는다. 이렇게 불일치하는 토지를 '등록사항 정정대상 토지(지적불부합지)'라고 한다.

물론 현재 계속하여 전자 측량으로 지적불부합지를 줄여나가고는 있지만 부동산 경매에서도 이러한 지적불부합지에서 완전히 자유롭지는 못하다. 이웃 토지를 침범한 토지를 경매로 낙찰받은 경우, 공법관계에서는 지적공부가 우선하고[38], 예외적으로 지적 기술상의 착오로 인한 경우는 실제 현황이 우선한다는 것이 대법원 판례이다(대법원 1985. 3. 26.선고 84다71 판결). 사법관계는 취득시효가 문제 되는데, 점유취득시효(20년), 등기부취득시효(10년)[39]가 인정될 수 있으나, 경매의 경우에는 사실상 취득시효의 입증이 어렵다. 경매는 원시취득이 아니라 전 소유자로부터의 '승계취득'이므로 부도난 자로부터의 강제취득이라서 매수인(낙찰자)이 취득시효를 입증하기란 쉽지 않기 때문이다.

우리나라는 외국 대비 부동산에 관한 법률관계가 매우 복잡하다. 우선 주임법과 상임법의 공시방법과 대항요건의 특이성으로 인하여 이들의 법률관계와 민사집행법이 충돌하면 매우 어려운 법률문제를 초래한다. 이에 관한 구체적인 설명은 주임법과 상임법의 대항력과 관련하여 설명하기로 한다. 이제 그 외의 복잡한 문제를 일으키는 것에 관하여 몇 가지를 여기서 언급하고자 한다.

첫째로, 우리나라는 유럽과는 달리 토지와 건물에 관한 대장(토지대장과 건축물대장)과 등기부의 관계에서 대장(토지, 건축물)과 등기부(토지, 건물)가 2원화 되어 있다. 전자는 부동

---

38) 이 경우는 이웃 토지를 '침범한' 토지는 지적공부에 의하여 결정되므로 침범 부분은 자신의 땅이 아니다. 반대로 이웃 토지를 '침범당한' 토지를 경매로 낙찰받은 경우에는 공법관계에서는 지적공부가 우선이므로 낙찰자는 소송을 통하여 찾아올 수도 있을 것이다.
39) 시효에 의하여 권리가 소멸되는 것을 '소멸시효'라고 하고, 시효에 의하여 권리가 취득되는 것을 '취득시효'라고 한다. 부동산 취득시효에는 '점유에 의한 취득시효'와 '등기에 의한 취득시효'가 있다. 비록 타인의 부동산이라도 20년간 소유의 의사로 평온, 공연하게 부동산을 점유하는 자는 등기함으로써 그 소유권을 취득한다. 이것을 '점유에 의한 취득시효'라고 한다. 소유권의 취득의 한 종류이다. 또한 부동산의 소유자로 등기한 자가 10년간 소유의 의사로 평온, 공연하게 선의이며 과실없이 그 부동산을 점유한 때에는 소유권을 취득한다. 이것을 '등기에 의한 취득시효'라고 한다. 소유권의 취득의 한 종류이다.

산의 현황 등 사실관계를 등록하고 관리도 행정기관에서 관리하며, 후자는 권리관계를 등록하고 관리는 사법부인 법원에서 한다. 그래서 양자의 내용을 일치시키지만, 양자가 불일치 하는 경우가 종종 발생한다. 대장은 사실관계를 등록하고, 등기부는 권리관계를 등록하는 것이 목적이므로, 결론적으로 토지와 건축물의 현황(사실관계)이 불일치하면 대장이 우선한다. 따라서 토지(건물)의 분할, 합병, 지목이 변경되면 대장을 먼저 정리한 후 이에 따라서 등기부를 정리하여 대장과 일치시킨다. 한편 권리관계는 대장보다 등기부가 우선한다. 따라서 양자가 불일치하면 등기부상의 권리를 중심으로 권리분석을 하여야 한다.

둘째로, 우리나라는 유럽과는 달리 토지와 건물을 별개의 부동산으로 보고 있다(민법 제99조 1항). 그래서 부동산의 종류별 권리관계가 복잡하다. 이러한 점은 경매에서는 더욱 권리관계가 복잡하게 나타난다. 특히 '제시외 물건'[40]과 미등기·무허가 건물에 성립하는 법지권과 관련하여 복잡한 문제가 발생한다. 물론 초보자들은 이해하기가 어렵고 또한 그래서 경매가 어렵게 느껴질 수도 있음은 틀림없다. 그러나 한편 내공이 깊은 고수들은 이러한 복잡한 물건일수록 수없이 유찰되므로 바로 이런 물건으로 엄청난 수익을 창출하는 것도 또한 사실이다. 당신도 초심을 잃지 않고 이 책을 수 회독 한다면 조만간에 고수 또는 초고수가 될 수 있으니 상심하지 말기 바란다. 다시 본론으로 돌아와서 토지와 건물이 별개의 부동산이므로 토지와 건물에 모두 가압류, 가처분, 근저당권, 질권, 전세권, 임차권 등을 설정할 수 있다. 나아가 미등기·무허가 건물에도 임차권 계약을 체결할 수 있고, 미등기·무허가 건물의 임차권에도 주임법이 적용된다는 점을 유의해야 한다. 바로 이점 때문에 경매 실무상 '제시외 물건'이라는 관례적인 용어가 등장하고, '법지권 성립'에서 매우 까다로운 법리가 발생한다. 미등기·무허가 건물은 법지권 성립의 주범이라고 해도 과언이 아니다. 관련되는 곳에서 다시 언급하겠다.

셋째로, 앞에서 대장과 등기부가 이원화되어 있고, 토지와 건물을 별개의 부동산으로 보는 것과 같은 맥락에서 토지와 건물 등기사항 증명서에 '등기가 가능한 권리'에 관하여 세간에서는 오해가 있다. 즉, 아파트와 같은 집합건물이 아닌 일반 부동산 등기부는 표제부, 갑구, 을구로 구성되어 있는 점은 누구나 아는 사실이다. 또한 갑구에는 소유권(공유·합유·총유 포함)에 관한 사항이 등기되고, 을구에는 소유권 이외의 권리(근저당, 지상권, 전세권, 임차권)에 관한 사항이 등기된다는 점도 모두가 아는 사실이다.

---

[40] 제시외 물건이란 공부(공적 장부) 이외의 물건이라는 의미로, 경매 실무상 관례적으로 사용해온 용어이다. 매각외 물건과 구별하여야 하는데, 자세한 것은 김태건 저, "실전 부동산경매실무", 도서출판 애플북, 2023.7., 제3판, 제5편을 참고하기 바란다.

한편 갑구에는 소유권과 소유권에 관한 가압류, 가처분, 가등기, 압류, 경공매 등기가 기재된다는 사실도 대부분의 사람들이 알고 있다. 그러나 을구에는 소유권 이외의 권리를 등기하므로 가압류, 가처분, 가등기, 압류, 경공매 등기를 할 수 없다고 생각하는 사람이 대부분이다. 다시 말해서 갑구에는 소유권 가압류, 소유권 가처분, 소유권 가등기, 소유권 압류 등을 등기할 수 있지만, 소유권 이외의 권리(근저당, 지상권, 전세권, 임차권)를 등기하는 을구에는 예컨대 근저당권 가압류, 근저당권 가처분, 근저당권 가등기, 근저당권 압류 등을 할 수 없다고 생각한다. 즉, 가압류, 가처분, 가등기, 압류, 경공매는 소유권(갑구)에 관하여만 인정되고, 소유권 이외의 권리(을구)에는 인정되지 않는다고 알고 있다. 세간의 등기에 관한 심각한 오해이다. 즉, 갑구 뿐만 아니라 을구의 소유권 이외의 권리도 가압류, 가처분, 가등기, 압류, 경공매 등기를 할 수 있다.

여기서는 근저당권 가처분에 관한 경매 사례를 소개하는 것으로 그 설명을 대신하겠다. 다음의 사례에는 등기권리에 가처분이 보인다. 이 가처분은 소유권에 대한 가처분이 아니라 '근저당권에 대한 가처분'이다. 을구에 올라가는 소유권 이외의 권리에 대한 사례가 많지 않다 보니 세간에서는 소유권 이외의 권리에 관하여는 가압류, 가처분, 가등기, 압류 등을 할 수 없는 것으로 오해한다. 다음의 사건은 근저당권가처분을 소유권가처분으로 착각하고 수회 유찰되어 27%대에 낙찰받았다. 엄청 싸게 낙찰받았다. 놀라운 사실이 아닌가?

2022타경59856 · 수원지방법원 성남지원 · 매각기일 : 2024.03.04(月) (10:00) · 경매 3계 (전화:031-737-1323)

소재지	경기도 성남시 분당구 야탑동 ··· 더미널밎복합건물 3층 216호						
				오늘조회: 1 2주누적: 0 2주평균: 0			
물건종별	근린상가	감정가	220,000,000원	구분	매각기일	최저매각가격	결과
				1차	2023-07-03	220,000,000원	유찰
대지권	7.06㎡(2.14평)	최저가	(24%) 52,822,000원	2차	2023-08-07	154,000,000원	유찰
				3차	2023-09-11	107,800,000원	유찰
건물면적	20.32㎡(6.15평)	보증금	(20%) 10,564,400원	4차	2023-10-16	75,460,000원	매각
				매각 77,120,000원(35.05%) / 1명 / 미납			
매각물건	토지·건물 일괄매각	소유자	(주)삼화디엔씨	5차	2024-01-29	75,460,000원	유찰
				6차	2024-03-04	52,822,000원	
				매각 : 60,000,000원 (27.27%)			
개시결정	2022-11-02	채무자	파산자 한국부동산신탁(주)의 파산관재인 변호사 김진한	(입찰1명,매수인:이○○)			
				매각결정기일 : 2024.03.11 - 매각허가결정			
				대금지급기한 : 2024.05.02			
사건명	임의경매	채권자	이○○	배당기일 : 2024.05.02			
				배당종결 2024.05.02			

• 임차인현황 (말소기준권리 : 2003.05.03 / 배당요구종기일 : 2023.01.16)

임차인	점유부분	전입/확정/배당	보증금/차임	대항력	배당예상금액	기타
임○○	점포	사업등록: 미상 확정일자: 미상 배당요구: 없음	무 월350,000원		배당금 없음	

• 등기부현황 (채권액합계 : 6,180,180,000원)

No	접수	권리종류	권리자	채권금액	비고	소멸여부
1(을1)	2003.05.03	근저당	이○○	180,180,000원	말소기준등기	소멸
2(을2)	2016.05.24	근저당	(주)월드에셋인베스트먼트	6,000,000,000원		소멸
3(갑1)	2016.07.22	소유권이전	(주)삼화디엔씨		신탁재산의 귀속	
4(갑2)	2016.08.29	압류	성남시분당구			소멸
5(갑3)	2017.04.18	압류	국(서초세무서)			소멸
6(갑4)	2017.06.30	강제관리신청	임○○		수원지방법원성남지원 2017타기5024	
7(을2)	2017.07.03	(주)월드에셋인베스트먼트근저당권가처분	임○○		사해행위취소로 인한 근저당권설정등기 등 말소청구권, 수원지방법원성남지원 2017카단60933 사건검색	소멸
8(갑5)	2022.11.03	임의경매	이○○	청구금액: 181,860,000원	2022타경59856	소멸

앞에서 우리는 갑구에서 소유권과 관련하여 협의의 소유권 이외에 소유권의 일종인 공유·합유·총유가 있다는 점을 잠깐 언급하였다. 공유·합유·총유는 여러 명이 소유하는 공동소유의 종류이다. 부동산 경매에는 지분소유권이 상당히 많이 나온다. 합유물과 총유물은 경매에 자주 등장하지는 않지만, 공유는 상당히 자주 등장한다. 공유지분을 낙찰받는 경우에는 지분의 법리에 관하여 제대로 알고 있어야 한다. 공유는 처분·변경, 사용·수익, 보전, 관리, 분할, 종료 등의 행위를 하기 위해서는 법적으로 필요로 하는 지분이 다르다. 이러한 점은 경매에서도 동일하게 적용되므로 유의해야 한다. 공유물을 관리하기 위해서는 공유물에 대한 지분을 2분의 1을 초과(즉, 과반수)하는 지분을 가지고 있어야 관리를 할 수 있다. 예컨대 인도명령신청은 '공유물의 관리'에 해당한다. 경매에서 2분의 1 지분을 낙찰받았다면 지분낙찰자는 단독으로 공유물의 인도명령신청을 하지 못한다. 과반수에 달하지 아니한 지분매수인은 관리행위를 단독으로는 할 수 없기 때문이다. 공유지분을 낙찰받는 경우에는 지분의 법리에 관하여 제대로 알고 있어야 하는 이유를 이제 알겠는가? 표를 통하여 공동소유의 형태인 공유·합유·총유에 관하여 자세히 본다. 이 표는 공동소유에 대한 경매에서 매우 중요하다. 공동소유에 관하여 법리를 이해하기 바란다.

구 분	공유	합유	총유
소유 형태	수인이 1개의 소유권을 분량적으로 소유하는 형태	조합체(공동사업, 동업)의 소유 형태	권리능력 없는 사단(법인 아닌 사단)의 소유 형태 (교회, 사찰, 마을, 동창회 등)
인적 결합 정도	없음	약함	아주 강함
성립	법률행위, 법률의 규정 (상속)	법률행위 또는 법률의 규정	사단의 정관 기타 규약
지분권 유무	공유지분	합유지분	지분권 없음
'지분'의 처분·분할·상속 여부	• 지분 처분(양도) 자유 • 지분 분할 자유 • 상속 가능	• 지분의 처분(양도) : 전원의 동의 • 지분 분할 불가 • 상속 불가	• 처분(양도), 분할, 상속 불가
'목적물'의 보전·관리·처분 등	• 보전 : "각자" 단독 가능 • 관리 : "과반수" 동의 • 처분·변경: "전원" 동의 • 사용·수익: 공유물 전부를 "지분의 비율"로 사용·수익	• 보전 : "각자" 단독 가능 • 관리 : "과반수" 동의 • 처분·변경: "전원" 동의 • 사용·수익: "계약 또는 법률의 규정"에따름	• 보전·관리·처분·변경: 모두 사원총회 결의 필요 • 사용·수익: 정관 기타 규약에 따름
목적물·지분권의 분할	분할 가능(형식적 경매) 분할방법: 협의분할, 재판상분할, 특별법에 의한 분할	"분할 불가", but 조합체의 해산 또는 합유물의 양도로 분할목적 달성 가능	"분할 불가" but 사원의 지위를 취득·상실함으로써 목적 달성 가능모
공동소유의 종료	• 지분양도 • 공유물 분할(공유자 간 담보책임 인정됨)	• 분할청구 불가 • 조합체해산과 합유물 양도로 종료	• 분할청구 불가 • 사원의 지위 상실로 종료

[16] 권리분석의 기준은 무엇인가?

우리는 앞에서 민법의 일반원칙과 법리, 부동산 등기에 관하여 살펴 보았다. 민법의 일반원칙에서 '채권의 변동'과 '물권의 변동'도 보았다. 모든 권리는 발생하면 언제나 그대로 존속하는 것이 아니라 당사자가 바뀌거나 내용이 변경되는 등 변경 또는 변동하며, 일정한 기간 존속하다가 종국에는 소멸된다고 하였다. 우리가 부동산 경매에서 낙찰을 받는 것도 전 소유자의 소유권이 경매로 인하여 낙찰자에게 이전, 즉 권리의 변동이 일어나는 것이다. 따라서 경매도 권리의 변동에 해당한다. 이러한 권리의 변동에 따른 우선순위와 최우선순위를 정하는 것이 경매에서의 권리분석이다.

권리분석에서 등기된 권리는 '등기순위'에 의하여 권리분석을 한다. 여기서 물권변동과 등기순위가 중요해진다. 다시 말해서 부동산 경매의 권리분석을 할 때 권리의 어떤 기준과 순서에 의해서 권리분석을 하는가가 중요하다. 등기된 권리는 바로 '등기순위'가 권리분석의 기준이다. 첫째로, 민법상 계약 등 법률행위로 인한 물권변동(민법 제186조)은 접수일자(접수번호)와 등기원인 일자 중 등기순위는 '접수일자(접수번호)'로 판단한다. 둘째로, 상속, 공용징수, 판결, 경매, 기타 법률의 규정에 의한 물권변동(민법 제187조)은 각각의 법률의 규정에 의하여 물권변동이 발생하므로, '각 법률의 규정에 따라서' 순위가 결정된다. 즉, 상속은 상속법에 따라서 '피상속인이 사망한 때'에, 공용징수는 공공용지의 취득 및 손실보상에 관한 법률에 의하여 협의에 의하는 경우에는 '협의 성립일'에, 재결에 의하는 경우에는 '수용개시일(재결 시)'에, 판결[41]은 민사소송법에 따라서 '판결 확정 시'에, 경매는 민사집행법에 따라서 '매각대금 납부 시'에 각각 물권변동이 일어난다. 결국 경매는 소유권이전등기를 하지 않아도 잔금 납부만으로 부동산이 낙찰자의 소유가 된다(민법 제187조, 민사집행법 제135조, 같은 법 제268조 참조). 따라서 매각기일에 최고가매수신고인이 있는 경우 경매신청인이 경매를 취하하려면 최고가매수신고인의 승낙을 받아야만 취하를 할 수 있다. 최고가매수신고인은 아직 매각대금을 납부하지 않았지만, 조만간에 법률의 규정에 따라서 소유권자가 될 지위에 있기 때문에, 민사집행법은 이 자의 승낙이 있어야 경매를 취하할 수 있도록 한 것이다.

이제 경매의 권리분석에서 '등기순위의 원칙'을 구체적으로 보자. 첫째로, 동구(同區, 같은 구, 갑구와 갑구 사이, 을구와 을구 사이)에는 '순위번호'가 빠른 것이 우선하고, 별구(別區, 다른 구, 갑구와 을구 사이)에서는 '접수번호'에 따라서 우선순위를 판단한다. 이것을 줄여서 동순별접순(同順別接順)이라고 한다. 둘째로, 부기등기는 주등기의 순위에 따른다.

셋째는 임대차등기명령에 의한 등기의 순위이다. 이 셋째 원칙은 주의를 요한다. 세간에서는 이 경우에도 임차권에 관한 등기이니까 동순별접의 순위라고 알고 있는 경우가 대부분이다. 임대차등기명령에 의한 등기의 순위는 등기의 '접수일자가 아니라' 임차인이 주임법과 상

---

41) 판결의 종류에는 확인판결, 이행판결, 형성판결이 있지만, 이 경우의 판결에는 형성판결만 해당한다. 판결 자체로 권리의 변동이 생기는 것은 오직 형성판결뿐이기 때문이다.

임법에 따라서 갖춘 '대항력과 확정일자를 기준'으로 최우선변제와 우선변제 순위를 결정한다는 사실을 잊지 말기 바란다.

[표: 경매물건 정보표 - 소재지/감정요약, 물건번호/면적(m²), 감정가/최저가/과정, 임차조사, 등기권리]

앞의 사례는 임차인이 계약기간이 종료된 후 대항력을 유지하기 위하여 임차권등기를 하고 이사를 갔다. 그런데 이 임차인의 권리분석상의 순위는 '임차권등기를 한 날짜'인 2022. 4. 19.이 아니라 '대항요건을 갖춘 날'인 2020. 1. 31.이 최우선변제와 우선변제의 기준일이 된다. 우선변제는 대항요건+확정일자까지 갖추어야 하나, 이 사건에서는 임차인이 확정일자를 먼저 받았기 때문에 대항요건을 갖춘 날인 2020. 1. 31.이 소액보증금에 대한 최우선변제는 물론 우선변제권의 순위도 다음 날 0시, 즉 2020. 2. 1. 0시 또는 1. 31. 자정(밤 12시)이 된다(주임법과 상임법 각 제3조 1항 참조).

[17] 경매의 종류는 어떤 것이 있나?

경매의 종류는 여러 가지로 분류할 수 있다. 경매의 종류를 알아야 하는 이유는 경매의 종류에 따라서 매각절차가 조금씩 다르기 때문이다. 우선 경매의 종류에는 강제경매와 임의경매, 실질적 경매와 형식적 경매, 새매각과 재매각, 일괄매각과 개별매각(물건번호), 중복경매(이중경매)와 공동경매 등으로 나누어 볼 수 있다. 물론 이러한 구분은 학문적인 의미가 아닌 민사집행법의 규정을 중심으로 한 실무상 중요도의 관점에서 바라본 구분이다.

첫째로, 실질적 경매와 형식적 경매이다. 실질적 경매는 강제경매와 임의경매(담보권 실행을 위한 경매)와 같이 채권자가 자기 '채권의 만족을 얻기 위한 경매'를 말한다. 이에 대응하여 형식적 경매는 채권의 만족을 위한 것이 아니라 민법, 상법 기타 법률의 규정에 의한 '재산의 보존, 정리, 환가를 위한 경매'를 말한다. 결국 강제경매와 임의경매는 채권의 만족을 위한 경매로써 진정한 경매라는 의미에서 실질적 경매라고 하고, 형식적 경매에는 유치권에 의한 경매, 공유물 분할을 위한 경매, 민법과 상법 기타 법률에서 청산을 목적으로 재산을 현금화하는 경매 등이 있다.

다음은 형식적 경매의 사례들이다. 어떤가? 상당히 많이 유찰되지 않았는가? 형식적 경매는 경매의 구분일 뿐 낙찰자는 실질적 경매, 형식적 경매를 따질 필요가 없다. 싸게 낙찰받으면 그만이다. 유치권에 의한 경매, 공유물 분할을 위한 경매, 민법과 상법 기타 법률에서 청산을 목적으로 재산을 현금화하는 경매 등이 있음은 앞에서 본 바와 같거니와, 공유물 분할을 위한 경매는 공유자의 우선매수권이 인정되지 않는다는 점이 실질적 경매에 공유지분경매와 다르다. 유치권에 의한 형식적 경매는 낙찰자가 낙찰 받은 후에도 진성유치권자는 경매를 신청할 수 있다는 점을 주의해야 한다. 이때는 낙찰자는 낙찰받은 물건의 소유권을 상실할 수도 있다. 자세한 것은 유치권에서 자세히 설명하겠다.

2023타경5116 • 수원지방법원 안산지원 • 매각기일: 2024.09.26(木) (10:30) • 경매 3계 (전화:031-481-1195)

소재지	경기도 시흥시 대야동 130-2 도로명검색 D지도 지도 G지도 주소 복사						
물건종별	대지	감정가	990,720,000원	오늘조회: 4 2주누적: 107 2주평균: 8 조회동향			
토지면적	516㎡(156.09평)	최저가	(34%) 339,817,000원	구분	매각기일	최저매각가격	결과
건물면적		보증금	(10%) 33,981,700원	1차	2024-05-30	990,720,000원	유찰
매각물건	토지만 매각	소유자	김순남 외 3명	2차	2024-07-11	693,504,000원	유찰
개시결정	2023-10-25	채무자	김순남 외 2명	3차	2024-08-22	485,453,000원	유찰
사건명	임의경매(공유물분할을위한경매)	채권자	박호현	4차	2024-09-26	339,817,000원	

2023타경72518

• 수원지방법원 본원 • 매각기일 : 2024.08.26(月) (10:00) • 경매 8계(전화:031-210-1268)

소재지	경기도 수원시 권선구 금곡동 1118-4, 호매실더리브스타일 4층 407호						
새 주소	경기도 수원시 권선구 금곡로196번길 35, 호매실더리브스타일 4층 407호						
물건종별	오피스텔	감 정 가	186,000,000원	오늘조회: 3 2주누적: 34 2주평균: 2			
대 지 권	6.68㎡(2.02평)	최 저 가	(34%) 63,798,000원	구분	매각기일	최저매각가격	결과
건물면적	30.33㎡(9.17평)	보 증 금	(20%) 12,759,600원	1차	2024-02-27	186,000,000원	유찰
매각물건	토지·건물 일괄매각	소 유 자	망 이기옥의 상속재산 파산관재인 이이수	2차	2024-04-01	130,200,000원	유찰
				3차	2024-05-03	91,140,000원	유찰
개시결정	2023-08-14	채 무 자	망 이기옥의 상속재산 파산관재인 이이수	4차	2024-06-07	63,798,000원	매각
사 건 명	임의경매(청산을위한형식적경매)	채 권 자	피상속인 망 이기옥의 상속재산 파산관재인 이이수	매각 67,800,000원(36.45%) / 1명 / 미납			
				5차	2024-08-26	63,798,000원	

2012타경14464 (3)

• 수원지방법원 안양지원 • 매각기일 : 2014.06.03(火) (10:30) • 경매 1계(전화:031-8086-1281)

소재지	경기도 안양시 동안구 비산동 379-3, 동양월드타워 2층 202호외5개호						
새 주소	경기도 관악대로 183, 동양월드타워 2층 202호외5개호						
물건종별	근린상가	감 정 가	282,300,000원	오늘조회: 1 2주누적: 0 2주평균: 0			
				구분	매각기일	최저매각가격	결과
				1차	2013-09-24	282,300,000원	유찰
대 지 권	21.214㎡(6.42평)	최 저 가	(21%) 59,202,000원	2차	2013-10-29	225,840,000원	유찰
				3차	2013-12-03	180,672,000원	유찰
				4차	2014-01-07	144,538,000원	유찰
건물면적	85.996㎡(26.01평)	보 증 금	(20%) 11,840,400원	5차	2014-02-11	115,630,000원	유찰
				6차	2014-03-18	92,504,000원	유찰
매각물건	토지·건물 일괄매각	소 유 자	(상대방)한국부동산신탁(주)	7차	2014-04-22	74,003,000원	유찰
				8차	2014-06-03	59,202,000원	
개시결정	2012-10-10	채 무 자	(상대방)한국부동산신탁(주)	매각 : 62,900,000원 (22.28%)			
				(입찰1명,매수인:박○○)			
사 건 명	임의경매(유치권에 의한 형식적 경매)	채 권 자	(신청인)파산자 한국부동산신탁(주)파산관재인 김진한	매각결정기일 : 2014.06.10 - 매각허가결정			
				대금지급기한 : 2014.07.18 - 기한후납부			
				배당기일 : 2014.12.15			
				배당종결 2014.12.15			

2009타경37502

• 수원지방법원 본원 • 매각기일 : 2011.02.17(木) (10:30) • 경매 2계(전화:031-210-1262)

소재지	경기도 수원시 장안구 조원동 675-3 외 4필지, 조원샤르망 3층 301호						
물건종별	아파트	감 정 가	220,000,000원	오늘조회: 1 2주누적: 0 2주평균: 0			
				구분	매각기일	최저매각가격	결과
대 지 권	17.42㎡(5.27평)	최 저 가	(64%) 140,800,000원	1차	2010-12-23	220,000,000원	유찰
				2차	2011-01-13	176,000,000원	유찰
건물면적	84.69㎡(25.62평)	보 증 금	(10%) 14,080,000원	3차	2011-02-17	140,800,000원	
매각물건	토지·건물 일괄매각	소 유 자	케이비부동산신탁(주)	매각 : 170,000,000원 (77.27%)			
				(입찰3명,매수인:장○○ / 차순위금액 151,800,000원)			
개시결정	2009-07-13	채 무 자	(주)에이치앤유엔터프라이즈	매각결정기일 : 2011.02.24 - 매각허가결정			
				대금지급기한 : 2011.04.01			
사 건 명	임의경매(유치권에 의한 형식적 경매)	채 권 자	(주)신한전광	대금납부 2011.03.29 / 배당기일 2011.04.27			
				배당종결 2011.04.27			

둘째로, 개별매각과 일괄매각이다. 하나의 매각절차에서 여러 개의 부동산을 매각하는 경우에 최저매각가격의 결정과 매각의 실시를 '각 부동산별'로 하는 방법과 여러 개의 부동산 전부를 '일괄하여 매각'하는 방법이 있는데, 앞의 방법을 개별매각 또는 분할매각이라 하고, 후자를 일괄매각이라 한다. 우리 법은 개별매각을 원칙으로 한다. 그러나 개별매각이 '법정매각조건'은 아니므로 집행법원이 재량에 따라서 양자 중 어느 것으로 할 것인지를 결정할 수 있다. 물론 무한정의 재량이 인정되는 것이 아니라 부동산의 위치, 형태, 이용 관계 등을 고려하여 합리적·경제적으로 결정해야 한다. 그렇지 않으면 재량권의 범위를 넘어 위법한 것이 되므로 매각허가결정에 대한 이의 사유가 됨은 물론이다.[42] 일괄매각을 하면 과잉매각이 되는 경우 또는 일괄매각을 하는 것보다 개별매각을 하는 것이 고가로 매각할 수 있는 등의 경우에는 개별매각을 하지만, 그러나 부동산의 성질상 일괄매각을 하는 경우도 많다. 부동산의 위치, 형태, 이용관계 등을 고려하여 일괄매각이 합리적일 경우에는 물론 '경매신청 채권자가 다르거나 설사 소유자가 다르더라도' 과잉매각이 되지 않는 한 일괄매각을 할 수 있다.

---

42) 대법원 2004. 11. 9.자 2004마94 결정 [부동산낙찰허가]

부동산 일괄매각 신청서

사건번호
채 권 자
채 무 자

위 사건에 관하여 매각 목적 부동산들은 모두가 일단을 이루고 있는 부동산으로서 이들을 모두 동일인에게 매수시키는 것이 경제적 효용가치가 높을 뿐 아니라, 이들이 분할매각 됨으로써 장차 복잡한 법률관계의 야기를 사전에 예방하기 위하여 이를 일괄 매각하여 주시기 바랍니다.

년   월   일

채 권 자   (인)
연락처(☎)

□지방법원   귀중

☞유의사항
　수개의 부동산에 관하여 동시에 경매신청이 있는 경우에는 부동산별로 최저 입찰가격을 정하여 매각하는 개별매각이 원칙이나, 법원은 이해관계인의 합의에 구애되지 않고 일괄매각을 결정할 수도 있습니다.

　실무상 주의할 점은 개별매각의 경우에는 사건번호 다음에 각각의 물건마다 '물건번호'가 부여된다. 입찰신청서 작성 시에 이것을 빠트리면 안 된다. 빠트리면 낙찰을 받지 못한다. 개별매각에서의 물건번호는 일종의 사건번호라고 생각하면 된다. 다음은 임야 7필지가 일괄매각되는 사례이다.

2023타경53961 •수원지방법원 성남지원 •매각기일 : 2024.08.26(月) (10:00) •경매 3계(전화:031-737-1323)

소재지	경기도 하남시 감북동 328-2 외 6필지						
물건종별	임야	감정가	4,404,436,000원	오늘조회: 3 2주누적: 85 2주평균: 6			
토지면적	6769㎡(2047.62평)	최저가	(100%) 4,404,436,000원	구분	매각기일	최저매각가격	결과
건물면적		보증금	(10%) 440,443,600원	1차	2024-04-08	4,403,536,000원	유찰
매각물건	토지만 매각	소유자	강신숙,신남섭		2024-05-13	3,082,475,000원	변경
개시결정	2023-03-29	채무자	강신숙,신남섭	2차	2024-08-26	4,404,436,000원	
사건명	임의경매	채권자	수봉대부(주)				

  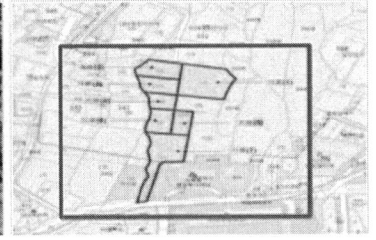

셋째로, 재매각과 새매각이다. 새 매각이란 매각을 실시하였으나 매수인이 없어서 다시 새 매각기일에 실시하는 매각을 말하고, 재매각은 매수인(차순위매수인이 매각허가를 받은 경우를 포함한다)이 있어서 매각허가결정이 확정되었음에도 불구하고 매수인은 물론 차순위매수인도 매각대금을 내지 않아서 다시 실시하는 매각을 말한다. 즉, 매수인이 대금지급기한까지 '잔금을 납부하지 아니하고', '차순위매수신고인이 없거나 차순위매수신고인도 잔금을 납부하지 않은 경우'에 법원이 직권으로 정하는 기일을 '재매각'이라고 한다(민집법 제138조 1항). 이와 같이 재매각은 잔금을 납부하지 아니하고', '차순위매수신고인도 없는 경우'에 하는 것이다. 재매각에서는 특별매각조건으로 통상 20% 이상의 입찰보증금을 증액한다. 다음 사례는 일괄매각, 중복경매이면서 재매각 사건이다.

2023타경53701 •수원지방법원 성남지원 •매각기일 : 2024.08.26(月) (10:00) •경매 3계(전화:031-737-1323)

소재지	경기도 광주시 목동 309-36						
물건종별	주택	감정가	791,976,920원	오늘조회: 8 2주누적: 136 2주평균: 10			
토지면적	574㎡(173.64평)	최저가	(49%) 388,069,000원	구분	매각기일	최저매각가격	결과
건물면적	239.81㎡(72.54평)	보증금	(20%) 77,613,800원	1차	2024-04-08	791,976,920원	유찰
매각물건	토지·건물 일괄매각	소유자	이규진	2차	2024-05-13	554,384,000원	유찰
개시결정	2023-03-24	채무자	(주)브라더팜	3차	2024-06-17	388,069,000원	매각
사건명	임의경매	채권자	(주)남신팜 외 1		매각 488,069,000원(61.63%) / 8명 / 미납 (차순위금액:450,690,000원)		
관련사건	2024타경926(중복)			4차	2024-08-26	388,069,000원	

넷째로, 강제경매와 임의경매는 집행권원과 관련하여 뒤에서 다시 본다. 중복경매(이중경매)와 공동경매는 설명할 것이 많아서 관련 되는 곳에서 자세히 살펴보겠다.

[18] 부동산 경매의 매각절차는 알고 가자.

이제 우리는 법원이 진행하는 매각절차에 관하여 볼 것이다. 이 매각절차는 민사집행, 즉 경매의 핵심이며, 이 절차에서 매매행위가 이루어진다. 경매는 '민사집행, 즉 재판을 통한 부동산 매매'라는 사실을 기억하자. 경매를 단순히 매각절차만 아는 것과 경매는 재판을 통한 부동산 매매라는 사실을 아는 것은 결과에 있어서 천양지차임을 알아야 한다.

경매의 절차는 임의경매이든 강제경매이든 일단 경매가 신청되면 신청에 하자가 없는 한 집행법원은 2~3일 정도 이내에 ①'경매개시결정'을 한다. 경매개시결정 후 다시 2~3일 이내에 등기부에 ②'압류 및 경매개시결정등기'를 한다. 여기서 경매개시결정등기만 하는 것이 아니라 압류를 같이 하는 이유는 채무자와 소유자가 경매신청된 물건을 타에 처분하지 못하도록 하는 데 목적이 있고, 이때 압류에는 처분금지효가 발생한다. 압류 및 경매기입등기가 될 때까지는 집행법원은 비밀리에 절차를 진행한다. 그러나 압류가 된 이후에는 압류의 처분금지효가 발생되기 때문에 이때부터는 공개적으로 ③'매각준비절차'를 진행한다.

매각준비절차에서는 매각기일과 매각결정기일 지정·공고·통지, 감정평가, 현황조사, 경매개시결정의 정본 송달 등이 이루어진다. 여기서 중요한 것은 강제경매의 채무자와 임의경매의 소유자에 대한 정본의 송달은 '매각절차 진행의 유효요건'이라는 점이다. 즉, 이들에 대하여 경매개시결정의 정본이 송달되지 않으면 경매는 무효이다. 따라서 이해관계인은 누구나 경매개시결정에 대한 이의를 제기할 수 있다. 다음의 '강제경매개시결정에 대한 이의신청서(1)'를 참고하기 바란다. 기타의 경우도 이의신청이 가능하다. 다음의 서식(2)를 참조하기 바란다.

강제경매개시결정에 대한 이의신청 (1)

사건번호
신청인(채무자)
      ○시 ○구 ○동 ○번지
피신청인(채권자)
      ○시 ○구 ○동 ○번지

신 청 취 지

 위 사건에 관하여 　년　월　일 귀원이 행한 강제경매개시결정은 이를 취소한다. 피신청인의 본건 강제경매신청은 이를 기각한다. 라는 재판을 구함.

신 청 이 유

1. 채권자인 피신청인은 채무자인 신청인과의 사이의 ○ ○지방법원 ○ 호 ○ ○ 청구사건의 집행력 있는 판결정본에 기하여 ○○○○년 ○월 ○일 귀원에 강제경매신청을 하여, ○○○○년 ○월 ○일 위 개시결정이 되어, 이 결정이 ○○○○년 ○월 ○일 채무자인 신청인에게 송달되었습니다.
2. 그런데 위 강제집행의 전제인 위 집행권원은 신청인에게는 송달되지 않은 것으로서 그 송달 전에 위 개시결정을 한 것은 집행개시 요건의 흠결이 있음에도 불구하고 행한 위법한 것이므로 본건 이의를 신청하는 바입니다.

○○○○년　　○월　　○일
위 신청인(채무자)　　　　　(인)
연락처(☎)
지방법원　　　　　귀중

☞ **유의사항**

1) 이해관계인은 '매각대금을 완납할 때까지' 법원에 경매개시결정에 대한 이의신청을 할 수 있고, 이의사유는 집행법원이 준수하여야 할 매각절차상의 형식적 하자로서 개시결정 전의 것이어야 함이 원칙이나, <u>집행권원의 존재는 집행속행요건이기도 하므로, 그 실효와 같은 사유는 그 후에 발생한 것이라도 무방합니다.</u>
2) 신청서에는 1,000원의 인지를 붙여 1통을 집행법원에 제출하고, 이의재판정본 송달료를(2회분) 납부하여야 합니다.

부동산경매개시결정에 대한 이의신청 (2)

사건번호

신청인(채무자 겸 소유자)

　　　○시　○구　○동　○번지

피신청인(채권자)

　　　○시　○구　○동　○번지

신 청 취 지

1. ○○지방법원　년 월 일자로 별지목록기재 부동산에 대한 매각허가결정을 취소하고, 이 사건 경매신청을 기각한다. 라는 재판을 구함.

신 청 이 유

1. 신청인이 피신청인으로부터 년 월 일 채권 최고액 금 000 원의 근저당권설정계약을 체결하여 피신청인 청구금액의 금원채무를 신청인이 부담하고 있는 사실 및 위 채무불이행으로 인하여 피신청인이 경매를 신청하여 00년 00월 00일자 경매개시결정된 사실은 인정한다.

2. 위 부동산의 경매개시결정된 후 신청인은 변제를 위하여 최선을 다하였으나 <u>매각허가결정 후에야</u> 피신청인에게 원금 000원에다 00년 00월 00일부터 00년 00월 00일(완제일)까지 연 00%의 지연이자 000원 및 경매비용 000원 <u>합계금 000원정을 변제하고 위 경매신청을 취하</u>하였습니다.

3. 그러나 매수인은 위 경매신청 취하에 동의치 않으므로 부득이 본 이의신청으로 신청취지와 같은 재판을 구합니다.

첨 부 서 류

1. 경매취하서　　　　　　　　　　　　　　　　　　1통
1. 변제증서　　　　　　　　　　　　　　　　　　　1통

○○○○년　　○월　　○일
위 신청인　　　　　　　　(인)

　　　　　　　　　　　　　　　　　　연락처(☎)

　　　　　　　　　　　　　　　지방법원　　　　　　귀중

☞유의사항
1) <u>경매개시결정 후 매수인의 동의가 없을 때 사용하는 양식입니다.</u>
2) 신청서에는 1,000원의 인지를 붙여 1통을 집행법원에 제출하고, 이의재판정본 송달료를(2회분) 납부하여야 합니다.

민사집행에서의 송달도 민사소송과 마찬가지로 우편에 의한 '특별송달'과 이해관계인에게 도달되어야 효력이 인정되는 '도달주의'가 원칙이다. 그러나 일정한 조건하에 집행관에 의한 송달(다음의 서식 참조)과 공시송달도 가능하고, 일부 금융기관(농협, 수협, 신협, 산림조합 등 4대 조합과 새마을금고, 저축은행)의 임의경매는 발송송달(도달하지 않아도 발송으로 효력이 발생하는 것을 발송송달이라 한다)의 특례가 인정된다.

집행관 송달신청서

사건번호   타경   호
채 권 자
채 무 자
소 유 자

위 사건에 관하여 소유자는 경매신청서에 기재된 주소지에 거주하고 있으면서 고의로 송달을 불능시키고 있으니, 귀원 집행관으로 하여금 송달토록 하여 주시기 바랍니다.

첨 부 서 류

1. 주민등록등본   1통

년   ○월   ○일

채 권 자   (인)
연락처(☎)

지방법원   귀중

그 다음에 매각준비절차에서 중요한 것으로 '배당요구종기'를 결정한다. 배당요구의 종기는 경매개시결정을 한 이후 통상 2월 이상 3월 이하의 기간으로 정한다. 배당요구종기는 민사집행에서 배당을 받을 수 있는 최후의 보루라고 할 수 있다. 그런 후에 집행법원은 당연배

당권자[43]・체납관서[44]・최선순위 전세권자[45]・가등기권자[46] 등에게 '채권신고최고'를 하고, 집행관에게 '현황조사 명령', 감정기관에 '감정평가 명령'을 한다.

그리고 이해관계인들에게 '매각기일 및 매각결정기일'에 관한 통지서를 발송한다. 실무상 매각기일 및 매각결정기일은 4회분을 동시에 지정하여 송달한다. 그런 후에 집행법원은 현황조사와 감정평가를 기본으로 최저매각가격을 결정하고 매각물건명세서를 작성한다. 이 매각물건명세서는 부동산 경매에 관한 집행법원의 최종 권리분석서라고 보아도 무방하다. 따라서 이 매각물건명세서는 입찰 참여에 있어서 매우 중요한 의사결정 문서이다.

이와 같은 매각준비절차가 완료되면 이제 ④'매각기일'에 '부동산 매각절차'가 진행된다. 매각기일은 바로 부동산에 대한 매매가 이루어지는 날이다. 매각기일이 잡히면 현황조사서, 감정평가서, 매각물건명세서가 '딱 일주일간만 공개'된다. 과거에는 기록 전체를 집행과 로비에 진열하여 공개하였으나, 2002년에 민사집행법이 민사소송법에서 분리될 때 비민주적으로 후퇴하였다. 이해관계인이 아니면 이 3가지의 서류를 제외한 일반 경매기록은 열람할 수 없다. 입찰 참여자는 낙찰을 받기 전에는 이해관계인이 아니다. 따라서 3가지의 서류를 제외한 일반 경매기록은 열람할 수 없다.

한편 매각기일에 매각절차가 진행되어 매각기일에 입찰자가 있으면 그중에 가장 높은 금액을 쓴 사람이 '최고가매수신고인'이 된다. 최고가매수신고인이라고 칭하는 이유는 아직 매각허가결정이라는 재판이 없었고, 잔금을 납부하지 않았기 때문에 매수인(낙찰자)은 아니고 글자 그대로 최고가매수신고인에 불과하기 때문이다. 매각기일에 최고가매수신고인이 없으면 1회 유찰 절차를 거쳐서 다음 매각기일에 경매가 진행되고(이것을 새매각이라 한다), 최고가매수신고인이 있으면 1주일 뒤에 ⑤'매각결정기일' 또는 '매각허부(許否)결정기일'이 진행된다. 매각허부결정기일에는 매각허가 또는 불허가결정을 한다. 간단히 '매각결정기일이

---

43) 당연배당권자는 배당요구를 하지 않아도 배당을 받을 수 있지만, 민사집행법은 잉여주의 때문에 남을 가망이 있는지 여부를 산정하기 위하여 채권신고를 최고한다.
44) 세금징수를 위하여 최고한다.
45) 최선순위 전세권자는 '배당요구 여부에 의하여' 낙찰자 인수 여부가 결정되기 때문에 채권신고를 최고한다(민집법 제91조 제4항 참조).
46) 선순위 소유권이전청구권 보전가등기의 경우는 소유권이전청구의 본안소송에서 승소판결을 받으면 말소된 소유권이전청구권 보전가등기는 다시 살아나고 낙찰자는 낙찰받은 소유권을 상실할 수 있다. 소유권이전청구권 보전가등기는 이와 같은 위력을 가진다. 그런데 실무상으로는 소유권이전청구권 보전가등기는 실무상 '가등기'라고만 등기되는 경향이 있어서 등기부만으로는 가등기가 순위보전등기인지 담보가등기인지를 알 수가 없기 때문에 집행법원은 이들에게 채권신고를 최고한다.

라고도 한다.

　매각허가 또는 불허가가 결정되면, 다시 7일 뒤에 매각허가이든 불허가이든 ⑥'매각허부결정이 확정'된다. 매각불허가결정이 확정되면 최고가매수신고인은 입찰보증금을 돌려받고 새 매각이 진행될 것이고, 매각허가결정이 확정되면 ⑦'잔금납부기한'이 정해지고, 낙찰자[47]는 30일 이내의 법원이 정한 기한 동안 잔금을 납부할 수 있게 된다. 매수인은 최고가매수신고인 또는 차순위매수신고인 중 매가허부결정기일에 매각허가결정이 확정된 사람을 말한다. 매각허가결정이 확정되면 최고가매수신고인 또는 차순위매수신고인은 이때부터 매수인이 된다.

　매각허가결정이 확정된 후 매수인이 잔금을 납부하지 않고 차순위자도 없는 경우 또는 차순위자가 있지만 차순위자도 잔금을 납부하지 않는 경우에는 '재매각'이 실시된다. 재매각은 통상 특별매각조건으로 입찰보증금을 20%~30%로 상향한다. 매각대금이 납부되면 법리상으로는 소유권이전등기를 하지 않아도 매수인(낙찰자)은 소유자가 된다(민법 제187조, 민집법 제135조, 같은 법 제268조). 경매는 바로 법률(민사집행법)의 규정에 의한 물권변동이기 때문이다. 그러나 실무는 통상 ⑧촉탁에 의한 소유권이전등기 절차를 진행하고 있으며, 그 이후에는 매각절차의 나머지 후속 절차인 ⑨인도명령과 배당절차 등의 절차가 진행된다. 이렇게 하여 매각절차의 한 싸이클이 일단락된다.

　여기서 앞에서 저자가 경매는 '민사집행, 즉 재판을 통한 부동산 매매'라고 한 것을 기억하는가? 이 책을 정독한 사람은 기억할 것이다. 경매개시결정, 매각허부결정, 매각허부결정확정 등 대부분이 결정이라는 일종의 재판을 거친다. 민사소송법상 재판의 종류에는 그 주체에 따라서 분류하면 판결, 결정, 명령이 있다.[48] 경매는 바로 '민사집행(결정이라는 재판)에 의한 부동산 매매'라고 정의한 이유가 바로 여기에 있다. 이러한 결정마다 1주일을 기다려서 그다음 절차를 진행하도록 되어 있는 것은 바로 결정이라는 재판에 대하여 이해관계인에게 불복의 기회를 부여하기 위함이다.

---

47) 현 민사집행법에 위하면 낙찰자는 매수인으로 호칭이 바뀌었다. 그러나 저자는 독자들의 혼란을 줄이기 위하여 낙찰자라는 명칭만 그대로 사용하였다. 이하 같다.

48) 판결과 결정은 소송법상 의미의 법원이 하는 재판이고, 명령은 소송법상의 법원이 아니라 수명법관 또는 촉탁판사와 같은 판사 또는 법관이 하는 재판이다. 판결은 구두변론을 거쳐서 하고, 결정은 구두변론에 의할 수도 있고 서류재판으로 할 수도 있다. 명령은 서류재판이 원칙이다. 이들을 구별하는 주된 이유는 재판기관과 재판방식이 다를 뿐 아니라 불복방법이 다르다. 판결은 항소, 상고로 불복을 하고, 결정과 명령은 항고, 재항고로 불복한다. 민사집행법은 대부분 항고 또는 즉시항고로 불복하는 결정의 형식으로 재판을 한다.

이해관계인은 이러한 결정에 대하여 이의신청이나 항고 또는 즉시항고,[49] 재항고[50]를 제기할 수 있고, 집행법원의 실수 또는 절차적 하자를 이유로 자신에게 유리한 결정을 받아낼 수 있음을 의미한다.

우리는 부동산 경매에서 이러한 매각절차의 법적 성질을 잘 이해하고 이를 십분 활용하여 낙찰자에게 상황을 유리하게 이끌어 낼 필요가 있다. 심지어는 낙찰을 받고도 이유가 있으면 낙찰불허가신청서를 제출할 수도 있다. 물론 낙찰불허가 시에는 낙찰허가신청서를 제출할 수도 있다. 이 점을 깨달아야 경매에서 진정한 고수가 될 수 있는 것이다. 그렇지 않고 매각절차는 단순히 법원이 진행하는 절차일 뿐이라고 단정해서는 안 된다.

물론 항고 절차를 속속들이 알 필요는 없지만 낙찰자가 최소한의 방향을 알고 있어야 절차적 상황을 이용할 수 있기 때문에 원론적인 차원에서 개념 정도는 알고 있어야 한다. 항고장을 견본으로 소개한다. 낙찰자를 포함한 모든 이해 관계인이 제출할 수 있는 서식이다. 참고하면서 저자가 왜 경매를 재판을 통한 부동산매매라고 한 것인지를 음미해 보기 바란다.

---

49) 집행법원의 결정에 대한 불복으로써, 전자는 제기기간이 없고, 후자는 제기기간이 7일이다.
50) 항고사건에 대한 2심법원의 결정에 불복하여 대법원에 제기하는 항고를 재항고라고 한다.

항 고 장

사 건   타경(타채, 타기)
항 고 인
주 소

위 사건에 관하여 귀 법원에서 20 . . .에 한 결정에 대하여 불복하므로 항고를 제기합니다.

원 결 정 의 표 시

항 고 취 지

(예시) 원결정을 취소하고 다시 상당한 재판을 구합니다.

항 고 이 유

첨부서류 1.
     2.

20 . . .

위 항고인   (날인 또는 서명)
연락처(   )

지방법원   귀중

※ 주의
1. 집행절차에 관한 집행법원의 재판에 대하여 즉시항고를 제기하는 경우에는 <u>항고장에 항고이유를 적지 아니한 때에는 항고인은 항고장을 제출한 날부터 10일 이내에 항고이유서를 제출하여야 합니다</u>(민사집행법 제15조 제3항).
2. 매각허가결정에 대한 항고를 하는 경우에는 민사집행법 제130조 제3항의 보증을 제공하였음을 증명하는 서류를 제출하여야 합니다.
3. 위 1항의 항고이유서 또는 2항의 보증을 제공하였음을 증명하는 서류를 제출하지 아니한 경우에는 즉시항고가 각하될 수 있습니다(민사집행법 제15조 제5항, 제130조 제4항).

매각절차는 앞에서 본 바와 같거니와, 이러한 절차에는 법리적으로 매우 중요한 역할을 하는 것이 있다. 경매가 신청되면 첫 번째의 재판인 경매개시결정에 따른 등기, 즉 '경매개시결정등기'가 바로 그것이다. 경매개시결정등기의 역할을 보면, 첫째, 임대차보호법상 소액임차인은 소액보증금을 최우선변제받기 위해서는 '경매개시결정등기 전'에 대항요건을 갖추어야 한다. 둘째, 유치권자는 진성유치권이더라도 '경매개시결정등기 전'에 점유를 하였어야 유치권의 대항력이 인정된다(대법원 2005. 8. 19. 선고 2005다22688 판결). 셋째, 가압류·압류·근저당·등기된 임차권은 '당연배당권자가 되는 시점'이 바로 '경매개시결정등기가 기준'이 된다. 즉, 가압류·압류·근저당권·임차권자가 당연배당권자가 되기 위해서는 '경매개시결정등기 전'에 가압류·압류·근저당권·임차권 등기를 하여야 한다. 반대로 이러한 권리자들이 '경매개시결정등기 후'에 등기가 된 경우에는 당연배당권자가 되지 못하고 배종기일까지 반드시 배당요구를 해야만 비로소 배당을 받을 수 있게 된다.

물론 최우선변제권, 확정일자부임차권, 근로자의 임금채권 등과 같이 우선변제권이 있어도 등기를 하지 못하는 채권자와 비록 판결문 등 집행권원을 가진 채권자라 하더라도 당연배당권자가 아니면 배종기일까지 배당요구를 해야만 비로소 배당을 받을 수 있다.

다만 여기에는 중요한 예외가 하나 있다. '선순위 전세권'은 비록 경매개시결정등기 '전'에 등기를 하여 당연배당권자에 해당하더라도 반드시 '배종기일까지 배당요구를 해야만' 배당을 받는다는 점에 주의를 요한다(민집법 제91조 제4항 단서 참조). 다시 말해서 원칙적으로 경매개시결정등기 '전'에 등기를 하면 당연배당권자로서 '배당요구를 하지 않아도' 배당을 받는 것이 원칙이나, 예외로 '선순위 전세권만'은 경매개시결정등기 전에 등기를 했더라도 '배당요구를 해야만' 배당을 받을 수 있고, 배당요구를 하지 않으면 매수인이 인수한다.

이와 같이 경매개시결정등기는 민사집행에서 법리적으로 매우 중요한 이정표 역할을 한다는 점을 기억하자. 그 이유는 경매개시결정등기에는 압류가 동반되는데, 압류의 처분금지효 때문에 오는 현상이다. 이런 것들을 법리로써 이해해야 한다. 이것을 암기하려고 하면 경매공부가 넘 힘들어진다. 세간에는 이와 같은 법리를 모른 채 책을 쓰거나 강의를 하고 있는 것이 현실이다.

[19] 말소기준권리는 무엇이며, 왜 필요하며, 법적 근거는 무엇인가?

앞에서 저자는 경매란 '민사집행을 통한 부동산 매매'라고 정의하였다. 부동산 매매라는 점은 일반 매매와 같으며, 따라서 일반매매와 같이 실체법을 따르지만, 그 외에 민사집행법 절차에 따른다는 점이 일반 매매와 다르다. 민사집행법은 경매에서 '잉여주의, 인수주의 또는 말소주의(소멸주의, 소제주의 모두 같은 말이다)'를 채택하고 있다(민집법 제91조, 동 제102조 등 참조). 권리 중 돈과 관련된 것, 즉 실체법상 저당권, 근저당권, 담보가등기, 전세권(예외 있음) 등의 '담보권'과 민사집행법상 보전처분인 '가압류와 압류'를 '말소기준권리'라고 하는데(민집법 제91조 2항~4항, 가담법 제13조 참조), 이 '말소기준권리를 기준'으로 이보다 빠르거나 대항력을 먼저 갖춘 권리는 낙찰자가 인수하고, 이보다 늦은 권리는 말소되는 것이 원칙이다. 이것을 인수주의 또는 말소주의라고 한다. 말소기준권리란 특정의 권리가 낙찰자에게 인수될 것인지 말소될 것인지의 기준이 되는 권리를 말한다. 즉, 인수주의와 말소주의 기준이 되는 권리를 말한다.

그런데 만약에 부동산 경매도 말소기준권리를 기준으로 담보권 등의 권리가 말소되지 않고 일반 거래와 같이 실거래가를 주고 사야 한다면 누가 매각절차에서 낙찰을 받으려 할 것인가? 즉, 만약 경매로 매수하는 가격이 일반 매매와 비슷한 가격이라면 경매에 참여할 사람이 거의 없을 것이다. 그래서 우리 민사집행법은 '말소기준권리를 기준으로 인수주의 또는 말소주의를 채택'하여 사법상의 권리에 대한 민사집행을 신속·저렴·원활하게 매각되도록 한 것이다.

한편 혹자는 말소기준권리는 관례적인 것으로서 실정법적인 근거가 없다고 한다. 이는 잘못된 것이다. 비록 말소기준권리가 강학상의 용어이고 실정법상의 용어는 아니라고 하더라도, 이에 관하여는 명백하게 실정법적인 근거가 있다. 결코 실정법적 근거가 없는 단순히 관례적인 용어에 불과한 것은 아니다. 민사집행법 제91조 2항~3항은 이에 관한 근거 규정이다.

물론 법원 경매 실무도 말소기준권리를 인정하고 있다. 다만 비록 말소기준권리가 근거는 있지만, 실정법적 용어가 아니라 강학상의 용어이다 보니, 다음의 매각물건명세서에서 보다시피 법원은 말소기준권리를 '최선순위 설정(2022.06.28. 근저당권)'이라고 표현하고 있을 뿐이다. 법원이 사용하는 '최선순위 설정'이란 결국 '강학상의 말소기준권리를 말하는 것'이다. 민사집행법 제91조 2항과 3항은 저당권과 가압류와 압류를 말소기준권리로 규정하고 있다. 그러나 담보가등기는 가담법 제13조가 저당권으로 보고 있으며, 전세권은 통설·판례가 담보권의 성질을 가지고 있는 것으로 보기 때문에 이들은 모두 말소기준권리가 되는 것이다. 세간에 법적 근거가 없는 관례적인 용어라는 주장은 민사집행법을 모르고 하는 말이다. 이 책을 보시는 분들은 이 점 오해가 없기를 바란다.

매각물건명세서

사 건	2023타경76398 부동산임의경매		매각물건번호	1	작성일자	2024.08.12	담임법관(사법보좌관)		김치상	
부동산 및 감정평가액 최저매각가격의 표시	별지기재와 같음		최선순위 설정		2022.06.28. 근저당권			배당요구종기		2023.11.29

부동산의 점유자와 점유의 권원, 점유할 수 있는 기간, 차임 또는 보증금에 관한 관계인의 진술 및 임차인이 있는 경우 배당요구 여부와 그 일자, 전입신고일자 또는 사업자등록신청일자와 확정일자의 유무와 그 일자

점유자의 성명	점유부분	정보출처구분	점유의 권원	임대차기간 (점유기간)	보 증 금	차 임	전입신고일자·외국인등록(체류지변경신고)일자·사업자등록신청일자	확정일자	배당요구여부 (배당요구일자)
조사된 임차내역없음									

※ 최선순위 설정일자보다 대항요건을 먼저 갖춘 주택·상가건물 임차인의 임차보증금은 매수인에게 인수되는 경우가 발생 할 수 있고, 대항력과 우선변제권이 있는 주택·상가건물 임차인이 배당요구를 하였으나 보증금 전액에 관하여 배당을 받지 아니한 경우에는 배당받지 못한 잔액이 매수인에게 인수되게 됨을 주의하시기 바랍니다.

등기된 부동산에 관한 권리 또는 가처분으로 매각으로 그 효력이 소멸되지 아니하는 것

매각에 따라 설정된 것으로 보는 지상권의 개요

비고란
재매각임. 매수신청보증금 20%

말소기준권리에 의한 말소에는 주의할 점이 있다. 원칙적으로 말소기준권리보다 늦은 권리는 말소되는 것이 원칙이지만, 말소기준권리보다 늦은 권리 중에는 말소되지 않는 권리가 있다는 점을 주의해야 한다. 원래 말소기준권리에 의하여 말소되는 권리는 담보권과 같이 직접 돈을 목적으로 하는 권리이고, 돈을 직접 목적으로 하지 않는 권리는 소멸하지 않는 것이다. 이것은 바로 당해 권리의 실체법적 성질 때문에 소멸 여부가 결정되는 것이다.

한편 사법상의 권리에는 등기부에 공시되는 권리도 있지만, 등기부에 공시되지 않는 권리도 있다. 등기부에 공시되지 않는 권리는 대항력이 있으면 말소되지 않는다. 유치권, 법지권, 소유권이전등기청구권 보전가처분 등이 그것이다. 이들 권리 때문에 매각절차는 수 회 유찰되고, 내공이 많은 경매 고수들은 바로 이런 물건을 선호한다. 엄청난 수익을 창출할 수 있기 때문이다. 부동산 경매에서 '고위험 고수익'은 바로 이와 같은 권리가 있는 물건에 특히 적용되는 원리이다.

말소기준권리는 민사집행법이 취하고 있는 대원칙임은 이제 알았고, 말소기준권리는 실정법상의 근거가 있다는 점도 알았다(민집법 제91조 2항~4항). 말소기준권리의 종류는 가압류, 압류(강제경매개시결정등기 포함), 근저당권, 담보가등기, 전세권이라는 것도 알았다.

이제 말소주의를 이해하기 위해서는 말소기준권리의 법적 성질을 알 필요가 있다. 말소기준권리는 소멸 또는 인수의 기준이 되는 권리이며, 금전채권의 '담보 또는 집행보전'을 위한 권리이다. 담보권은 금전채권(돈)을 목적으로 하는 권리이다. 집행보전을 위한 권리는 가압류와 압류를 말하는데, 물론 이것은 민사집행법상 보전처분이지 권리 자체는 아니다. 그러나 보전처분의 목적인 '피보전권리가 바로 금전채권(돈)'이기 때문에 담보권과 성격이 같다.

결론적으로 말소기준권리의 법적 성질을 큰 틀에서 보아서 ①'금전채권을 목적으로 하는 담보권'이 민사집행법상 말소기준권리의 자격을 가지는 것이다. 가압류, 압류는 피보전권리가 금전채권이므로 담보권과 같이 본다. 또한 이러한 말소기준권리는 ②등기부상의 권리만이 말소기준권리가 될 자격이 있으며, 그것도 '등기부상 가장 빠른 권리'가 말소기준권리가 된다. 한편 특별한 사정이 없는 한 ③말소기준권리는 하나의 부동산에 '오로지 1개만 존재'한다. 2개 이상을 인정할 실익이 없기 때문이다. 그러나 ④말소기준권리는 '유동적인 권리'라는 사실을 주의해야 한다. 즉, 제1순위의 말소기준권리가 이해관계인의 대위변제로 소멸하면 제2순위의 말소기준권리가 당해 사건의 말소기준권리가 된다. 따라서 제2순위 권리자인 임차인 또는 채무자가 제1순위 말소기준권리를 대위변제하여 제1순위 말소기준권리가 소멸되면, 그 소멸로 인하여 말소될 위기에 있던 임차권이 제2순위의 권리가 말소기준권리가 됨으로써 낙찰자에게 인수된다. 그러면 낙찰자는 예상하지 못했던 손실을 볼 수도 있다. 구체적으로 다시 한번 보자

예컨대 A 부동산에 (1)甲이 제1근저당권 설정, (2)乙이 임차권 계약, (3)丙이 제2근저당권 설정, (4)甲이 경매신청을 하였고, (5)丁이 낙찰을 받았다고 하자. 말소기준권리 중 등기부상 가장 빠른 권리인 甲의 근저당권이 말소기준권리이므로 乙의 임차권은 말소되고 명도 대상이 된다. 그런데 乙이 보증금을 보전할 목적으로 제1근저당권을 대위변제하거나, 낙찰자가 임차권을 인수하도록 할 목적으로 채무자 또는 소유자가 제1근저당권 채무를 변제하면 甲의 제1근저당권이 대위변제로 인하여 소멸하므로 丙의 제2근저당권이 말소기준권리가 된다. 말소기준권리는 유동적이므로 말소기준권리가 이동(移動)하는 것이다.

이처럼 말소기준권리는 오직 하나이지만 유동적이라는 사실을 기억해야 한다. 이와 같이 대위변제 또는 채무변제가 있으면 말소기준권리의 이동으로 인하여 임차권의 대항력이 소멸하지 아니하고 낙찰자에게 인수된다. 이것을 실무에서는 말소기준권리의 유동성(말소기준권리=유동적 권리)이라고 한다. 결국 낙찰자는 말소기준권리의 유동성으로 인하여 잔금 납부 전에 반드시 이해관계인의 대위변제 여부를 확인할 필요가 있다.

끝으로 이러한 말소기준권리의 종류는 가압류(압류), 강제경매개시결정등기(압류), 근저당권(저당권), 담보가등기, 전세권이다. 경매 공부를 하시는 여러분은 이것을 가강근담전(假强根擔傳)으로 암기하는 것이 좋다. 물론 이 중 당해 사건에서 가장 빨리 등기된 권리가 말소기준권리가 된다.

이 중에서 강제경매개시결정등기가 말소기준권리가 되는 이유를 보자, 채권자가 강제경매 신청을 하여 집행법원의 명령에 따라서 등기관이 강제경매개시결정등기를 할 경우, 채무자가 당해 부동산을 타인에게 매각하지 못하도록 반드시 압류와 동시에 강제경매개시결정등기를 한다(등기부상으로 '압류 및 강제경매개시결정'이라고 등기함). 이렇게 하는 이유는 채무자가 그 부동산을 처분하여도 압류의 효력 때문에 채무자의 부동산 처분이 압류권자에게는 효력이 미치지 않도록 하기 위함이다. 이 효력을 '처분금지효'라고 한다. 따라서 강제경매개시결정등기는 곧 압류이므로 말소기준권리가 된다. 정확하게는 강제경매개시결정등기가 아니라 압류가 말소기준권리임은 물론이다(민집법 제91조 3항, 4항 참조).

그리고 전세권은 원래 우리나라에만 존재하는 권리로써 용익권이지만 전세보증금이 너무 높아서 통설·판례가 '담보권으로서의 효력'도 있다고 해석하고 있다. <u>결국 전세권은 용익권이 아니라 '담보권의 자격'에서 말소기준권리가 된다. 따라서 전세권은 ①건물 '전부'에 설정되고, ②'최선순위'여야 하며, ③전세권자가 '임의경매를 신청'하거나 타인이 신청한 경매사건에서 '배당요구'를 하여야만 말소기준권리가 된다</u>(민집법 제91조 5항 참조). <u>결국 건물 전부에 설정된 최선순위 전세권자가 임의경매를 신청하거나 타인이 신청한 경매사건에서 '배당요구'를 한 경우에만 말소기준권리가 된다.</u> 이러한 요건을 충족하였을 때 비로소 전세권은 담보권으로서의 성질을 가지게 된다. 세간에는 전세권의 말소기준권리성에 관하여 오해가 많다. 실무상 전세권이 말소기준권리가 되는 경우의 사례를 보도록 하자.

2022타경69201

* 수원지방법원 본원 • 매각기일 : 2024.02.02(금) (10:00) • 경매 17계 (전화:031-210-1378)

소 재 지	경기도 수원시 권선구 호매실동 79-3, 씨티퍼스트빌 2층 202호
새 주 소	경기도 수원시 권선구 칠보로235번길 12, 씨티퍼스트빌 2층 202호

오늘조회: 1 2주누적: 0 2주평균: 0

물건종별	다세대(빌라)	감정가	163,000,000원
대지권	31.778㎡(9.61평)	최저가	(17%) 27,395,000원
건물면적	50.96㎡(15.42평)	보증금	(20%) 5,479,000원
매각물건	토지·건물 일괄매각	소유자	신○○
개시결정	2022-09-23	채무자	신○○
사건명	임의경매	채권자	이○○

구분	매각기일	최저매각가격	결과
1차	2023-05-17	163,000,000원	유찰
2차	2023-06-20	114,100,000원	유찰
3차	2023-08-08	79,870,000원	매각
	매각 121,740,000원(74.69%) / 2명 / 미납 (차순위금액:92,910,000원)		
4차	2023-10-18	79,870,000원	유찰
5차	2023-11-17	55,909,000원	유찰
6차	2023-12-20	39,136,000원	유찰
7차	2024-02-02	27,395,000원	
	매각: 27,395,000원 (16.81%)		
	(입찰1명,매수인:이○○)		
	매각결정기일 : 2024.02.13 - 매각허가결정		
	대금지급기한 : 2024.03.20		
	배당기일 : 2024.03.20		
	배당종결 2024.03.20		

• **임차인현황** (말소기준권리 : 2020.09.18 / 배당요구종기일 : 2022.12.06)

임차인	점유부분	전입/확정/배당	보증금/차임	대항력	배당예상금액	기타
이○○	주거용 202호 전부	전입일자: 2020.09.18 확정일자: 2020.07.21 배당요구: 2022.10.09	보175,000,000원	있음	배당순위있음 미배당보증금 매수인 인수	선순위전세권등기자, 경매신청인

• **등기부현황** (채권액합계 : 175,000,000원)

No	접수	권리종류	권리자	채권금액	비고	소멸여부
1(갑2)	2015.02.27	소유권이전(매매)	신○○		거래가액 금148,000,000원	
2(을5)	2020.09.18	전세권(전부)	이○○	175,000,000원	말소기준등기 존속기간: 2020.09.18~2022.09.17	소멸
3(갑3)	2020.09.18	소유권이전(매매)	신○○		거래가액:175,000,000	
4(갑4)	2021.11.25	압류	국민건강보험공단			소멸
5(갑5)	2022.09.23	임의경매	이○○	청구금액: 175,000,000원	2022타경69201	소멸

위 사건은 다세대에 대한 임의경매사건이다. 임차인이 주임법상의 대항요건과 확정일자를 갖추고, 또한 전세권 등기도 하였다. 이때 전세권은 건물 '전부'에 설정되고, '최선순위'이며, 전세권자가 '임의경매를 신청'한 케이스로써 앞에서 설명한 전세권의 말소기준권리로서의 요건을 모두 갖춘 전형적으로 전세권이 말소기준권리에 해당하는 경우이다. 아래에서 현재 진행 중인 전세권이 말소기준권리인 또 하나의 양질의 물건을 보자.

2023타경53975

* 수원지방법원 본원 • 매각기일 : 2024.09.25(水) (10:00) • 경매 4계(전화:031-210-1264)

소재지	경기도 화성시 반송동 ○○○ 3층 301호외9개호 [도로명검색] [D 지도] [N 지도] [G 지도] [주소 복사]					
새주소	경기도 화성시 동탄문화센터로 ○○○ 3층 301호외9개호					
물건종별	근린상가	감정가	3,746,000,000원	오늘조회: 2 2주누적: 12 2주평균: 1 [조회동향]		
				구분	매각기일	최저매각가격	결과
				1차	2023-09-22	3,746,000,000원	유찰
대지권	180.823㎡(54.7평)	최저가	(49%) 1,835,540,000원	2차	2023-11-01	2,622,200,000원	유찰
					2023-12-01	1,835,540,000원	변경
건물면적	1043.64㎡(315.7평)	보증금	(10%) 183,554,000원		2024-08-19	1,835,540,000원	변경
				3차	2024-09-25	1,835,540,000원	
매각물건	토지·건물 일괄매각	소유자	김○○	매각 : 2,337,700,000원 (62.41%)		
개시결정	2023-02-28	채무자	김○○	(입찰8명,매수인:(주)인크리들 / 차순위금액 2,298,000,000원)		
				매각결정기일 : 2024.10.02 - 매각허가결정		
사건명	임의경매	채권자	황○○ 외1	대금지급기한 : 2024.11.15		
				대금납부 2024.10.25 / 배당기일 2024.12.12		
관련사건	2023타경8388(중복)					

• 임차인현황 (말소기준권리 : 2017.01.20 / 배당요구종기일 : 2023.05.15)

임차인	점유부분	전입/확정/배당	보증금/차임	대항력	배당예상금액	기타
홍○○	점포 301호~310호 전부	전입일자: 미상 확정일자: 미상 배당요구: 없음	보200,000,000원		예상배당표참조	선순위전세권등기자, 점유 : 2016.03.04
홍○○	점포 301호~310호 전부	사업등록: 2016.03.01 확정일자: 미상 배당요구: 2023.03.29	보200,000,000원 월12,320,000원 환산143,200만원	있음	예상배당표참조	

• 등기부현황 (채권액합계 : 3,014,000,000원)

No	접수	권리종류	권리자	채권금액	비고	소멸여부
1(을12)	2017.01.20	전세권	홍○○	200,000,000원	말소기준등기 존속기간: 2016.03.04~2021.03.04	인수 인수아님 옥션오류 저자 註
2(갑8)	2021.03.09	소유권이전(매매)	(주)우리미래			
3(갑9)	2021.04.27	소유권이전(매매)	김○○		2021년5월12일 가등기에 기한 본등기이행	
4(을15)	2021.06.29	근저당	국민은행	2,184,000,000원		소멸
5(을20)	2022.05.17	근저당	황민	600,000,000원		소멸
6(갑10)	2023.02.28	임의경매	황민	청구금액: 454,136,986원	2023타경53975	소멸
7(갑11)	2023.07.06	압류	국(성북세무서장)			소멸
8(갑12)	2023.07.27	가압류	경기신용보증재단	30,000,000원	2023카단690	소멸
9(갑13)	2023.08.16	임의경매	국민은행 (여신관리센터)	청구금액: 1,873,709,234원	2023타경8388	소멸

수 원 지 방 법 원

2023타경53975

매각물건명세서

사건	2023타경53975 부동산임의경매 2023타경8388(중복)	매각물건번호	1	작성일자	2024.08.28	담임법관 (사법보좌관)	김택창
부동산 및 감정평가액 최저매각가격의 표시	별지기재와 같음	최선순위 설정		2017.1.20. 전세권		배당요구종기	2023.05.15

부동산의 점유자와 점유의 권원, 점유할 수 있는 기간, 차임 또는 보증금에 관한 관계인의 진술 및 임차인이 있는 경우 배당요구 여부와 그 일자, 전입신고일자 또는 사업자등록신청일자와 확정일자의 유무와 그 일자

점유자 성 명	점유 부분	정보출처 구분	점유의 권원	임대차기간 (점유기간)	보증금	차임	전입신고 일자·외국인 등록(체류지 변경신고)일 자·사업자등 록신청일자	확정일자	배당 요구여부 (배당요구일자)
홍성숙	301호~3 10호 전부	등기사항 전부증명 서	점포 전세권자	2016.03.04.~20 21.03.04.	200,000,000				
홍성숙(아이소 러산후 조리원)	301호~3 10호 전부	현황조사	점포 임차인		200,000,000	12,320,000			
	301호~3 10호 전부	권리신고	점포 임차인	2016.03.04.~2 026.05.10.	200,000,000	12,320,000	2016.03.01.		2023.03.29

〈비고〉
홍성숙:최선순위 전세권자임

※ 최선순위 설정일자보다 대항요건을 먼저 갖춘 주택·상가건물 임차인의 임차보증금은 매수인에게 인수되는 경우가 발생 할 수 있고, 대항력과 우선변제권이 있는 주택·상가건물 임차인이 배당요구를 하였으나 보증금 전액에 관하여 배당을 받지 아니한 경우에는 배당받지 못한 잔액이 매수인에게 인수되게 됨을 주의하시기 바랍니다.
등기된 부동산에 관한 권리 또는 가처분으로 매각으로 그 효력이 소멸되지 아니하는 것

　이 물건은 매우 훌륭한 양질의 물건이다. 당신은 위 상가가 왜 양질의 물건이라고 하는 지에 대하여 감이 오는가? 상가건물은 일반적으로 구분되면 임대차계약은 물론 관리가 어렵고, 병원·체육관·실내골프장 등의 대형 업종을 경영하는 임차인 또한 구분된 건물은 기피할 수 밖에 없다. 요즘은 시행사들이 분양을 쉽게 하기 위하여 상가건물을 가로 세로로 모두 쪼갠 이른바 구분건물이 대부분이다. 이러한 구분상가는 통 상가와는 달리 상권의 발달을 저해하기 때문에 양질의 물건이라고 할 수 없다. 그런데 위 상가건물은 10건의 구분건물이지만 소유자가 한 사람으로서 10건의 구분건물을 통합하여 사실상 통 상가와 같이 만든 경우로써, 대도시에서 대형 업종이 들어갈 수 있어서 상권 발달에는 물론 임대인, 임차인 모든 사람의 관점에서 유익하기 때문에 양질의 물건이라고 한 것이다. 아무튼 이 사건에서의 전세권 역시 이른바 말소기준권리로서의 전형적인 사건이다. 전세권자가 배당요구를 하였기 때문이다. 최선순위 전세권가 배당요구를 하면 말소기준권리가 되어 낙찰자 인수가 아니라 말소된다. 따라서 위 옥션의 인수라는 표현은 오류이다.

　그러면 아래에서 전세권이 말소기준권리가 되지 않는 사례를 한번 보자. 다음 사건의 전세권자는 최선순위 건물 전부전세권자이지만 배당요구를 하지 않았기 때문에 말소기준권리가

되지 못하고, 용인세무서의 압류가 이 사건의 말소기준권리가 된다. 이 경우에는 낙찰자가 전세권을 인수해야 한다.

2022타경58358

• 수원지방법원 성남지원 • 매각기일 : 2024.12.09(月) (10:00) • 경매 5계(전화:031-737-1325)

소재지	경기도 성남시 분당구 금곡동 305-2 외 2필지, 더헤리티지 119동 4층 402호
새 주소	경기도 성남시 분당구 대왕판교로 155, 더헤리티지 119동 4층 402호
물건종별	노유자시설
감정가	1,410,000,000원
대지권	240.352㎡(72.71평)
최저가	(17%) 236,979,000원
건물면적	164.562㎡(49.78평)
보증금	(10%) 23,697,900원
매각물건	토지·건물 일괄매각
소유자	(주)
개시결정	2022-10-06
채무자	(주)
사건명	부동산강제경매
채권자	이
관련사건	2019타경61330(중복)-취하

오늘조회: 3 2주누적: 52 2주평균: 4

구분	매각기일	최저매각가격	결과
1차	2024-06-17	1,410,000,000원	유찰
2차	2024-07-22	987,000,000원	유찰
3차	2024-08-26	690,900,000원	유찰
4차	2024-09-30	483,630,000원	유찰
5차	2024-11-04	338,541,000원	유찰
6차	2024-12-09	236,979,000원	

수원지방법원 성남지원

매각물건명세서

2022타경58358

사건	2022타경58358 부동산강제경매	매각물건번호	1	작성일자	2024.11.15	담임법관(사법보좌관)	박미정
부동산 및 감정평가액 최저매각가격의 표시	별지기재와 같음	최선순위 설정		2015.5.4.(압류)		배당요구종기	2024.05.02

부동산의 점유자와 점유의 권원, 점유할 수 있는 기간, 차임 또는 보증금에 관한 관계인의 진술 및 임차인이 있는 경우 배당요구 여부와 그 일자, 전입신고일자 또는 사업자등록신청일자와 확정일자의 유무와 그 일자

점유자 성명	점유부분	정보출처 구분	점유의 권원	임대차기간 (점유기간)	보증금	차임	전입신고일자·외국인 등록(체류지 변경신고)일자·사업자등록 신청일자	확정일자	배당요구여부 (배당요구일자)
신태운	등기사항전부증명서		주거전세권자		1,737,000,000				배당요구없음
최구연		현황조사	주거임차인		미상	미상	2015.08.07		

• 등기부현황 (채권액합계 : 3,860,951,323원)

No	접수	권리종류	권리자	채권금액	비고	소멸여부
1(갑5)	2015.03.25	소유권이전	서우로이엘(주)		신탁재산의귀속	
2(을1)	2015.03.25	전세권(전부)	신	1,737,000,000원	존속기간: 2017.03.20~2019.03.19	인수
3(갑6)	2015.05.04	압류	국(용인세무서)		말소기준등기	소멸
4(갑9)	2015.10.22	가압류	조	20,000,000원	2015카단2778	소멸
5(갑10)	2015.11.02	가압류	한국투자저축은행	450,000,000원	2015카단50335	소멸
6(갑11)	2015.12.10	가압류	광주중앙신협	299,000,000원	2015카단50403	소멸
7(갑13)	2016.04.12	압류	국민건강보험공단			소멸
8(갑15)	2017.08.23	압류	성남시분당구			소멸
9(갑16)	2017.11.08	압류	용인시			소멸
10(갑20)	2018.08.29	가압류	근로복지공단	611,027,770원	2018카단13115	소멸
11(갑21)	2018.12.11	압류	용인시			소멸
12(갑24)	2022.10.06	강제경매	이	청구금액: 50,531,840원	2022타경58358	소멸
13(갑25)	2023.04.21	가압류	우리은행	743,923,553원	2023카단811192	소멸

그런데 나는 앞에서 전세권의 말소기준권리성에 관하여는 예외가 있다고 하였다. 전세권은 태생이 담보권이 아니라 용익권이기 때문이다. 따라서 건물의 '일부'에 대하여 설정한 전세권이나 단독주택인 '다가구 중의 일부'에 설정된 전세권은 담보권이 아니므로 말소기준권리로서의 성격을 인정할 수 없다. 왜냐하면 이들은 용익권이기 때문에 민사소송법상 재판을 통하여 집행권원을 득한 후 강제경매를 신청하여야 하며, 성질상 담보권으로서 임의경매를 신청할 수 없기 때문이다.

전세권의 말소기준권리성에 관하여는 법원 실무도 오해가 있는 것 같다. 다가구주택(단독)의 말소기준권리성에 관하여 다음의 사례를 한번 보자.

2023타경41797 • 수원지방법원 평택지원 • 매각기일 : 2024.09.30(月) (10:00) • 경매 2계 (전화:031-650-3109)

소재지	경기도 평택시 동삭동						
물건종별	다가구(원룸등)	감정가	1,733,492,920원	오늘조회: 2 2주누적: 159 2주평균: 11 조회동향			
토지면적	325.7㎡(98.52평)	최저가	(49%) 849,412,000원	구분	매각기일	최저매각가격	결과
건물면적	712.76㎡(215.61평)	보증금	(10%) 84,941,200원	1차	2024-06-10	1,733,492,920원	유찰
매각물건	토지·건물 일괄매각	소유자	박○	2차	2024-08-12	1,213,445,000원	유찰
개시결정	2023-03-14	채무자	박○	3차	2024-09-30	849,412,000원	
사건명	강제경매	채권자	강○리 1				
관련사건	2023타경42448(중복)-정지						

• **토지등기부** (채권액합계 : 1,153,017,111원)

No	접수	권리종류	권리자	채권금액	비고	소멸여부
1(갑4)	2015.05.11	소유권이전(매매)	박○		개명전:박미애	
2(을4)	2019.03.07	근저당	농협자산관리회사	840,000,000원	말소기준등기 확정채권양도전:부평농업 협동조합	소멸
3(갑21)	2023.03.15	강제경매	강○	청구금액: 320,000,000원	2023타경41797	소멸
4(갑22)	2023.03.27	강제경매	강○	청구금액: 130,000,000원	2023타경42448	소멸
5(갑23)	2023.05.31	가압류	대구은행	109,274,348원	2023카단877	소멸
6(갑24)	2023.06.02	가압류	(주)힐러바이크	96,000,000원	2023카단11168	소멸
7(갑25)	2023.09.18	압류	평택시			소멸
8(갑26)	2024.03.19	가압류	광안신협	107,742,763원	2024카단101678	소멸

* **건물등기부** (채권액합계 : 1,485,274,348원)

No	접수	권리종류	권리자	채권금액	비고	소멸여부
1(갑2)	2015.05.11	소유권이전(매매)	박○○		개명전:박미애	
2(을5)	2016.12.06	전세권(302호)	강○○	130,000,000원	말소기준등기 존속기간: 2016.11.26~2018.11.26	소멸
3(을6)	2017.06.16	전세권(402호)	한양이엔지(주)	140,000,000원	존속기간: 2017.06.07~2018.06.06	소멸
4(을9)	2019.03.07	근저당	농협자산관리회사	840,000,000원	확정채권양도전:부평농업협동조합	소멸
5(갑21)	2023.03.15	강제경매	강○○	청구금액: 320,000,000원	2023타경41797	소멸
6(갑22)	2023.03.27	강제경매	강○○	청구금액: 130,000,000원	2023타경42448	소멸
7(갑23)	2023.05.31	가압류	대구은행	109,274,348원	2023카단877	소멸
8(갑24)	2023.06.02	가압류	(주)윌러바이크	96,000,000원	2023카단11168	소멸
9(갑25)	2023.08.29	압류	국(평택세무서장)			소멸
10(갑26)	2023.09.18	압류	평택시			소멸
11(을15)	2023.10.11	주택임차권(303호)	한국토지주택공사	85,000,000원	전입:2017.09.18 확정:2017.08.31	소멸
12(을16)	2024.04.18	주택임차권(403호)	유○○	85,000,000원	전입:2019.05.29 확정:2019.05.29	소멸

수원지방법원 평택지원

매각물건명세서

2023타경41797

사건	2023타경41797 부동산강제경매 2023타경42448(중복)	매각 물건번호	1	작성 일자	2024.07.22	담임법관 (사법보좌관)	조인수
부동산 및 감정평가액 최저매각가격의 표시	별지기재와 같음	최선순위 설정	2019.03.07.근저당권(목록1) 2016.12.06.전세권(목록2)			배당요구종기	2023.06.12
부동산의 점유자와 점유의 권원, 점유할 수 있는 기간, 차임 또는 보증금에 관한 관계인의 진술 및 임차인이 있는 경우 배당요구 여부와 그 일자, 전입신고일자 또는 사업자등록신청일자와 확정일자의 유무와 그 일자							
점유자 성명	점유 부분	정보출처 구분	점유의 권원	임대차기간 (점유기간)	보증금	차임	전입신고 일자·외국인 등록(체류지 변경신고)일 자·사업자등 록신청일자	확정일자	배당 요구여부 (배당요구일자)

위 다가구 사건에서 법원은 건물의 말소기준권리(2016. 12. 06. 전세권)와 토지의 말소기준권리(2019. 03. 07. 근저당권)를 모두 이 사건 다가구의 말소기준권리로 삼고 있다. 그러나 다세대와 달리 다가구는 건축법상 단독주택이다. 따라서 건물의 말소기준권리는 토지의 말소기준권리와 마찬가지로 2019. 03. 07. 농협자산관리회사의 근저당권이 말소기준권리가 되어야 하며, 원룸 1개 호실에 대한 전세권인 2016. 12. 06. 전세권은 말소기준권리가 될 수가 없다고 해석하여야 한다. 위 법원의 말소기준권리 결정은 재고의 여지가 있다.

건물의 '일부'에 대한 전세권은 집행권원을 얻어서 강제경매를 신청하는 것이 민법과 민사소송법의 법적 성격과 부합하기 때문에 이 사건에서 2016. 12. 06. 전세권은 말소기준권리가 될 수가 없다. 원래 전세권은 민법상 용익물권이다. 그러나 우리나라만 존재하는 전세권이 연혁적으로 말소기준권리로서의 자격을 얻은 것은 어디까지나 판례와 학설에 의하여 '담보권으로 인정될 때'에 비로소 예외적으로 말소기준권리로 인정될 뿐이기 때문에, 건물 일부에 설정된 전세권을 담보권으로 보아 말소기준권리성을 인정하는 것은 무리한 해석이다.

[20] 최우선변제기준권리는 또 무엇이며, 왜 필요한가?

과거의 민사집행(경매)은 권리분석이 매우 단순하였다. 적어도 민법의 특별법인 1981년의 주임법과 2002년에 상임법이 등장하기 전에는 말이다. 그러나 주임법이 등장하여 이 법에 따른 분쟁이 본격적으로 세상에 드러나기 시작하고, 이에 관한 판례가 쌓이기 시작한 2005년경부터는 경매에 있어서 권리분석이 매우 까다롭게 변하였다. 주임법의 대항요건 및 대항력과 민사집행법상의 가압류, 압류, 추심명령, 전부명령 등(이들 처분은 모두 처분금지효가 있다)의 이른바 처분금지효의 충돌로 인하여 경매의 권리분석이 예전에 비하여 어려워졌음은 물론 그로 인하여 대법원 판례도 오락가락하는 바람에 경매계는 물론 부동산업계에서도 더욱 권리분석에 어려움을 겪을 수밖에 없었다.

즉, 2005년경부터 2015년경까지 하급심 판결은 물론 대법원 판결마저도 전원합의체 판결로 바뀌거나 뒤집어지는 경우가 허다했다. 2015년경에 와서야 주임법·상임법의 대항력과 민사집행법상의 보전처분 등의 처분금지효와 관련한 판결이 전원합의체 판결로 대부분 일단락되었지만, 저자가 보기에는 아직도 대법원의 전합 판결의 모순점은 큰 틀에서 그대로 있는 셈이다.[51]

그 정도로 민사특별법인 주임법이 민법의 공시제도 등의 대원칙을 무시한 입법으로 인하여 (민법상 동산의 공시방법인 점유를 주임법은 부동산 임차권에 대한 공시방법으로 사용함으로 인하여) 그 혼란은 극심하였고, 그 영향은 바로 민사집행에 미쳐서 권리분석과 배당표 작성이 과거에 비하여 현저하게 어려워졌다. 이러한 사실을 모르고 단순히 유튜브 등만 조금 시청하고 낙찰을 받은 입찰 참여자들이 잔금 납부를 포기하고 입찰보증금을 떼이는 '재매각 사건'이 현재 엄청나게 늘어나고 있다. 또한 이러한 사실을 제대로 알지 못하는 사람이 강의를 하거나 유튜브를 촬영할 경우에는 경매의 권리분석을 아주 쉽게, 아니 아주 우습게 보고 접근하

---

51) 김태건 부동산학 박사학위논문 "민사집행에 미치는 대항력의 범위와 한계에 관한 연구 – 임차권·유치권에 관한 대법원 판례를 중심으로–" 참조

는 경향이 있다. 지금 이 책을 읽고 있는 대부분의 사람들이 무슨 말인지를 선 듯 이해가 오지 않을지도 모른다. 그러나 배당표 작성 부분에서 자세히 언급할 것이며, 그리고 이 책을 몇 번 읽고 나면 알게 될 것이니, 조급하게 생각하지 말고 끝까지 읽어 주기 바란다.

아무튼 2002년에 우리나라의 주임법과 상임법은 임차인의 유형을 '소액임차인', '확정일자부임차인', '확정일자부 소액임차인' 등 3가지 유형의 임차인을 인정하고 있다. 소액임차인은 경매개시결정등기 전에 대항요건을 갖추면 주임법 시행령상의 각 시기별 및 각 지역별에 따른 일정한 보증금 이하의 보증금 중 일정액(이른바 소액보증금)에 관하여 최우선변제를 받는다(주임법 제8조 1항 및 상임법 제14조 1항, 임대차보호법 시행령 부칙 경과규정 각 참조).

이에 관하여 주임법 제8조 1항 및 상임법 제14조 1항은 "임차인은 보증금 중 일정액을 다른 담보물권자보다 우선하여 변제받을 권리가 있다. 이 경우 임차인은 주택에 대한 '경매신청의 등기 전'에 제3조 제1항의 대항요건을 갖추어야 한다"라고 각 규정하고 있다. 임차인은 '보증금 중 일정액'을 '다른 담보물권자보다 우선'하여 변제받는다고 하였으니, 이것이 바로 최우선변제권에 관한 규정이고, 이때 이 '담보물권'이 바로 주임법 시행령상 '최우선변제의 기준권리'가 된다. 담보물권은 민법상 우선권을 가지는데, 그 '담보물권보다 우선'한다고 하였으니, 곧 최우선한다는 의미이고, '담보물권은 최우선변제기준권리'가 된다.

'보증금 중 일정액(즉, 소액보증금)'은 각 주임법 시행령의 존속 시기와 지역에 따라서 그 금액이 다르다. 그리고 소액보증금의 최우선변제를 위한 최우선변제기준권리는 '담보권'이다. 이 담보권에는 근저당권(저당권), 담보가등기, 전세권이 있다. 그런데 여기의 담보권에는 '확정일자부임차권'이 포함된다는 것이 판례와 다수설이다.[52] 따라서 "확정일자부임차권, 근저당권(저당권), 담보가등기, 전세권"이 바로 소액임차인에 대한 최우선변제기준권리가 된다.

구체적인 경매사건에서 바로 이러한 『최우선변제기준권리의 '설정일'(확정일자부임차권의 경우에는 '확정일자 부여일')을 기준』으로 그 '설정일 또는 확정일자 부여일' 당시에 적용되고 있던 주임법 시행령상의 각 지역에 따른 일정한 보증금 이하의 소액보증금을 최우선변제 하는

---

[52] 확정일자부임차권이 최우선변제기준권리인 실무상의 근거 : 사법연수원 발행, 법원실무제요, 민사집행(3)-부동산집행 제2권, 78~80쪽, 대법원 2018. 2. 13. 선고 2017다48300 판결 [배당이의], 대법원 2007. 11. 15. 선고 2007다45562 판결 [배당이의] 등

것이다【제4장 최우선변제기준권리 적용기준일과 소액보증금 변천표 참조】. 이것이 곧 소액보증금에 대한 최우선변제이다. 이 말이 이해가 오지 않는 분은 제4장 "다가구 주택과 통 상가(꼬마빌딩)는 배당표 작성의 필수이다"라는 표제 부분과 함께 공부를 하면 이해가 올 것이다. 이 부분은 부동산 경매에서 실무적으로 가장 복잡한 분야이니, 심기일전하여 공부하기를 당부한다. 물론 다가구와 꼬마빌딩에 관심이 없는 분은 배당표와 이 부분을 포기해도 된다.

다시 본론으로 돌아와서, 여기에서 유의할 점이 있다. 법조계에는 경매에 관한 말소기준권리와 최우선변제기준권리에 관하여 실무적으로 정착되어 있다. 그러나 부동산업계는 과거에 말소기준권리를 최우선변제기준권리로 사용해오다가(이 점은 매우 잘못된 것임), 저자가 2014년에 집필한 부동산경매실무(부연사 발행) 책이 나온 뒤에야 어느 정도 바로 잡히긴 하였지만, 아직도 양자를 구별하지 못하는 사람이 많다.

지금 저자가 운영하는 평택 부동산경매학원의 수강생 중에는 공인중개사가 상당히 많은데, 이들이 공인중개사 수험 학원에서 잘못 배운 나머지 확정일자부임차권이 최우선변제기준권리가 된다는 사실에 관하여 혼란스러워하고 있는 것을 자주 본다. 또한 부동산업계 역시 말소기준권리와 최우선변제기준권리 구별은 물론 최우선변제기준권리에 '확정일자부임차권'이 포함된다(다수설, 판례)는 사실을 잘 알지 못함은 앞에서 본 바와 같다.

한편 소액보증금 최우선변제와 관련하여 2023~2024 양년 간에 인천지역에서 발단되었던 깡통주택 또는 빌라 사기 사건으로 인하여, 공인중개사업계는 2024. 7. 1.부터 '확인설명서에 최우선변제금액을 명시'하도록 공인중개사법 규칙이 개정되었다. 최우선변제금액을 명시하기 위해서는 ①최우선변제기준권리의 종류와 설정일을 알아야 하고, ②최우선변제기준권리의 설정일을 기준으로 그 당시의 주임법 또는 상임법 시행령을 찾아서, ③그 시행령이 구분하여 정하고 있는 각각의 지역에 따른 최우선변제금액을 확인설명서에 기재하여야 한다.

결론적으로 최우선변제기준권리의 설정일을 기준으로 그 당시의 주임법 또는 상임법 시행령과 각 지역에 따라서 소액보증금이 결정되는 것이지, 단순히 현재의 시행령상의 소액보증금표에 따라서 소액보증금을 특정하는 것이 아님을 주의해야 한다. 협회는 물론 이를 잘 모르는 공인중개사들이 상당수가 있을 것으로 추정된다. 따라서 위와 같이 소액보증금을 최우선변제기준권리에 따라서 정확하게 특정할 줄 모르는 중개사가 단순히 현재의 시행령상의 소액보증금표에 따라서 2024. 7. 1. 이후 확인설명서를 작성한 경우, 당해 주택 또는 상가가

집행(3)-부동산집행 제2권, 78~80쪽, 대법원 2018. 2. 13. 선고 2017다48300 판결 [배당이의], 대법원 2007. 11. 15. 선고 2007다45562 판결 [배당이의] 등

경매로 나오는 경우에는 중개사고로 이어질 가능성이 매우 높다. 이와 같은 관점에서 중개는 결코 경매와 별개가 아님을 알아야 한다. 심각한 문제가 아닐 수 없다.

여기서 유명 옥션의 전문가마저도 확정일자부임차권이 '최우선변제기준권리'라는 사실을 모르고 있는 것을 지적하고 간다. 위에서 본 바와 같이 최우선변제기준권리에 '확정일자부임차권'이 포함됨(다수설, 판례)에도 불구하고, 옥션의 전문가가 작성한 다음 사건의 권리분석을 보면 "본건은 소액임차인의 최우선변제금 지급기준이 되는 담보물권이 없어 배당시점을 기준으로 소액임차인을 판단하고 있다". 잘못된 권리분석이다. 무엇이 잘못되었는지를 다음에서 사례를 통하여 구체적으로 보자.

위 사례에서 옥션의 전문가는 담보물권이 없어서 '배당시점을 기준'으로 소액임차인을 판단하고 있다. 그러나 옥션의 전문가의 판단은 전혀 근거 없는 잘못된 것이다. 그 이유는 2023타경77322 사건에서 최우선변제기준권리는 김OO 임차인의 '확정일자부임차권'의

'2020. 8. 21.[53] 자의 확정일자를 기준'으로 하여야 하고, 지역이 용인시이므로 2018. 9. 18. ~ 2021. 5. 10.까지 적용되었던 주임법 시행령에 따라서 '1억 원 이하의 임차보증금 중에서 3,400만 원이 소액보증금으로 최우선변제'를 받는다.

그런데 옥션의 전문가와 같이 최우선변제기준권리를 '배당일을 기준'으로 하면, 이 책을 집필하고 있는 2024. 9. 현재도 이 사건의 배당일이 결정되지 않았기 때문에, 만약에 배당일이 2024. 9. 현재라고 가정하더라도 적어도 2023. 2. 21.~2024. 9. 현재의 주임법 시행령에 따르면 용인지역은 '1억 4,500만 원 이하의 보증금 중 4,800만 원을 최우선변제'받게 된다. 이렇게 하면 3,400만 원을 배당받아야 하는 임차인이 최우선변제기준권리를 잘못 지정하여 4,800만 원을 최우선변제받게 된다는 결론이 된다. 이것은 소액임차인의 최우선변제금액이 전혀 달라지는 것으로 명백하게 잘못되었음을 알 수 있다.

2023타경58652 • 수원지방법원 성남지원 • 매각기일 : 2024.09.30(月) (10:00) • 경매 5계(전화:031-737-1325)

소 재 지	경기도 광주시 회덕동 ○○씨동 1층 102호 [도로명검색] [D지도] [⊡지도] [G지도] [⊡주소 복사]					
새 주 소	경기도 광주시 회덕길28번길 ○○씨동 1층 102호					
물건종별	다세대(빌라)	감 정 가	220,000,000원	오늘조회: 2 2주누적: 32 2주평균: 2 [조회동향]		
				구분	매각기일	최저매각가격	결과
대 지 권	82.64㎡(25평)	최 저 가	(17%) 36,975,000원	1차	2024-03-04	220,000,000원	유찰
					2024-04-08	154,000,000원	변경
건물면적	76.5㎡(23.14평)	보 증 금	(10%) 3,697,500원	2차	2024-04-08	220,000,000원	유찰
				3차	2024-05-13	154,000,000원	유찰
매각물건	토지·건물 일괄매각	소 유 자	우○	4차	2024-06-17	107,800,000원	유찰
개시결정	2023-06-14	채 무 자	우○	5차	2024-07-22	75,460,000원	유찰
				6차	2024-08-26	52,822,000원	유찰
사 건 명	강제경매	채 권 자	최○	7차	2024-09-30	36,975,000원	

---

53) 확정일자는 8. 13.이나 전입신고가 늦어서 8. 21. 자정이 되어야 우선권이 인정되어 최우선변제기준권리가 된다. 확정일자는 전입신고를 전제로 하기 때문이다.

* **임차인현황** (말소기준권리 : 2023.06.15 / 배당요구종기일 : 2023.08.16)

임차인	점유부분	전입/확정/배당	보증금/차임	대항력	배당예상금액	기타
김◯	주거용 102호 전부	전입일자: 2022.07.04 확정일자: 2022.05.04 배당요구: 2023.08.02	보160,000,000원	있음	배당순위있음 미배당보증금 매수 인인수	
최◯	주거용 씨동 102호 전부	전입일자: 2020.06.30 확정일자: 2020.05.20 배당요구: 2022.07.27	보25,000,000원	있음	소액임차인	임차권등기자, 경매신청인

임차인수: 2명 , 임차보증금합계: 185,000,000원

임차인분석
- 현장에서 임차인의 자녀 김민지를 면담하여 점유관계를 확인하였고, 그에게 권리신고 및 배당요구신청 안내문을 교부함.
- 위 사람(김병선)을 임차인으로 기재함.
- 최은미:신청채권자 임.
▶ 매수인에게 대항할 수 있는 임차인 있으며, 보증금이 전액 변제되지 아니하면 잔액을 매수인이 인수함

전문가멘트
- 본건은 소액임차인의 최우선변제금 지급기준이 되는 담보물권이 없어 배당시점을 기준으로 소액임차인을 판단하였으니 참고하시기 바랍니다.

또한 위 2023타경58652 사건 역시 최우선변제기준권리는 최◯◯ 임차인의 확정일자부 임차권의 '2020. 6. 30.[54] 자의 확정일자를 기준'으로 하여야 하고, 지역이 광주시이므로 2018.9.18.~2021.5.10.까지 적용되었던 주임법 시행령에 따라서 '6,000만 원 이하의 임차보증금 중에서 2,000만 원이 소액보증금으로 최우선변제'를 받는다. 그런데 옥션의 전문가와 같이 최우선변제기준권리를 '배당일을 기준'으로 하면 2024. 9. 현재도 이 사건의 배당일이 결정되지 않았기 때문에, 만약에 배당일이 2024. 9. 현재라고 가정하더라도 적어도 2023. 2. 21.~2024. 9. 현재의 주임법 시행령에 따르면 광주지역은 '8,500만 원 이하의 보증금 중 2,800만 원을 최우선변제'받게 된다. 이렇게 하면 소액임차인의 최우선변제금액이 전혀 달라지는 것으로 명백하게 잘못되었음을 알 수 있다. 이것이 부동산 경매업계와 중개업계의 현주소이다.

최우선변제기준권리란 다른 담보물권자보다 우선(즉, 최우선) 하여 배당하는 기준이 되는 권리를 말한다. 다시 말해서 <u>소액보증금 최우선배당에 있어서 '소액배당금액의 결정 기준'이 되는 권리가 '최우선변제기준권리'이다. ①최우선변제기준권리의 법적 성질은 최우선변제금액(즉, 소액보증금)을 결정하는 기준이 되는 권리로서 '담보물권 또는 (담보)물권화된 권리'가 그 기준권리로서의 자격을 가진다. ②말소기준권리와 달리 2개 이상 존재한다는 점을 주의해야 한다. 왜냐하면 소액보증금을 규정하고 있는 주임법 또는 상임법 시행령이 수회에 걸쳐서 개정되어 소액보증금이 계속 변경되었기 때문이다. ③최우선변제기준권리의 종류는 "확

---

54) 확정일자는 5. 20.이나 전입신고가 늦어서 6. 30.이 되어야 우선권이 인정되어 최우선변제기준권리가 된다.

정일자부임차권, 근저당권(저당권), 담보가등기, 전세권"이다. ④그 근거 규정은 주임법 제8조 1항 및 상임법 제14조 1항, 임대차보호법 시행령 부칙 경과규정이다. 말소기준권리와 같이 최우선변제기준권리도 '확근담전(確根擔傳)'이라고 암기해 두는 것이 좋다. 앞에서 보았듯이, 특히 확정일자부임차권을 최우선변제기준권리로 인정하는 것이 법조계와 경매업계의 다수설·판례[55]라는 점을 유의해야 한다. 부동산업계에는 저자가 2014년에 부동산경매실무 초판을 출간할 때까지 오랫동안 이 점을 오해해 왔다. 아직도 경매학원과 공인중개사 수험학원에서는 이러한 사실을 대부분 모르고 있다. 임차인이 많은 다가구 꼬마빌딩의 배당표 작성을 할 줄 모르다 보니 더욱이 오류가 바로 잡히지 않고 있는 실정이다.

최우선변제기준권리는 소액임차인에게 지급하는 최우선변제금액(소액보증금)을 적용함에 있어서 적용 시기가 각각 다른 주임법 및 상임법 시행령 중 어느 시행령의 소액보증금을 적용할 것인가의 기준이 되는 권리이다. 시행령상 소액보증금은 여러 번 인상되었기 때문에, 각 시행령의 적용 시기와 각 지역에 따라서 소액보증금(최우선변제금)이 달라지며, 따라서 소액보증금의 인상으로 인하여 시행령이 여러 번 변경되었기 때문에 수 회 변경된 시행령으로 인하여 최우선변제기준권리는 통상 2개 이상 존재하게 된다【제4장 최우선변제기준권리 적용기준일과 소액보증금 변천표 참조】.

그리고 이와 같이 최우선변제기준권리가 가장 중요하게 적용되는 종목은 물론 임차인이 많은 '나가구 주택과 통 상가(꼬마빌딩)의 배당표 작성'이다. 다가구 주택과 통 상가는 임차인이 많기에 배당표를 작성해 보지 않고는 임차인 중에서 인수자, 인수금액, 명도 대상자 등을 정확하게 판단할 수 없기 때문이다. 최우선변제기준권리와 그 적용에 관하여 개념이 잡혔는가? 경매에서 가장 어려운 분야인 만큼, 이 단원을 수차 읽어서 이해를 하여야 할 것이다. 그리고 이 책 제4장 배당표 작성 분야를 연계하여 공부하면 드디어 이해가 확실하게 올 것이다. 소액보증금의 최우선변제와 관련한 배당표 작성은 뒤에서 자세히 본다.

---

55) 법원실무제요, 민사집행(Ⅲ)-부동산집행2, 사법연수원, 2020, 78~80쪽 ; 대법원 1992. 10. 13. 선고 92다30597 판결 [배당이의], 대법원 2007. 11. 15. 선고 2007다45562 판결 [배당이의], 대법원 2018. 2. 13. 선고 2017다48300 판결 [배당이의]

[21] 대항력과 최우선변제권은 권리분석과 배당표 작성의 바로미터이다.

적어도 1981년 주임법이 등장하기 전에는 경매에서 권리분석이 아주 간단하였다. 당시 부동산 경매에서의 권리분석은 민법상의 제한물권(용익물권, 담보물권)에 의한 우선변제권의 선후를 따지는 것에 불과하였기 때문이다. 그러나 1981년 주임법[56]이 등장하면서 부동산 경매의 권리분석, 나아가 배당표 작성이 매우 까다로워졌다. 그 이유는 바로 대항력과 최우선변제권 때문이다. 여기서 최우선변제권은 보증금 중 일정액, 즉 소액보증금의 우선변제를 말한다(주임법 제8조 제1항, 상임법 제14조 제1항 각 참조).

주임법이 탄생하기 전에도 임차권, 지상권, 유치권, 법지권 등 민법의 각종 권리에도 물론 대항력이 인정되고 있었다. 이러한 민법상의 대항력은 단순히 물권으로써 대외적으로 단지 권리의 내용을 평면적으로 주장할 수 있는 것에 불과하였다. 그러나 주임법상의 대항요건은 선순위권리보다 늦게 갖추었음에도 불구하고, 임차보증금 중 소액보증금은 그 선순위권리보다 우선, 즉 최우선변제권이 인정되는 것으로써, 주임법이 태동하기 전의 권리분석에 비하여 우선변제권의 순위와 범위가 전혀 다르게 진화한 것이다.

다시 말해서 민법상의 '평면적인 대항력이나 우선변제권'과는 달리 이러한 주임법의 대항력은 먼저 설정된 권리보다도 우선하는 '수직적 대항력(최우선변제권)'을 가진 것이다. 물론 특별법상으로는 임대차보호법 뿐만 아니라 임금, 퇴직금, 재해보상금 등의 경우에도 최우선변제권이 인정된다. 하지만 이들은 경매사건에서 자주 등장하지 않지만 임대차보호법상 임대차는 주택과 상가건물에서 거의 빠짐없이 등장하고, 또한 다가구나 통 상가와 같이 임차인이 많은 물건의 경우에는 권리분석과 수익분석에서 매우 어려운 문제를 일으키기 때문에 문제이다. 독자들은 지금은 무슨 말인지 이해가 오지 않더라도 인내를 가지고 이 책을 끝까지 읽어보기 바란다.

임대차보호법의 적용에 있어서 주택은 임차보증금의 상한이 없지만, 상가건물의 경우에는 상임법 적용의 상한이 있다. 따라서 임차보증금이 상한을 초과하는 경우에는 애초에 상임법의 적용대상이 아니고 민법이 적용된다. 이러한 임차보증금은 주택과 달리 상가건물은 보증금 외에 차임이 있는 경우에는 월 단위 차임액에 100을 곱한 후 여기에 보증금을 더하여 계

---

56) 2002년 탄생한 상임법도 같다. 이하 상임법에 관하여 특별한 언급이 없을 경우에는 주임법 설명에 상임법도 포함한 설명으로 이해하기 바란다. 주임법과 상임법을 통틀어서 '임대차보호법'이라고도 한다.

산한 소위 '환산보증금을 기준'으로 상임법의 적용대상인 임차보증금을 결정한다(상임법 제2조 2항). 다만 임차보증금이 상한을 초과하는 경우에도 2015. 5. 13. 개정된 상임법은 대항력 관련 규정(동법 제3조), 계약갱신요구권(동법 제10조 제1항, 제2항, 제3항 본문), 권리금 관련 규정(동법 제10조의 2~제10조의 8) 등은 '모든' 상가건물에 적용되도록 개정되었다(상임법 제2조 3항). 구체적인 상임법의 적용대상인 임차보증금은 제2권 제4장 다가구 주택과 꼬마빌딩의 배당표 작성 부분의 '소액보증금 변천표'를 참고하기 바란다. 환산보증금을 산정할 때 부가가치세도 포함하여야 한다는 것이 판례이다.[57]

주임법과 상임법의 최우선변제와 우선변제의 요건과 효력은 대동소이하고, 다만 임차건물이 주택인지 상가인지, 법적용 대상인 임차보증금에 상한이 있지(주택은 상한이 없고, 상가는 상한이 있음), 법인에게 적용되는지(주택은 원칙적으로 법인에 적용되지 않고, 상가는 모든 법인에 적용됨) 등에 관하여 약간의 차이가 있을 뿐이다.

이제부터 구체적인 요건을 한번 보자. 대항요건은 주택은 점유(주택 인도)와 주민등록(전입신고)이고, 상임법은 점유(상가 인도)와 사업자등록이다. 각각의 요건을 갖추면 대항력이 발생하는데, 대항력이 발생하는 시점은 각각 '대항요건을 모두 갖춘 날의 익일(다음 날) 오전 0시'가 된다(주임법, 상임법 각 제3조 1항 참조).

그런데 이러한 대항력을 갖추면 바로 최우선변제권이 발생하는 것이 아니고, 여기에 또 하나의 요건이 필요하다. 즉, '경매개시결정등기(경매신청등기, 경매기입등기) 전'에 이러한 대항요건을 갖추어야만 최우선변제권이 인정된다는 사실이다(주임법 제8조 1항 후단, 상임법 제14조 1항 후단). 이와 같이 '경매개시결정등기 전'에 대항요건을 갖추도록 한 이유는 경매개시결정등기 시에 하는 '압류의 처분금지효' 때문에 그렇다.

이러한 최우선변제권은 늦게 요건을 갖추었음에도 불구하고 우선변제권보다 먼저 배당을 받으므로, 결론적으로 우선변제권의 효력을 저해하거나 훼손하게 된다. 따라서 주임법과 상임법상은 '소액보증금에 한'[58]하여, 그것도 당해 경매물건 '매각대금의 1/2' 이하의 금액[59]에

---

57) 대법원 2017. 12. 5. 선고 2017다9657 판결 [건물명도등]
58) 소액보증금은 주임법 제8조 제3항, 주임법 시행령 제10조·제11조, 상임법 제14조 제3항, 상임법 시행령 제6조·제7조에 규정하고 있다. 이 시행령의 소액보증금은 수회 인상되었으며, 각 지역에 따라서 그 금액이 다르다. 자세한 것은 이 책 제4편 배당표 작성 부분의 '소액보증금 변천표'를 참고하기 바란다.
59) 매각대금 1/2이하의 금액이란 실무상 매각대금에서, 매수신청보증금에 대한 배당기일까지의 이자, 반환되지 아니한 매수신청보증금 등을 포함한 금액에서 집행비용을 공제한 '실제 배당할 금액'이다(재민 84-10 문 11항 참조).

대하여만 최우선변제권을 인정한 것이다. 결론적으로 주임법·상임법상의 최우선변제권 발생순서는 대항요건 구비 → 경매개시결정등기 전 대항력 구비 → 그 다음 날 오전 0시에 대항력 발생이다. → 또한 소액보증금에 한하여 매각대금의 1/2 이하의 보증금에 대해서만 최우선변제권이 발생한다. 그런데 한편 최우선변제권이 인정되기 위해서는 이러한 임대차법상의 요건만이 아니라 '경매개시결정등기 전'에 대항요건을 갖추어야 한다는 민사집행법상의 요건도 갖추어야 한다.

최우선변제와 관련하여 주임법, 상임법, 민사집행법상의 요건을 망라하여 좀 더 자세히 설명하겠다. <u>첫째로, 최우선변제를 위해서는 일반 거래가 아니라 '경매에 따른 매각'이어야 함</u>은 물론이다. 일반 매매에서는 최우선변제가 인정되지 않기 때문이다.[60] <u>둘째로, '소액임차인'에 해당해야 한다.</u> 즉, 최우선변제는 임대차보호법상 소액임차인에게만 인정되는 것이기 때문이다.[61] 소액임차인에 해당하는지 여부는 최우선변제기준권리(앞에서 본 확근담전을 말함) 설정일을 기준으로 주임법 및 상임법 시행령상의 각 시기별, 지역별로 소액보증금액이 각각 결정된다. 자세한 것은 이 책 제4편 배당표 작성 부분의 '소액보증금 변천표'를 참고하기 바란다. <u>셋째로, '경매개시결정등기 전'까지 대항요건을 갖추고, '배종기일까지' 대항요건을 유지해야 한다.</u> 대항요건은 최우선변제의 발생요건이면서 존속요건이기 때문이다.[62] <u>넷째로, 배종기일까지 '배당요구'를 해야 한다.</u> 최우선변제권은 실체법상의 권리이지만 절차법인 민사집행법상의 요건도 동시에 갖추어야 하기 때문이다. 이것이 바로 저자가 주장하는 이른바 '절차적 권리분석'이다. 나아가 판례는 배당요구를 하지 않으면 '배당이의의 소'의 원고적격도 없다고 한다.[63]

이처럼 최우선변제권(소액보증금의 우선변제권)은 대항력과 관련한 권능으로서 1981년 주임법의 탄생으로 인하여 경매의 권리분석과 배당표 작성에 매우 어려운 문제를 불러일으켰다. 그러나 세간의 부동산 경매학원 또는 부동산업계에서는 주임법이 제정된 지 45년이 지난 현재에도 대항력과 최우선변제에 따른 배당표 작성을 외면하고 있다. 이 책과 평택부동산경매학원에서는 임차인이 많은 다가구 주택과 꼬마빌딩(통 상가)에 관한 배당표 작성을 자세히 공부한다.

---

60) 주임법 제3조의2 및 제8조 제2항, 상임법 제5조 및 제14조 2항 참조
61) 주임법 제8조 3항, 영 제10조 1항·영 제11조, 상임법 제14조 3항, 영 제6조·영 제7조 1항 각 참조
62) 주임법 제3조 1항, 제8조 1항 후단, 상임법 제3조 1항, 제14조 1항 후단, 대법원 1997.10.10.선고 95다44597 판결, 대법원 2007.6.14.선고 2007다17475 판결, 대법원 2013.12.12.선고 2013다62223 판결
63) 대법원 2022. 3. 31. 선고 2021다203760 판결[배당이의], 대법원 2020. 10. 15. 선고 2017다216523 판결 [배당이의], 재민 98-6 각 참조

경매개시결정등기 전에 대항요건을 갖추었다고 하더라도 배당요구를 하지 않으면 배당을 받을 수 없다. 배당요구는 민사집행법상의 절차적 요건이기 때문이다. 여기서 또 주의할 점은 임차인이 배당요구를 하지 않아서 배당을 받지 못하더라도 말소기준권리 전에 대항요건을 갖추었다면 낙찰자가 인수해야 한다는 점이다(민집법 제91조 제2항~제4항 참조). 양자는 법리가 서로 다르기 때문에 별도로 적용된다. 이 양자는 서로 구별하여 잘 기억하기 바란다. 다음은 다가구 주택의 임차인들의 대항요건(점유+주민등록)과 배당요구에 관한 사례이다.

2024타경52768 • 수원지방법원 안산지원 • 매각기일 : 2024.09.19(木) (10:30) • 경매 2계(전화:031-481-1194)

소 재 지	경기도 안산시 상록구 부곡동 645-5 도로명검색 D지도 N지도 G지도 주소복사						
물건종별	다가구(원룸등)	감 정 가	948,523,560원	오늘조회: 3 2주누적: 81 2주평균: 6 조회동향			
토지면적	247.7㎡(74.93평)	최 저 가	(70%) 663,966,000원	구분	매각기일	최저매각가격	결과
건물면적	567.84㎡(171.77평)	보증금	(10%) 66,396,600원	1차	2024-08-08	948,523,560원	유찰
매각물건	토지·건물 일괄매각	소 유 자	황●주	2차	2024-09-19	663,966,000원	
개시결정	2024-02-22	채 무 자	황●주				
사 건 명	부동산강제경매	채 권 자	혈인수				

• **임차인현황** (말소기준권리 : 2022.07.04 / 배당요구종기일 : 2024.05.20)

임차인	점유부분	전입/확정/배당	보증금/차임	대항력	배당예상금액
신●	주거용 미상	전입일자: 2021.03.23 확정일자: 미상 배당요구: 없음	미상		배당금 없음
신●	주거용 301호	전입일자: 2010.03.22 확정일자: 2012.10.12 배당요구: 2024.03.25	보45,000,000원	있음	소액임차인
이●	주거용 지하 101호	전입일자: 2022.08.26 확정일자: 2022.07.11 배당요구: 2024.03.26	보20,000,000원	없음	소액임차인
이●	주거용 202호	전입일자: 2020.07.23 확정일자: 2020.07.29 배당요구: 2024.04.02	보40,000,000원	있음	소액임차인
장●	주거용 201호	전입일자: 2015.04.27 확정일자: 2024.03.25 배당요구: 2024.03.25	보45,000,000원	있음	소액임차인
조●	주거용 203호	전입일자: 2021.03.23 확정일자: 2024.03.25 배당요구: 2024.03.28	보45,000,000원	있음	소액임차인
지●	주거용 지하 103호	전입일자: 2022.02.03 확정일자: 2022.02.03 배당요구: 2024.04.05	보5,000,000원 월200,000원	있음	소액임차인
최●	주거용 302호	전입일자: 2019.12.19 확정일자: 2021.02.19 배당요구: 2024.04.05	보30,000,000원 월100,000원	있음	소액임차인
한●	주거용 303호	전입일자: 2018.08.30 확정일자: 2018.08.30 배당요구: 2024.04.02	보45,000,000원	있음	소액임차인

이와 같이 소액보증금에 대한 대항력과 최우선변제권으로 인하여 임대차보호법에는 '3가

지 형태의 임차인 유형'이 생겨났다. 소위 '소액임차인', '확정일자부임차인', '확정일자부소액임차인'이 그것이다. '소액임차인'은 최우선변제권이 발생함은 이미 앞에서 보았다. 이러한 소액임차권의 대항요건이 말소기준권리보다 빠르면 소액임차인이 소액보증금을 배당재단으로부터 배당을 받지 못하는 경우에는 그 소액임차인의 보증금을 낙찰자가 인수해야 한다. 대항력 때문에 그렇다. 물론 소액임차인이 배당요구를 하였고 배당재단으로부터 배당을 받을 수 있는 경우에는 낙찰자가 인수하지 않아도 된다.

다음으로 '확정일자부임차인'에게는 '우선변제권'이 인정된다. 임대차보호법상 확정일자는 우선변제를 위하여 인정된 제도이다. 이때 우선변제권 발생에는 확정일자만이 아니라 '대항요건을 전제'로 한다는 점을 주의해야 한다(판례). 즉, 우선변제를 받기 위해서는 대항요건과 확정일자를 모두 갖추어야 한다. 끝으로 '확정일자부소액임차인'에게는 '최우선변제권과 우선변제권'이 모두 인정된다. 소액임차인의 자격을 갖춘 자가 확정일자까지 받았기 때문이다.

그러면 "외국인"의 경우에는 어떻게 할 것인가? 현재는 글로벌 시대로 우리나라에도 외국인이 많다. 이러한 외국인은 내국인과는 달리 주임법이나 상임법이 아니라 출입국관리법에 의하여 규율된다. 즉, 외국인은 출입국관리법에 따른 '외국인 등록'이 내국인의 주민등록과 같다고 보면 된다. 따라서 외국인은 '체류지 신고'를 해야 한다. 내국인이 주소를 변경하면 주민등록 전입신고를 해야 하듯이 외국인도 체류지가 변경되면 '체류지 변경 신고'를 해야 한다(출입국관리법 제88조의 2~4 참조).

한편 "재외동포(외국국적동포)"[64]는 '재외동포의 출입국과 법적 지위에 관한 법률'(줄여서 재외동포법이라 한다)에 따라서 '거소신고와 거소이전신고'로서 주민등록을 대신한다. "재외국민(외국 거주 대한민국 국민)" 역시 2015. 1. 22. 주민등록 제도를 도입하여 '거소신고와 거소이전신고'로서 주민등록을 대신하고 있다. 대법원 판례도 재외국민의 '거소신고와 거소이전신고'로서 주민등록이나 전입신고를 한 것으로 보아 대항력을 인정하고 있다.[65] 경매 실무상 입찰신청인은 경매정보지를 복사하여 시구읍면사무소에 외국인의 경우에는 '외국인등록 또는 외국인체류지확인서', 재외동포 또는 재외국민의 경우에는 '거소신고와 거소이전신고'를 열람할 수 있다. 다음은 외국인의 체류확인서이다.

---

64) 대한민국 국민으로서 외국의 영주권을 취득한 자 또는 영주할 목적으로 외국에 거주하고 있는 자를 말한다.
65) 대법원 2019. 4. 11. 선고 2015다254507 판결 [배당이의]

평택 2023-1762 [1]

외국인체류확인서

[열람용]

| 발급번호 | AC-BN-23-000339 | 발급일자 | 2023.11.27 |

열람 또는 교부 대상 건물 또는 시설 소재지
- 도로명주소 : 경기도 평택시 팽성읍 계양로 136-41, B01호 (험프리스 힐스 H동)
- 지번주소 : 경기도 평택시 팽성읍 송화리 611-76 B01호
  (관련지번 : 경기도 평택시 팽성읍 송화리 611-19, 611-20)

연번	성명	전입일자	비고
1	ADKINS S*****	2021.10.29	

'이하 빈칸'

「출입국관리법」제88조의3 및 같은 법 시행규칙 제 75조의2제7항에 따라 해당 건물 또는 시설의 소재지를 체류지로 신고(변경신고를 포함합니다)한 외국인은 위와 같음을 증명합니다.

2023년 11월 27일

[관인]

유 의 사 항

- 확인하려는 특정 건물 또는 시설의 소재지를 사실과 다르게 기재한 경우에는 외국인체류확인서를 통해 해당 건물 또는 시설의 소재지를 체류지로 신고(변경신고를 포함합니다)한 외국인의 정보를 확인할 수 없습니다.

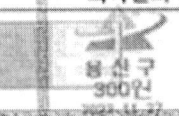

　소액임차인의 배당순위는 '소액임차인 사이'에는 임대차계약의 성립 전후나 대항요건의 구비 전후를 묻지 않고 '동 순위로 배당'을 받으며, 배당금액이 부족한 경우에는 '안분배당'을 한다. 즉, 소액임차인이 최우선변제를 받는다는 것은 '소액임차인 이외의 권리자'보다 최우선한다는 의미일 뿐 '소액임차인 끼리'는 임대차계약의 성립 전후나 대항요건의 구비 전후를 묻지

않고 안분배당을 한다. 소액보증금의 합산액이 주택(상가건물) 가액의 1/2을 초과하는 경우에는 주택(상가건물) 가액의 '1/2에 해당하는 금액까지만' 최우선변제하고, 주택(상가건물) 가액의 '1/2을 초과'하는 금액은 '1/2에 해당하는 금액의 범위 내'에서 '안분배당(평등배당)'을 한다. 안분배당 산출식은 = 배당금액의 1/2 × $\dfrac{각\ 임차인의\ 최우선변제금}{각\ 임차인의\ 최우선변제금의\ 합계액}$ 이다.

[22] 확정일자는 우선변제권 발생에 필요하다.

우선변제권은 원래 민법상 물권의 특성이다. 물권은 배타적 지배권이라는 특성상 공시방법으로서의 부동산등기를 요건으로 한다. 그러나 민법의 특별법인 임대차보호법은 등기를 하지 않고도 대항요건과 확정일자를 갖출 것을 전제로 우선변제권을 인정한다. 즉, 임대차보호법의 우선변제권은 '물권화된 채권'이다. 다시 말해서 임차권은 원래 민법상 채권이다. 그러나 임대차보호법은 대항요건과 확정일자를 갖추는 것을 조건으로 등기를 하지 않고도 물권의 특성인 우선변제권을 인정하고 있다. 물론 민법상으로도 임차권을 등기하면 우선변제권이 인정되지만, 임대차보호법은 등기 없이도(임대인의 도움 없이 임차인 단독으로) 임대차계약서에 확정일자를 갖춤으로써 간이하게 우선변제권을 인정받도록 한 것이다. 부동산등기법상 매도인과 매수인, 임대인과 임차인이 공동으로 등기를 신청하는 것이 원칙이지만, 임대차보호법은 임대인의 협조를 얻기가 어려운 현실적인 문제점을 사회법적 관점에서 해결한 것이다.

임대차보호법상 우선변제의 요건은 <u>첫째로, 대항요건과 확정일자를 갖추어야 한다</u>. 대항요건은 '확정일자의 전제조건'이라는 사실을 기억하자. 즉, 대항요건 없이 확정일자만으로는 우선변제권이 인정되지 않는다. 또한 어떤 이유에서든 임차인이 임대인에게 '임차보증금 전액을 지급하지 않은 경우에도' 그 물건에 대하여 경매가 신청되고, 우선변제의 요건을 갖춘 이상 임차인에게 '보증금 전액'에 관한 우선변제권이 발생한다는 것이 대법원 판례이다.[66] 임대차보증금의 지급 여부는 대항요건이 아니기 때문이다.

다음의 사례는 임차인이 확정일자를 먼저 받고, 그 후에 전입신고를 하였다. 임차인이 확정일자를 2021. 12. 19. 먼저 받았지만, 우선변제권은 확정일자뿐 아니라 대항요건을 전제로 하기 때문에 확정일자를 받은 날 바로 우선변제권이 발생하지 않고 대항요건까지 갖춘

---

66) 대법원 2017. 8. 29. 선고 2017다212194 판결 [배당이의]

2022. 02. 10. 0시에 이르러서야 우선변제권이 발생한다. 임차인이 많은 다가구와 통 상가의 경우 배당표 작성에서 이점 유의해야 한다.

• **임차인현황** (말소기준권리 : 2015.06.05 / 배당요구종기일 : 2024.05.27)

임차인	점유부분	전입/확정/배당	보증금/차임	대항력	배당예상금액	기타
김■	주거용 2층 201호 전부	전입일자: 2022.02.09 확정일자: 2021.12.19 배당요구: 2024.03.27	보210,000,000원	없음		임차권등기자

한편 '소액임차인'과 '확정일자부임차인'의 대항요건 구비시기가 다르다는 점을 주의해야 한다. 즉, 소액임차인은 '경매개시결정등기(경매신청등기, 경매기입등기) 전'에 대항요건을 갖추어야만 최우선변제가 인정됨은 앞에서 이미 보았다. 그러나 확정일자부임차인은 대항요건을 '배당요구 종기일'까지 갖추면 우선변제권이 인정된다.[67] 이와 같은 요건의 차이는 권리분석에서는 물론 실무상 임장에서도 입찰참여자가 체크하고 행동해야 할 점에서 많은 차이점이 있음을 알아야 한다. 임장절차에서 배당요구 종기일이 지나지 않았는데 임차인이 확정일자를 받지 않고 있다면 입찰참여자는 임차인을 설득하여 확정일자를 받도록 하면 명도에서 편해진다.

둘째로, "배종기일까지" 배당요구를 하고 대항요건을 유지해야 한다. 결국 최우선변제와 같이 우선변제에서도 역시 대항요건은 우선변제권의 발생요건이면서 존속요건이다. 셋째로, 우선변제 역시 최우선변제와 같이 경매에 의한 매각일 때 비로소 문제된다. 경매가 아닌 일반 매매에서는 배당을 전제로 하지 않기 때문에 이와 같은 요건이 필요하지 않기 때문이다.

넷째로, 우선변제권자가 배당재단으로부터 보증금을 수령하기 위해서는 임차주택 또는 상가건물을 매수인(낙찰자)에게 인도해야 한다. 임차인의 주택 또는 상가건물의 명도의무와 임대인의 보증금반환의무는 '동시이행의 관계'인 것이 민법의 원칙이다. 그러나 부동산 경매에서는 임차인의 주택 또는 상가건물 명도가 '선이행관계'이다(주임법 제3조의 2 제3항, 상임법 제5조 3항).[68] 즉, 부동산 경매에서는 확정일자부임차인이 배당재단으로부터 보증금을 수령하기 위해서는 매수인(낙찰자)에게 주택 도는 상가건물을 명도하고 매수인(낙찰자)으로부터 '인감증명서가 첨부된 명도확인서'를 수령하여 집행법원에 제출하지 않으면 배당재단으로부

---

67) 주임법 제8조 1항 후단, 상임법 제14조 1항 후단; 법원실무제요 2003년판 460, 473쪽, 2014년판 496, 518쪽, 2020년판 제3권 59, 85쪽 각 참조; 손창환, "사례로 본 민사집행", 법률정보센타, 개정증보판, 436쪽 이하 각 참조
68) 주임법 제3조(대항력) - 제3조의2(우선변제) - 제8조(최우선변제), 상임법 제3조(대항력) - 제5조(우선변제) - 제14조(최우선변제) 각 참조

터 보증금을 수령할 수 없다. 실무에서 매수인(낙찰자)은 이점을 십분 활용하면 명도가 아주 쉬워진다. 덤으로 아래에 명도확인서 서식 견본도 실어 둔다. 최대한 활용하기 바란다. 이 서식이 매수인에게 천군만마와 같은 역할을 할 수도 있다는 사실을 잊지 말기 바란다.

명 도 확 인 서

사건번호 :
이　　름 :
주　　소 :

위 사건에서 위 임차인은 임차보증금에 따른 배당금을 받기 위해 매수인에게 목적부동산을 명도하였음을 확인합니다.

1. 첨부서류 : 매수인 명도확인용 인감증명서 1통

년　　　월　　　일

매수인　　　　　　(인)
연락처(☎)

지방법원　　　　귀중

☞유의사항
1) 주소는 경매기록에 기재된 주소와 같아야 하며, 이는 주민등록상 주소이어야 합니다.
2) 임차인이 배당금을 찾기 전에 이사를 하기 어려운 실정이므로, 매수인과 임차인 간에 이사 날짜를 미리 정하고 이를 신뢰할 수 있다면 임차인이 이사하기 전에 매수인은 명도확인서를 해줄 수도 있습니다.

임대차보호법상의 우선변제권은 몇 가지의 특징을 가지고 있다. 대항요건과 달리 확정일자는 공시방법(公示方法)과 무관하다. 원래 민법상의 물권은 물건에 대한 배타적·독점적 지배권으로서의 성질을 가지고 있으므로, 제3자가 그 부동산에 어떤 권리를 가지고 있는지를 알 수 있도록 명확한 공시방법이 필요하다. 그래서 민법은 부동산은 등기를 동산은 점유를 각각 그 공시방법으로 채택하고 있다.

그런데 부동산등기는 부동산등기법상 공동신청주의를 원칙으로 하고 있어서, 임차인이 임차권등기를 하기 위해서는 원칙적으로 임대인의 협조가 필요한데, 현실적으로 임차인이 임대인의 협조를 받아 내는 것이 쉽지 않다. 따라서 임대차보호법은 임차인 단독으로 쉽게 공시방법을 갖출 수 있도록 하기 위하여 민법상 '동산'의 공시방법인 '점유'를 임대차보호법상 '부동산의 공시방법'으로 사용하도록 편법을 쓴 것이다.

그러나 이 동산의 공시방법인 점유는 불특정의 제3자에게 소유자로서의 점유인지 임차인으로서의 점유인지가 불분명한 것이 문제이다. 그리하여 임대차보호법은 동산의 공시방법인 점유의 불완전성을 보완하기 위하여 점유에다가 주택은 주민등록을, 상가건물은 사업자등록을 각각 추가하여, 주택은 점유+주민등록을, 상가건물은 점유+사업자등록을 각각 그 공시방법으로 인정하게 되었다. 이와 같이 민법의 일반원칙과 다른 공시방법을 임대차보호법이 채택함으로써 사회적으로, 나아가 판결에서까지 일대 혼란이 초래되었음은 앞에서 이미 언급한 바와 같다.

다시 본론으로 돌아와서, 확정일자는 우선변제를 위하여 인정된 제도이다. 이처럼 임대차보호법상 우선변제권을 인정하기 위한 확정일자는 대항요건과는 달리 공시방법과는 무관하다. 즉, 임대차보호법상 주택은 점유+주민등록이, 상가건물은 점유+사업자등록이 각각 그 공시방법이다. 하지만 확정일자는 우선변제를 위한 요건일 뿐 공시방법은 아니다. 또한 우선변제권은 1회 행사로 소멸된다고 보는 것이 판례이다.[69] 또한 임차인은 '배당요구를 하여야만' 우선변제를 받을 수 있으며,[70] 대항요건은 우선변제권의 '발생요건인 동시에 배종기일까지 존속하여야 하는 존속요건'이라는 점도 최우선변제권과 같다.

---

69) 대법원 2006.2.10.선고 2005다21166 판결, 대법원 1998.6.26.선고 98다2754 판결
70) 주임법상의 대항요건을 갖춘 임차인이라 하더라도 매각허가결정이 있을 때까지 경매법원에 스스로 그 권리를 증명하여 신고하여야만 매각절차에 있어서 이해관계인으로 되는 것이고, 집행법원의 매각절차 진행사실에 관한 주택임차인에 대한 통지는 법률상 규정된 의무가 아니라 당사자의 편의를 위하여 안내하는 것일 뿐이므로, 임차인이 그 권리신고를 하기 전에 임차 목적물에 대한 매각절차의 진행사실에 관한 통지를 받지 못하였다고 하더라도 이는 매각허가결정에 대한 불복사유가 될 수 없다[대결 2000.1.31. 99마7663]

한편 대항력과 우선변제권이 있어서 주택 또는 상가건물의 양수인에게 대항할 수 있는 경우에는 원칙적으로 '임대차가 종료 되어야만' 주택 또는 상가건물의 환가대금에서 우선변제를 받을 수 있음이 민법상의 원칙이다. 그러나 경매에서는 임대차 기간이 만료되지 아니하여도 임차인이 경매법원에 '강제경매를 신청'하거나 '배당요구'를 한 경우에는 이 '강제경매 신청 또는 배당요구를 임대차계약 해지의 의사표시'로 보는 것이 판례이다.[71] 즉, 경매에서는 '임대차 기간이 만료되지 않아도' 경매신청 또는 배당요구로써 임대차계약이 해지되어 임차인은 배당을 받을 수 있다는 것이다.

또한 일반적으로 민사집행법은 채권자가 채무자의 재산에 강제집행을 할 경우에도 그 채권자가 채무자에게 반대 의무를 지고 있는 경우에는 강제집행을 하기 위해서는 반대 의무의 이행 또는 이행의 제공을 하여야만 강제집행을 할 수 있는 것이 원칙이다(민집법 제41조). 그러나 주임법과 상임법은 임차인이 임대차보증금을 회수하기 위하여 강제집행을 하는 경우에는 예외적으로 집행개시요건으로서의 반대 의무의 이행 또는 이행의 제공 없이도 강제집행을 할 수 있도록 그 요건을 완화하였다. 다시 말해서 임차인이 임차주택 또는 상가건물에 대하여 판결문 등 집행권원에 따라서 경매를 신청하는 경우에는 집행개시요건에 관한 민사집행법 제41조에도 불구하고 반대 의무의 이행이나 이행의 제공을 집행개시의 요건으로 하지 아니한다는 것이다(주임법 제3조의2 제1항, 상임법 제5조 1항). 더 나아가 임대차보호법은 '대지의 환가대금'에 대하여도 '건물임차인'의 최우선변제와 우선변제를 인정하고 있다. 이에 관하여는 단원을 바꾸어서 자세히 본다.

[23] 경매에서 건물임차인은 대지의 환가대금에서도 우선변제를 받는다.

민법(제99조)은 건물과 토지를 '별개의' 부동산으로 본다. 한편 주임법과 상임법상의 임차인은 '건물'에 대한 임차인이기 때문에 원칙적으로 '토지'에는 그 권한이 미치지 않으며, 그 부동산에 대하여 경매가 신청된 경우에는 원칙적으로 건물임차인은 '토지의 매각대금'에서 배당을 받지 못하는 것이 민법상의 원칙이다.

그런데 민법의 특별법인 주임법과 상임법은 임차인이 대지의 환가대금으로부터도 보증금

---

71) 대법원 1998.9.25.선고 97다28650 판결, 대법원 1998.9.18.선고 97다28407 판결

을 배당받을 수 있도록 규정하고 있다(주임법 제3조의2 제2항, 상임법 제5조 2항 괄호 안 참조). 임대차보호법상의 임차인의 '대지의 환가대금으로부터의 보증금 회수'는 우선변제는 물론 '최우선변제'에도 인정된다(주임법 제8조 제3항 단서, 상임법 제14조 제3항 참조).

이에 따라서 대법원은 건물과 대지가 모두 '임대차 성립 당시'에 임대인의 소유이면, 그 이후에 건물과 대지의 소유자가 서로 달라지더라도, 건물과 대지가 동시 경매로 타인에게 양도되든(동시 매각) 이시 경매로 타인에게 양도되든(이시 매각), 임차인은 '대지의 환가대금'으로부터 우선변제를 받는다고 판결하고 있다.[72] 대법원 재판예규 또한 '임대차 성립 당시'에 임대인의 소유이면, 주택(상가건물)과 대지가 '동시 매각' 또는 '이시 매각'되거나, '대지에 대하여만' 또는 여러 필지의 대지 중 '일부의 대지에 대하여만' 경매가 진행되어도 임차인은 '대지의 매각대금'에 대하여 우선변제권을 행사할 수 있다고 한다(재민 84-10 문13, 문14 참조). 한편 대법원은 애초에 건물이 있었으나 철거 및 신축된 경우와 무허가 미등기건물이 있었던 경우에도 대지의 환가대금에서 우선변제를 받을 수 있다고 하였고, 심지어는 대지에 저당권이 설정될 당시에 그 지상에 건물의 규모나 종류가 외형상 예상할 수 있는 정도까지 건축이 진전된 경우에까지 예측 가능성을 이유로 임차인이 대지의 환가대금에서 배당을 받을 수 있다고 한다.[73]

다음의 사례는 주택임차인이 대지의 매각대금에까지 배당을 받는 경우이다. 건물과 토지 3필지 감정가 1,977,681,000원(건물 감정가 22,650,000원 포함), 2024. 8. 26. 금 713,333,000원에 낙찰되었다. 이 건물에는 임차인이 2명이고 보증금이 2억이다. 건물 감정가 22,650,000원에 불과하고, 수 회 유찰되었기 때문에 임차인이 건물 배당금에만 배당을 받는다면 보증금을 모두 받을 수 없지만, 대지 낙찰대금에도 배당을 받을 수 있어서 배당을 못 받을 가능성이 거의 없다. 이 사례에서도 보는 바와 같이 임차인이 대지의 매각대금에서도 배당을 받는 것은 낙찰자에게는 명도에 있어서 매우 유리한 것이다.

---

72) 대법원(전원합의체) 2007. 6. 21.선고 2004다26133 판결, 대법원 2012. 7. 26.선고 2012다45689 판결
73) 대법원(전원합의체) 2007. 6. 21.선고 2004다26133 판결, 대법원 2012. 7. 26.선고 2012다45689 판결

2023타경57741 (1)			• 수원지방법원 성남지원 • 매각기일 : 2024.08.26(月) (10:00) • 경매 5계(전화:031-737-1325)				
소재지	경기도 광주시 목동 ○ 외 2필지 도로명검색 지도 지도 G지도 주소 복사						
					오늘조회: 1 2주누적: 3 2주평균: 0 조회동향		
					구분	매각기일	최저매각가격	결과
물건종별	주택	감정가	1,977,681,000원			2024-01-29	1,774,303,000원	변경
토지면적	4285㎡(1296.21평)	최저가	(24%) 474,842,000원		1차	2024-04-08	1,977,681,000원	유찰
					2차	2024-05-13	1,384,377,000원	유찰
건물면적	132.5㎡(40.08평)	보증금	(10%) 47,484,200원		3차	2024-06-17	969,064,000원	유찰
					4차	2024-07-22	678,345,000원	유찰
매각물건	토지·건물 일괄매각	소유자	한○		5차	2024-08-26	474,842,000원	
개시결정	2023-05-26	채무자	성○		매각 : 713,333,000원 (36.07%)		
					(입찰10명,매수인:김동운 / 차순위금액 666,666,666원 / 차순위신고)		
사건명	임의경매	채권자	승계인 농협자산관리회사(변경 전:성남농협)		매각결정기일 : 2024.09.02 - 매각허가결정		
					대금지급기한 : 2024.10.11 - 기한후납부		

• **임차인현황** (말소기준권리 : 2018.09.19 / 배당요구종기일 : 2023.07.31)

임차인	점유부분	전입/확정/배당	보증금/차임	대항력	배당예상금액	기타
권○	주거용	전입일자: 2020.04.24 확정일자: 미상 배당요구: 없음	보50,000,000원	없음	배당금 없음	
성○	주거용	전입일자: 2015.08.24 확정일자: 미상 배당요구: 없음	보150,000,000원	있음	예상배당표참조	

임차인수: 2명 , 임차보증금합계: 200,000,000원

그러나 물론 애초에 건물이 없는 '나대지에 저당권이 설정된 후'에 건물이 신축되고, 그 건물을 임차한 임차인은 '저당권자를 보호하기 위하여' 대지의 환가대금에 대하여 배당을 받을 수는 없다. 어쨌든 위와 같은 규정은 임차인을 보호하기 위한 것이지만, 민법상으로는 건물만의 전세권자는 '건물의 매각대금에서만' 우선변제를 받을 수 있는 것에 비하면, 주택과 상가의 임차권이 물권인 전세권보다 더 강한 우선변제권을 갖는 결과가 된다. 이러한 점은 사법의 기본체계를 뒤흔드는 것으로 입법론상 그 타당성에 강한 의문이 든다.

[24] 민사집행법 이해는 경매의 고수에 이르는 첩경이다.

저자는 앞에서 경매란 '사권에 대한 사법적 집행'이라고 하였다. 채무자가 채무를 변제하지 않을 경우, 채권자가 법원을 통하여 채권을 실현하는 것이 바로 경매이다. 한편 경매를 계약의 관점에서 바라보면, 경매란 민사집행 절차를 통한 부동산 매매이다. 즉, 경매란 부동산의 매매이지만, 일반 매매와 달리 법원이 관여하는 민사집행 절차를 통한 부동산 매매라는 점이

다르다. 따라서 민법과 주임법 등의 실체법상의 권리분석을 할 줄 안다고 하더라도 민사집행법을 모르면 그 절차를 낙찰자에게 유리하게 유도하지 못하게 되고, 결국에는 잔금 납부를 포기하고 입찰보증금을 날리게 된다.

민사집행 절차는 결정이라는 재판을 통하여 매각을 허가할 것인지 불허가할 것인지를 판단하기 때문에 매가허가결정과 그때까지의 법원의 절차상의 하자를 통하여 낙찰자는 매각의 허부(許否)에 대하여 자신에게 유리하게 절차를 이용할 수 있다. 다시 말해서 민사집행 절차는 경매신청 단계에서의 경매개시결정에서부터 매각기일의 매각 허가 또는 매각 불허가 결정, 이의신청이나 즉시항고가 있으면 이에 대한 결정 등 모두가 결정이라는 재판을 통하여 진행된다.

따라서 이러한 결정은 일종의 재판이므로 법원의 매각절차에 하자, 모순, 불확실 또는 불완전하거나 사실과 다른 조사 등이 있는 경우에는 이의신청이나 즉시항고를 통하여 얼마든지 입찰보증금을 날리지 않고 낙찰자에게 유리한 결정을 받아낼 수도 있다는 것이다. 결국 민사집행법을 이해하는 것은 곧 경매의 고수에 이르는 첩경이라는 점을 알아야 한다. 세간의 부동산 경매 강의를 하는 사람 중에는 권리분석만을 강조하여 민사집행법은 매각절차 정도만 알면 되고 그 외의 민사집행법은 알 필요가 없다고 하는 자가 있다. 법원이 진행하는 민사집행 절차는 낙찰자는 알 필요가 없다는 것이다. 이 사람은 경매에 대한 이해도가 아주 낮은 초보자라고 보면 된다.

먼저 민사집행법을 이해하기 위해서는 우선 민사집행법의 대원칙을 알아야 한다. 원래 민사집행법은 사법(私法)적 집행이므로 1차적으로 '채권자를 위하여' 존재한다. 그러나 한편 낙찰자 역시 종국적으로 사법적 집행에 관여하는 사람이기 때문에 민사집행법에는 2차적으로 '낙찰자(매수인)'를 보호하기 위한 규정도 존재한다. 이와 같은 관점에서 민집법은 채권자와 낙찰자를 위하여 존재하는 법이기도 하지만, 한편으로는 다른 이해관계인과도 관계되므로 채권자와 낙찰자가 지켜야 할 일정한 원칙도 있다. 이것이 바로 민사집행법의 대원칙이라는 것인데, 채권자와 관련해서는 '잉여주의 원칙'이 있고, 낙찰자와 관련해서는 '인수주의 또는 말소주의 원칙'이 있다.

첫째로, '잉여주의 원칙'이란 채권자가 경매신청을 하는 것은 권리이자 자유이지만, 경매신청으로 인하여 채권자 자신에게 남을 가망이 있어야만 경매를 신청할 수 있다는 원칙이다. 경매가 신청되면 집행법원은 물론 집행관, 감정평가사, 채무자, 낙찰자 등 무수한 이해관계인들이 관여하게 되므로 채권자 자신에게 배당금액이 전혀 돌아오지 않는, 즉 남을 가망이 없는 경매신청은 사회경제적으로 불이익이므로 이를 허용하지 않는다는 원칙이다(민집법 제91조 제1항, 동 제102조). 민사집행도 사회경제적 원리에 어긋나는 것은 의미가 없기 때문이다. 잉여주의에 반하면 원칙적으로 법원은 경매신청 채권자에게 잉여가 있을 만큼의 금액으로(자기보다 빠른 권리자들의 채권과 경매비용을 변제하고도 자신에게 남을 만큼의 금액으로) 채권자 스스로 낙찰받을 것을 통지하고, 채권자가 낙찰을 받지 않을 경우에는 직권으로 경매신청을 취소한다(민집법 제91조 1항, 제102조).

그러나 민사집행법의 규정과 달리 실무상으로는 설사 무잉여 가능성이 있더라도 매각절차를 진행하는 경우도 있다. 왜냐하면 무잉여는 주로 2순위 이하의 채권자가 경매를 신청하여 발생하는 것이므로 1순위 채권자가 매각절차 진행 중에라도 경매신청을 하면 중복경매가 되어 남을 가망이 없는 경매가 해소될 수도 있기 때문이다. 한편 집행법원이 바로 직권 취소를 하지 않고 매각기일에 최고가매수신청인이 지정된 후 7일 뒤 매각허부결정기일에 '매각불허가결정'을 내리기도 한다. 물론 실무적으로 무잉여 경매임에도 불구하고 이해관계인의 이의가 없는 경우에는 '직권 취소도 매각불허가결정도 하지 않고' 낙찰자에게 매각허가결정을 하는 경우도 있다. 이런 경우에는 물론 법원의 결정이 민사집행법상으로는 문제가 있지만, 다른 이해관계인의 이의가 없는 한 낙찰자는 횡재(橫在)를 하는 것이다. 낙찰자 입장에서는 만약에 불허가결정이 나면 입찰보증금은 돌려받을 수 있으니, 행여나 법원이 무잉여경매임에도 불구하고 낙찰허가결정을 하는 요행을 바라보는 것도 손해날 것은 없다.

둘째로, '인수주의 원칙'이란 말소기준권리보다 순위가 빠른 권리 또는 대항력을 먼저 갖춘 권리는 낙찰자가 인수하여야 한다는 원칙이다. 그리고 말소기준권리보다 늦은 권리는 원칙적으로 모두 말소된다는 것이 '말소주의 원칙'이다. 여기서 말소주의 원칙에도 불구하고 예외로 말소되지 않는 권리가 있다. 유치권, 법지권, 소유권이전청구권 보전가처분 등이 바로 이러한 권리이다. 말소주의 원칙에도 불구하고 말소되지 않는 권리는 그 권리의 '실체법상의 특성' 때문에 일어나는 현상이다. 그래서 실체법인 민법은 경매의 시작이자 끝이라고 하는 것이다. 이러한 권리들은 초보자들에게는 껄끄러운 권리이지만 고수들에게는 엄청난 수익을 안겨주는 효자임은 물론이다.

[25] 임의경매와 강제경매는 어떻게 다르며, 낙찰자가 구별할 필요가 있는가?

앞에서 우리는 경매의 종류를 실무를 중심으로 살펴보면서 임의경매와 강제경매는 뒤에서 보기로 한 적이 있다. 그 이유는 임의경매와 강제경매는 보전처분, 집행권원 등과 관련하여 민사집행을 이해하여야 하므로, 여기서 보전처분, 집행권원과 관련하여 별도로 자세히 보고자 한 것이다.

임의경매와 강제경매는 경매의 종류에 관한 민사집행법의 대표적인 분류이다. 임의경매는 채권자가 채무자에게 금전을 빌려주면서 채무자가 채무를 변제하지 않을 것을 대비하여 근저당권을 설정한 경우에 신청하는 경매이다. 민사집행법상의 임의경매는 실체법인 민법이 이미 예정하고 있는 것이다. 즉, 민법적인 시각에서 바라보면, 채권자와 채무자는 금전소비대차 시에 계약자유의 원칙에 따라서 채무자가 대여금을 변제하지 않을 경우에는 경매를 신청해도 좋다는 약속(계약)이 당사자 사이에 이미 되어 있는 경우이다. 따라서 임의경매를 신청할 수 있는 담보권은 실체법상 '우선변제권'이 인정될 뿐만 아니라 강제경매와 달리 '집행권원 없이도 경매를 신청'할 수 있으며, 채무자가 파산한 경우에도 '별제권(별도의 변제권)이 인정'된다.

이에 비하여 강제경매는 채권자가 채무자와 사전에 담보권 설정에 대한 계약 없이 단순히 금전소비대차로 돈을 빌려주었다가 채무자가 채무변제를 하지 않는 경우에 사후적으로 판결 등의 집행권원을 확보하여 경매를 신청하는 것을 강제경매라고 한다. 이와 같이 강제경매는 금전소비대차 계약 이외에 담보권 설정을 사전에 별도로 예정하지 않았기 때문에 별도의 집행권원이 있어야 경매신청을 할 수 있을 뿐 아니라, 판결 등 집행권원을 확보하는 동안에 채무자가 부동산을 타인에게 처분할 수도 있기 때문에, 채권자는 집행권원을 확보하기 전에 가압류·가처분 등의 보전처분을 하는 것이다.

더더욱이 주의할 점은 가압류·가처분과 판결문 등의 집행권원은 그들 사이에 원칙적으로 우선권 없이 '평등의 원칙'이 적용되며, 채무자가 파산할 시에도 파산법상 별제권이 인정되지 않으므로 보전처분과 판결문 등 집행권원은 파산재단에서는 쓸모없는 종이쪽지에 불과하게 된다. 따라서 금융기관은 대출 시에 채무자가 대출금을 변제하지 않을 경우를 대비하여 담보권 확보에 사활을 거는 것이다. 담보권 없이는 임의경매를 신청하지 못하고 판결 등 집행권원을 확보하여 강제경매를 신청하여야 하기 때문이다.

그러나 한편 '낙찰자의 관점'에서 보면 임의경매와 강제경매 자체는 부동산 경매에서 굳이 구별할 필요는 없다. 왜냐하면 임의경매는 민집법에 임의경매에 관하여 특별한 규정이 있는 경우 이외에는 강제경매를 준용하고, 민집법에 규정이 없으면 민사소송법을 준용할 뿐이므로 낙찰자는 양자를 특별히 구별할 필요가 없기 때문이다. 물론 임의경매에 관한 특별한 규정을 별도로 공부하여 임의경매와 강제경매를 명확하게 구별하는 것도 좋기는 하지만 그렇게까지 하지 않아도 경매 공부에서 큰 문제가 없기 때문에 독자들의 공부량을 줄여드리는 차원에서 드리는 말씀이다.

앞에서 우리는 강제경매에서 그 전제로 가압류, 가처분에 대하여 잠시 언급을 하였다. 가압류, 가처분은 경매 사건에서 상당히 많이 등장한다. 하지만 이들은 민사집행법상 보전처분일 뿐 실체법상의 권리가 아니다. 하지만 보전처분인 가압류와 가처분에 의하여 보전되는 권리를 '피보전권리'라고 하는데, 이 피보전권리가 무엇이냐에 따라서 권리분석에 영향을 미치므로, 이에 대하여 자세히 살펴보고자 한다.

가압류는 피보전권리가 '금전(돈)이 목적인 권리', 즉 실무상 물품대금, 공사대금, 보증금, 구상금, 부당이득금, 손해배상금, 약정금, 합의금, 정산금, 청산금, 추심금, 전부금, 매매대금, 계약금, 위약금, 어음금, 수표금 등을 목적으로 하는 권리를 보전하기 위한 것이다. 간단히 말해서 가압류는 돈이 목적인 권리를 보전하기 위한 보전처분이다. 앞에서 나열한 실무상의 용어에도 모두 ~금(金)이라고 금(金)자가 붙어 있지 않은가?

이에 대하여 가처분은 피보전권리가 돈이 목적이 아닌 '즉, 특정물, 일정한 행위, 권리 등 비금전채권을 목적으로 하는 보전처분', 즉 매매, 교환, 취득시효, 명의신탁, 명의신탁 해지, 진정명의회복 등을 원인으로 하는 소유권이전등기청구권, 근저당권설정청구권, 전세권설정청구권, 등기말소청구권, 인도(명도)청구권, 철거청구권 등을 목적으로 하는 권리를 보전하기 위한 것이다.

결론적으로 가압류와 가처분의 민사집행(경매)상의 특징 내지는 차이점은 가압류는 '피보전권리가 돈이 목적인 보전처분'이고, 피보전권리는 '평등배당이 원칙'이다.[74] 가처분은 피보

---

74) 가압류가 평등배당이라는 것은 어디까지나 원칙일 뿐임을 주의해야 한다. 예외적으로 피보전권리가 우선권을 가진 권리에 대한 가압류는 우선권이 있다. 예컨대 소액보증금과 임금채권 중 최근 3개월 치의 월급, 최근 3년 치의 퇴직금, 재해보상금에 대한 가압류는 우선변제가 인정된다. 세간에는 가압류는 채권이고, 따라서 우선권이 없다고 단언하는 사람이 많은데, 민사집행법상 가압류에 대한 심각한 오해로서 주의를 요한다.

전권리가 특정물이나 특정의 행위 또는 권리를 목적으로 하는 보전처분이며, 민사집행법상 배당은 없다. 하지만 가처분에 따라서는 본등기 시에 순위 보전의 효력이 있음을 특히 주의해야 한다. 소유권이전등기청구권에 의한 처분금지가처분이 그 대표적인 예이다.

이와 같이 가압류와 가처분은 채권자가 경매신청을 준비하는 동안 채무자가 그의 재산을 타에 처분하지 못하도록 하기 위한 강제경매 신청을 위한 전제 작업의 일환으로 행해진다. 이러한 보전처분에도 불구하고 채무자가 채무를 변제하지 않으면 채권자는 이제 본안법원에서 판결 등 집행권원을 확보하여 강제경매를 신청할 수 있다. 이제 우리는 이러한 강제경매 신청을 위하여 필요한 집행권원에 대하여 간단히 보기로 한다.

집행권원의 대표주자는 역시 ①'판결'이다. 판결에는 '가집행 판결과 확정판결'이 있다. 금전채권에 가집행이 붙은 판결은 비록 피고가 제1심에 불복하여 항소를 하더라도 원고는 가집행 선고에 따라서 강제경매신청을 할 수 있다는 장점이 있다. 이렇게 되면 채무자는 항소심에서 위축되지 않을 수 없고, 원고가 가집행한 사실을 만약 항소심이 알게 되면 항소심 역시 원고 승으로 고착될 가능성이 그만큼 높아진다. 재판도 역시 인간이 하는 것이기 때문이다.

다음으로 집행권원이 되는 것은 ②'지급명령과 이행권고결정'이 있다. 지급명령신청은 물론 금전채권에만 인정되며, 이행권고결정은 3,000만원 이하의 소액사건으로서 지급명령이 신청된 경우에 재판부에서 채무자에게 이행을 권고할 수 있고, 채무자가 이에 응하면 그것으로 재판은 종결되며, 이때 작성된 이행권고결정문이 강제집행을 할 수 있는 집행권원이 된다. 또한 이행권고 없이 지급명령이 발령되어 채무자가 이에 대하여 불복없이 확정되면 그 지급명령결정이 집행권원이 됨은 물론이다.

그 외에도 ③조정(조정조서가 집행권원임), ④강제조정(조정에 갈음하는 결정조서가 집행권원임), ⑤화해(화해조서가 집행권원임), ⑥화해권고결정(화해권고결정문이 집행권원임), ⑦제소전화해(제소전화해조서가 집행권원임), ⑧소송비용액확정결정(동 결정문이 집행권원임), ⑨공정증서(집행증서)도 집행권원이 된다.

공정증서는 강제집행을 위해서 '본안소송도 보전처분도 필요 없다'는 강력한 장점이 있다. 공증에는 약속어음공증, 금전소비대차공증, 채무공증 등이 있다. 이처럼 과거에는 공증은 금전채권에 관하여만 인정되고 인도 공증은 인정되지 아니하여, 실무상 명도 집행은 '제소전화해조서'제도를 주로 이용해 왔다. 그러나 최근에 와서 명도 집행도 '인도 공증'이 가능해졌다. 다만 계약 종료 6개월 전에만 가능하다는 점이 약점이다.

[26] 낙찰을 받으면 집행법원이 낙찰자 명의로 소유권이전등기를 해준다?

우리는 앞에서 소유권을 포함한 모든 권리는 한번 발생하면 영원히 존재하는 것이 아니라 그 모습이 변화하고 종국에는 소멸된다는 사실을 알았다. 이것을 권리의 발생, 변경, 소멸이라고 하는데, 한마디로 표현하면 '권리의 변동'이다. 이 중에서 경매는 부동산의 매매이고, 매수인인 낙찰자는 전 소유자로부터 소유권을 '승계취득'한 것이며, 소유권이 전 소유자로부터 변경된 것이므로 소유권의 변동(권리의 변동, 물권의 변동)이다. 이와 같은 경매에 의한 물권(권리)의 변동은 계약과 같은 법률행위에 의한 물권의 변동이 아니라(법률행위에 의한 권리의 변동은 당사자가 공동으로 등기를 신청해야 함) 법률(민집법)의 규정에 의한 물권변동이다(민법 제187조, 민집법 제135조, 같은 법 제268조). 따라서 매각대금을 납부하면 바로 낙찰자는 소유권을 취득한다. 법리적으로나 조문상으로는 집행법원이 낙찰자 명의로 소유권이전등기를 등기소에 촉탁 하여야 하지만, 경매 실무는 낙찰자가 소유권이전등기 촉탁서를 집행법원에 제출하도록 하고 있다.

낙찰자가 부동산을 낙찰받고, 그 소유권이전등기를 촉탁하기 위해서 촉탁서를 집행법원(등기소 또는 등기과가 아니다)에 제출해야 하는데, 이때 낙찰자가 촉탁서를 작성하여 집행법원에 제출하면 되지만 스스로 할 줄 모르면 법무사 등에게 의뢰할 수밖에 없고, 비용이 발생함은 물론이다. 아래의 양식에 따라서 작성하면 된다. 등록세, 대법원 수입증지, 주택채권매입 등은 법원 구내 은행에서 납부하면 된다. 그런데 서식의 첨부서류에서 보듯이 '말소사항을 기재한 목록'을 집행법원에 제출하여야 한다. 그것은 인수되는 권리와 말소되는 권리에 대한 것으로서 우리가 바로 지금까지 또는 앞으로 공부하였거나 하게 될 권리분석의 내용이다.

여기서 권리분석 차원에서 '인수되는 권리'를 나열해 보면, 배당요구 하지 않은 최선순위 전세권, 전액 배당받지 못한 선순위 임차인, 최선순위 소유권이전청구권보전가등기, 최선순위 가처분, 대항력 있는 유치권, 최선순위 지상권, 법지권 등이다. 또한 '말소되는 권리'를 나열해 보면, 근저당권, 가압류, 압류, 경매신청등기(경매개시결정등기, 경매기입등기), 후순위 전세권, '배당요구한' 선순위 전세권, 후순위 임차인, 전액 배당받은 선순위 임차인, 담보가등기, 후순위 순위보전가등기, 후순위 가처분, 대항력 없는 유치권, 후순위 지상권 등이다.

부동산 소유권이전등기 촉탁신청서

사건번호   타경   부동산강제(임의)경매
채권자
채무자(소유자)
매수인

위 사건에 관하여 매수인 OOO은(는) 귀원으로부터 매각허가결정을 받고 20 년 월 일 대금전액을 완납하였으므로 별지목록기재 부동산에 대하여 소유권이전 및 말소등기를 촉탁하여 주시기 바랍니다.

첨부서류

1. 부동산목록 4통
1. 부동산등기부등본 1통
1. 토지대장등본 1통
1. 건축물대장등본 1통
1. 주민등록등본 1통
1. 등록세 영수증(이전, 말소) 각 1통
1. 대법원수입증지(이전 15,000원, 말소 토지 건물 각각 1건당 3,000원)
1. 말소할 사항(말소할 각 등기를 특정할 수 있도록 접수일자와 접수번호 기재) 4통
1. 주택채권 (발행번호..........) 1통

20 년   월   일

신청인(매수인)   (인)
연락처(☎)
지방법원   귀중

낙찰을 받을 때마다 느끼는 것이지만, 권리자가 수익이 많은 부동산을 낙찰받고 촉탁등기

를 신청할 때 지워지는 권리가 많을 경우에 느끼는 희열도 대단하다. 이러한 희열은 경험해 본 사람만이 안다. 여러분들도 하루빨리 낙찰을 받아서 그 희열을 맛보기 바란다. 위 서식은 낙찰 후 집행법원에 제출하는 부동산 소유권이전등기 촉탁신청서 서식이다. 낙찰 후 촉탁등기 시에 활용하기 바란다.

[27] 인도명령과 명도소송을 잘 활용하는 것도 경매에서 매우 중요하다.

인도명령 신청이 민사집행법에 들어오기 전에는 경매에서 명도가 가장 어려운 것 중의 하나였다. 그러나 2002년 인도명령 신청이 허용되면서 경매는 대중화의 길을 걷게 된 셈이다. 물론 과거에는 경매개시결정에서부터 낙찰 시까지 경매기록 전체를 열람할 수 있었다. 그러나 민사집행법이 민사소송법에서 분리되면서 전체 기록이 아니라 매각물건명세서, 현황조사서, 감정평가서만, 그것도 매 매각기일 1주일 동안만 열람할 수 있도록 제도가 후퇴하였다. 그러나 한편 인도명령 신청이 허용됨으로써 경매의 대중화가 급물살을 타게 되었다. 낙찰자라면 소유권이전등기 촉탁 신청과 인도명령 신청은 필수적으로 할 수 있어야 한다. 그런 맥락에서 여기서 인도명령 신청에 관하여 언급하고자 한다. 아래는 대금납부증명원과 부동산인도명령신청서이다.

매 각 대 금 완 납 증 명 원

수입인지
500원

사 건   타경   호

채 권 자
채 무 자
소 유 자
매 수 인

　위 사건의 별지목록기재 부동산을 금　　　원에 낙찰받아　．．．에 그 대금전액을 납부하였음을 증명하여 주시기 바랍니다.

　　　　　　　　　　　년　　　○월　　　○일
　　　　　　　　　　매수인　　　　　　　　(인)

　　　　　　　　　　　　　　　　연락처(☎)

　　　　　　　　　　　　　　　지방법원　　　　　　　귀중

☞유의사항
1) 매각부동산 목록을 첨부합니다.
2) 2부를 작성합니다(원본에 500원 인지를 붙임).

부동산인도명령신청서

| 수입인지 1,000원 |

사건번호 : 2024타경000 부동산강제(임의)경매

신 청 인 : ○ ○ ○   (주소)

피신청인 : ○ ○ ○   (주소)

신 청 취 지

피신청인은 신청인에게 별지 목록 기재 부동산을 인도하라는 재판을 구합니다.

신 청 이 유

위 사건에 관하여 신청인(매수인)은 2024. . . 매각대금을 낸 후 피신청인(□채무자, □소유자, □부동산 점유자)에게 별지 기재 부동산의 인도를 청구하였으나 피신청인이 이에 불응하고 있으므로, 민사집행법 제136조 제1항의 규정에 따른 인도명령을 신청합니다.

20 . . .

신청인(매수인)   (서명 또는 날인)   (전화번호 :   )

○○지방법원 (○○지원) 귀중

※ 유의사항
1. 매수인은 매각대금을 낸 뒤 6개월 이내에 채무자·소유자 또는 부동산 점유자에 대하여 부동산을 매수인에게 인도할 것을 법원에 신청할 수 있습니다.
2. 괄호안 네모(□)에는 피신청인이 해당하는 부분을 모두 표시(☑)하시기 바랍니다(예를 들어 피신청인이 채무자 겸 소유자인 경우에는 "☑채무자, ☑소유자, □부동산 점유자"로 표시하시기 바랍니다).
3. 당사자(신청인+피신청인) 수×3회분의 송달료를 납부하시고, 송달료 납부서(법원제출용)를 제출하시기 바랍니다.

별지 부동산의 표시 제출 요

부동산을 매수한 자는 경매법원에 매각대금을 완납하면 소유권을 취득한다(민법 제187조, 민집법 제135조, 같은 법 제268조). 그러나 매수인이 매각대금을 납부할 무렵에 그 경매부동산을 점유하고 있는 자가 순순히 그리고 임의로 매수인에게 부동산을 인도하지 않는 경우에는 점유자로부터 경매부동산을 강제적으로 반환받는 법적 방법이 필요하다.

매수부동산을 강제적으로 반환받는 방법에는 소유권에 기한 명도소송에 의하여도 가능하지만, 명도소송은 시간과 비용이 많이 들고 절차가 복잡하다. 따라서 매수인이 매수 부동산을 쉽고 간이하게 인도받을 수 있도록 '민사집행의 연장선'에서 마련한 제도가 '인도명령신청'이다. 매수인이 대금을 완납한 뒤 6월 이내에 법원에 인도명령을 신청하면, 법원은 채무자, 소유자 또는 점유자에 대하여 부동산을 매수인에게 인도하라는 인도명령을 명할 수 있다(민집법 제136조 1항).

여기서 낙찰 후 민사집행의 일환으로 '대금납부 후에 인정되는 인도명령'과 개념상 구별해야 하는 것이 있다. 즉, 압류권자나 최고가매수신고인이 '경매개시결정 후 매각허가결정 전'에 하는 '부동산침해방지명령' 또는 압류권자 또는 매수인이 매각허가결정 후 대금납부 전에 하는 '부동산관리명령'과는 구별하여야 한다(민집법 제83조, 규칙 제44조, 민집법 제136조 2항 각 참조).[75] 즉, 후 2자는 민사집행법상 '보전처분'으로서 '인도명령'과는 다른 제도이다.

민사집행의 일환으로 인정되는 인도명령은 '즉시항고로서만' 불복할 수 있는 재판(민집법 제136조 5항)이므로 '집행권원'에 해당한다(민집법 제56조 1호). 다시 말해서 민사집행의 일환으로 인정되는 인도명령은 보전처분이 아니라 집행권원에 해당하는 일종의 재판이다. 따라서 법원의 인도명령이 내려지고도 점유자가 매각부동산을 스스로 인도하지 않으면 매수인은 집행관에게 위임하여 인도 집행을 하면 된다(민집법 제258조 1항 참조). 이 경우 집행문은 필요 없다는 설[76]도 있으나 집행문을 요구하는 것이 실무이다. 집행문을 발급받아서 집행신청서에 첨부해야 한다.

신청권자는 매각대금을 지급한 '매수인(낙찰자)과 매수인의 지위를 모두 승계한 일반승계인'이다. 매수인은 소유권이전등기 여부를 불문하고 인도명령을 신청할 수 있다. 매각대금을 지급하면 등기를 하지 않아도 소유자이기 때문에 소유권이전등기를 하지 않고도 인도명령을 신청할 수 있다(민법 제187조, 민집법 제135조, 같은 법 제268조). 상속이나 법인의 합병과

---

75) 민사집행법상 '보전처분과 인도명령'을 비교하면 다음과 같다. 참고하기 바란다.

신청권자/신청시기	부동산침해방지명령 (경매개시결정 후 매각허가결정 전)	부동산관리명령 (매각허가결정 후 대금납부 전)	부동산인도명령 (대금납부 후 부동산 인도 전 6월 이내)
압류채권자	금지명령·작위명령, 집행관보관명령 (법 제83조, 규칙 제44조)	관리명령 (법 제136조 2항)	
최고가매수신고인	금지명령·작위명령, 집행관보관명령 (법 제83조, 규칙 제44조)		
매수인		관리명령 (법 제136조 2항)	인도명령 (법 제136조 1항)

76) 민일영, 주택·상가건물의 경매와 임대차, 박영사, 412쪽

같이 매수인의 지위를 일괄 승계하는 일반승계가 아닌 특정물에 대한 승계와 같은 특정승계인은 인도명령을 신청할 수 없다.

공유물매각에서 '과반수에 달하지 아니한 지분매수인'은 인도명령 신청이 인정되지 않는다는 것을 주의해야 한다. 예컨대 甲, 乙 두 사람의 공유물(지분 각 2분의 1) 중 甲의 지분이 경매되었다면, 그 일부 지분을 매수한 매수인은 그 지분이 과반수에 달하지 아니하여 목적물의 임차인에 대하여 인도명령을 구하지 못한다. 요즈음 세간에서 뜨고 있는 지분경매 실무에서 입찰 참여자는 이 점을 주의해야 한다.

인도명령 신청의 상대방은 '채무자, 소유자, 점유자'이다. 채무자나 소유자가 낙찰자에게 대항할 수 있는 권원을 가지는 경우(실체법상 점유권원이 존재하는 경우), 예컨대 토지가 매각되어 채무자 소유의 건물에 법지권이 성립되는 경우에는 인도명령의 대상이 아니다. 법지권이라는 권원 때문이다. 점유자는 압류의 효력이 발생한 후에는 물론, 압류의 효력이 발생하기 전의 점유자도 상대방이다.

점유자가 '낙찰자에게 대항할 수 있는 권원'에 의하여 점유하고 있는 경우에도 인도명령 신청이 인정되지 않는다. 이에 해당하는 것에는 '낙찰자에게 인수되는 권리'와 '매각 후 낙찰자와의 사이에 새로이 성립한 점유권원'이 있다. 전자의 예로는 저당권 등 말소기준권리에 우선하는 용익권(임차권, 지상권)과 유치권이 있고, 후자의 예로는 법지권, 낙찰 후 낙찰자가 새로 계약한 임차권 등이 있다.

한편 경매부동산에 유치권이 있는 경우에는 주의를 요한다. 즉, 경매개시결정등기(압류) 전에 점유한 유치권만이 낙찰자에게 대항할 수 있고, 경매개시결정등기(압류) 후의 유치권은 낙찰자에게 대항할 수 없어서 인도명령의 대상이 된다.

그러나 가압류 후의 유치권과 체납처분(공매) 압류 후의 유치권은 경매개시결정등기(압류) 후의 유치권이라 하더라도 낙찰자에게 대항할 수 있다는 것이 판례이다.[77] 판례에 따르면 결론적으로 매수인(낙찰자)은 이들 가압류와 체납처분 후의 유치권자에게 인도명령 신청을 할 수 없다. 판례는 가압류와 체납처분(공매)은 반드시 경매 또는 공매로 이어지는 것이 아니라는 이유로 가압류 후의 유치권과 체납처분(공매) 압류 후의 유치권은 낙찰자에게 대항할 수

---

[77] 대법원 2011. 11. 24. 선고 2009다19246 판결, 대법원 2014. 3. 20. 선고 2009다60336 전원합의체 판결, 대법원 2009. 1. 15. 선고 2008다70763 판결

있다. 결국 판례의 논리에 의하면 가압류와 체납처분(공매)은 처분금지효가 인정되지 않는다는 이상한 결과로 귀착된다. 판례의 논리는 문제가 있다. 아무튼 이때의 유치권은 진성유치권을 말하고 가짜 유치권은 인도명령 신청의 대상이 됨은 물론이다.

인도명령의 재판은 변론을 열 수도 있다. 따라서 인도명령은 항고로 불복할 수 있는 재판이다. 인도명령 각하 또는 기각결정이 있으면 매수인은 항고로 불복할 수 있다. 인도명령은 특별한 사정이 없는 한 법원은 '신청일로부터 3일 내'에 발하여야 한다(재민 91-5). 인도명령 결정은 집행권원에 해당하므로 집행을 하려면 집행문과 송달증명도 필요하다. 승계가 된 경우에는 승계집행문도 필요하다.

상대방이 인도명령에 따르지 아니하면 '부동산인도청구의 집행(민집법 제258조)을 준용'하여 집행관에게 위임하여 집행관을 통하여 강제적으로 인도집행을 할 수 있다(민집법 제136조 6항). 인도명령의 '재판'에 대하여 '상대방'은 '즉시항고'로 불복할 수 있고(민집법 제135조 5항), 인도명령의 '집행'에 문제가 있다면 '상대방'은 집행 자체의 위법으로 보아 '집행에 관한 이의(민집법 제16조)'로써 불복할 수 있다.

한편 모든 경매사건에 인도명령 신청이 인정되는 것이 아니다. 인도명령의 요건이 맞지 않을 경우에는 낙찰자는 '명도소송'을 제기하여야 한다. 명도소송 제기 방법은 민사소송법에 의한다. 소장을 작성하고, 인지 및 송달료를 납부하고, 재판관할(재판적)에 따라 관할법원에 소장을 접수함으로써 소송이 시작된다. 기타 자세한 것은 네이버 카페 "평택부동산경매학원"을 참고하기 바란다. 인도명령 등 민사집행에 관하여 더 자세한 것은 김태건 저, 실전 부동산경매실무, 도서출판 애플북, 제3판(2023. 7.)을 참고하기 바란다.

[28] 공매 공부는 경매와 별도로 하여야 하는가?

공매에 관하여는 세간의 학원 등에서 경매와 별도로 강의를 하고 있는 곳이 있다. 그러나 공매는 몇 가지 점을 제외하고는 경매와 똑같기 때문에 공매 공부를 별도로 할 필요는 전혀 없다. 공매에 나오는 물건의 양은 경매에 나오는 물건의 양의 10% 내외에 불과하므로, 더욱 공매를 중심으로 공부를 하는 것은 비효율적이다. 여기서는 경매 공부의 일환으로 공매에 관하여 그 차이점을 중심으로 설명을 한다. 공매에 관하여 관심이 있는 분들은 결국 이 책에서 설명하는 차이점만 알아도 경매 공부를 함으로써 충분히 공매까지 해결된다.

공매는 헌법상의 권력이 견제와 균형을 위하여 입법, 사법, 행정으로 분리된 3권분립과 관계가 있다. 따라서 사법(私法)상의 권리가 실현되지 않으면 국가의 질서유지를 위하여 사적 집행 또는 자력 구제를 금지하고 '국가 집행의 원칙'에 따라서 사법(司法)기관이 사법(私法)적 집행 절차로 민사집행이 인정되는 것과는 달리, 세금징수 또는 공법상의 금전채권 집행과 같이 행정법상의 금전채권이 실현되지 않을 경우에는 행정기관이 스스로 공매 절차를 통하여 채권을 회수하는 것이다. 과거에는 국세청이나 지자체가 직접 공매를 하기도 하였지만, 현재는 자산관리공사(캠코)가 의뢰받아서 공매를 대행하고 있다.

일반적인 공매 절차는 우선 국세청이나 지자체가 캠코에 공매 대행을 의뢰하면, 캠코는 공매 가능 여부 등의 권리분석을 하고, 체납자 등의 이해관계인에게 공매 대행을 통지한 후, 현황조사, 감정평가, 공매공고 등기를 하고(과거에는 공매공고 등기를 하지 않았음), 배분요구 종기를 공고하고 공매를 실시한다.

공매는 경매와는 달리 압류만 할 뿐 공매결정등기는 하지 않는다. 공매를 위하여 국세청과 지자체 등의 행정기관이 하는 공법상의 체납처분 압류는 사인이 법원을 통하여 하는 민사집행법상의 압류와는 달리 금액에 관한 등기도 표시되지 않음은 물론, 압류등기 '이후'에 발생한 체납세액도 별도의 새로운 압류등기 없이도 압류의 효력이 미친다. 즉, 소유자 변동 시까지 압류금액이 자동으로 확장된다(국세징수법 제47조, 국세기본법 제35조 각 참조).[78] 사인은 금액변동등기를 해야 하는 것과 비교하여 형평성에 문제가 있다는 생각이 들지 않는가? 물론 이와 같은 국세기본법과 국세징수법의 법리는 독일 히틀러 시대의 특별권력에 입각한 법리임은 두말할 필요가 없다. 또한 공매는 매각절차와 달리 비민주적이고 아직도 절차가 불완전하다. 그리고 공매는 기일입찰이 아니라 인터넷상의 캠코 사이트에서 '기간입찰'을 하고 있으며, 공매기일은 '1주일마다 진행'하고, 매 기일 '10%씩 저감'한다. 여기서 경매와 공매의 결정적인 차이점을 설명하겠다. 이것만 알면 경매의 권리분석, 물건분석, 수익분석이 그대로 공매에 적용되므로 공매에 관하여 별도의 공부를 할 필요가 없다.

경매와의 차이점은 우선 공매에는 ①공매결정등기, ②인도명령, ③상계제도가 없다. ①과

---

[78] 대법원 2004. 11. 12. 선고 2003두6115 판결 [공매대금배분처분취소], 대법원 2012. 7. 26. 선고 2010다50625 판결 [지분소유권이전등기말소], 대법원 2012. 5. 10. 선고 2011다44160 판결 [배당이의], 대법원 2023. 10. 12. 선고 2018다294162 판결 [배당이의]

③은 제도적 미흡이라고 생각되며, ③상계제도의 경우 민사집행에서는 채권자가 낙찰을 받은 경우 자신의 채권금액과 매각대금을 같은 금액에서 상계를 할 수 있고, 나아가 그 차액만 지급할 것을 신청할 수 있다. 그러나 공매는 상계가 인정되지 않는다. ②는 민사소송법상 일종의 재판이기 때문에 캠코는 행정기관으로서 권력 분립의 원칙상 재판을 할 수가 없기 때문이다. 따라서 배분이의가 있을 경우 경매와 같이 '임차인을 상대로' 배당이의소송을 할 수 없고, '캠코를 상대로' 법원에 배분취소소송이라는 행정소송을 제기하여야 한다. 캠코는 행정기관이므로 재판을 할 수 없기 때문에 법원에 행정소송을 제기하여야 한다. 또한 가장(假裝) 임차인의 경우 가장 임차인을 상대로 민사로 '임대차부존재확인소송' 등을 제기하여야 한다.

배분요구의 종기, 공매공고등기 등은 경매와 같고, 가압류 등 일반채권자에게도 경매처럼 배분을 한다. 과거 공매 절차가 제대로 정착되지 않아서 가압류권자에게는 배분(배당)을 하지 않았던 시절도 있었다. 참으로 기막힌 이야기가 아닐 수 없다. 물론 공매 절차는 아직도 미흡한 점이 많다. 좀 더 나아가 민사집행(경매)과 체납처분(공매)의 법리를 비교해 보자. 이러한 비교를 통하여 경매와 공매가 중복하여 절차가 진행되는 경우 낙찰자는 어떻게 행동해야 할 것인가가 분명해진다.

경매와 공매는 법적으로 별개의 절차이다. 물론 법적 근거도 다르다. 전자는 민사집행법에 의하여, 후자는 국세기본법과 국세징수법, 지방세기본법과 지방세징수법이 각 그 근거법이다. 상호관계를 조정하는 법률도 물론 아직 없다. 따라서 양자는 '상호 불간섭주의'에 입각하고 있다. 그래서 경매와 공매가 동시 진행 시 먼저 종료되는 절차가 우선한다. 이와 같이 양 절차는 서로 별개이므로 이에 따른 확인도 낙찰자가 하여야 하고, 그 효과로 인한 손실도 낙찰자가 입을 수밖에 없다. 만약 경매에서 배당요구를 하고 공매에서 배분요구를 하지 않은 임차인이 있는 경우, 공매가 먼저 종료되면 이 임차인은 한 푼도 못 받을 수 있다.

다음은 경매에서 채권자가 낙찰을 받은 경우 '채권상계신청서' 및 '차액지급신고서'이다. 활용하면 좋다.

채권상계신청서

사건번호   타경   호
채 권 자
채 무 자

위 사건에 관하여 매수인이 납부할 매각대금을 민사집행법 제143조 제2항에 의하여 매수인이 채권자로서 배당받을 금액을 한도로 상계하여 주시기 바랍니다.

○○○○년   ○월   ○일

매수인 겸 채권자   (인)

연락처(☎)

지방법원   귀중

○○지방법원

차액지급신고서

허	부

사   건   20○○타경○○○○ 부동산임의(강제)경매
채 권 자   ○○○
채 무 자   ○○○
소 유 자   ○○○

매수인은, 위 사건 부동산의 채권자(근저당권자)인바, 민사집행법 제143조 제2항의 규정에 따라 매수인이 <u>배당기일에 실제로 배당받을 수 있는 금액을 제외한 나머지 매각대금을 배당기일에 낼 것을 신고</u>합니다. 만일, 매수인이 배당받아야 할 금액에 대하여 이의가 제기된 때에는 매수인은 배당기일에 이에 해당하는 금액을 내겠습니다.

20○○.   ○○.   ○○.

신고인(매수인) ○○○ (날인 또는 서명)

전화번호 :

○○지방법원 귀중

※주의: 차액지급의 의사는 매각결정기일이 끝날 때까지 법원에 신고되어야 하므로(민집 143조 2항), 그 이후에 된 차액지급의 신고는 부적법합니다.

위에서 설명한 경매와 공매의 같은점과 차이점을 아래에서 학원의 교재를 그림으로 정리하였다. 참고하기 바란다.

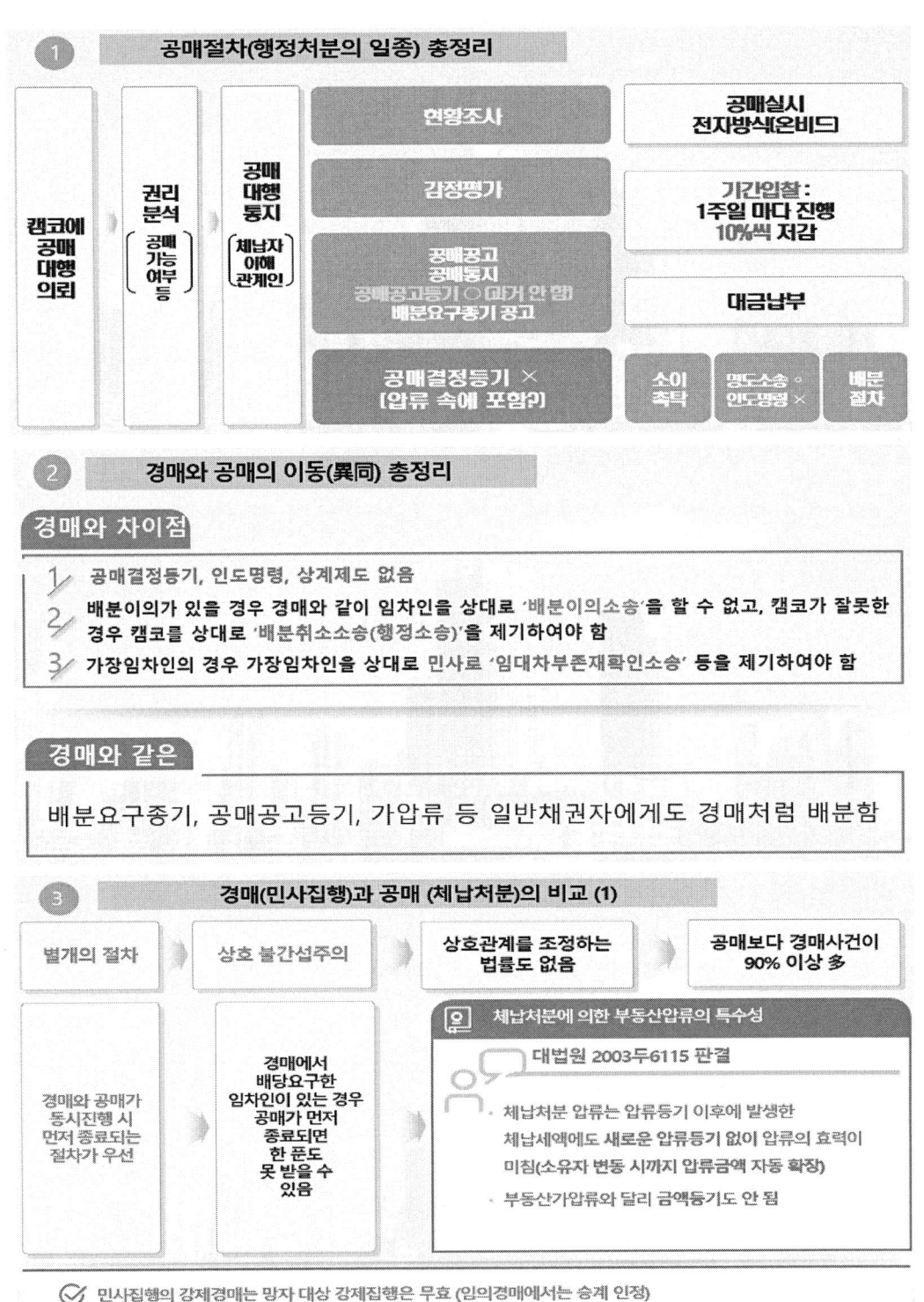

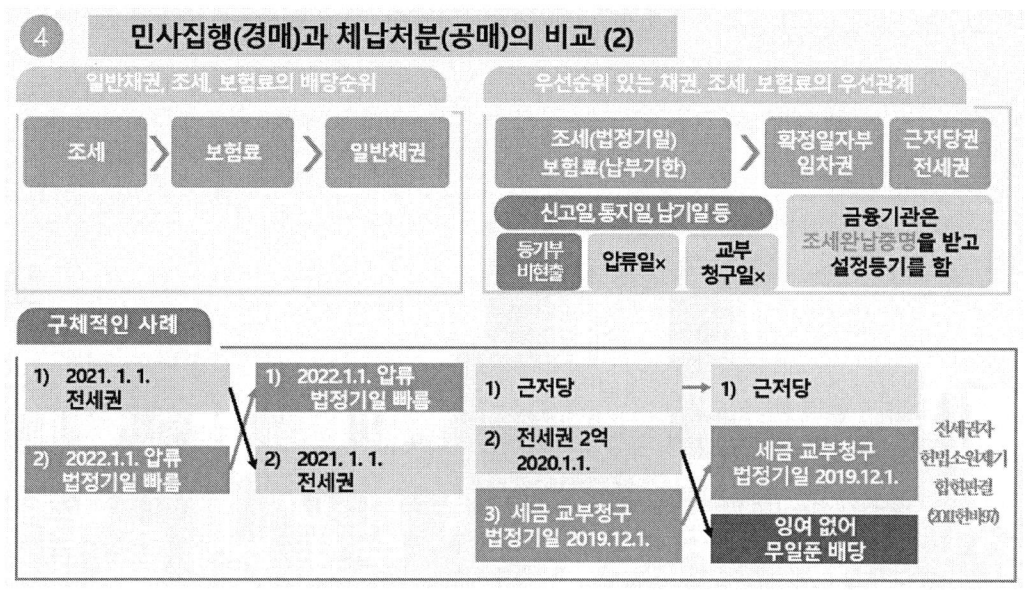

[29] 입찰 시 주의사항, 입찰작업 순서, 입찰 전 체크 사항

경매 입찰 시 주의사항이 있다. 이를 저자는 입찰시 주의사항 5계명이라고 부른다. 첫째, 현장 분위기 매몰 주의, 입찰장에서 실수 주의이다. 경매가 과열되면 입찰장에 사람이 꽉 들어찬다. 그러면 모두가 자신이 입찰하고자 하는 물건에 참여하는 것으로 착각하고 입찰 당일 즉흥적으로 입찰가를 올리는 경우가 있다. 현장 분위기에 매몰되어서는 안 된다. 또한 입찰장에서 신청서를 작성하는 경우에는 당일 입찰 시간에 늦게 도착하면 실수를 할 수도 있으니, 입찰 전에 집에서 작성해서 가던지 당일 시간에 쫓겨 실수하는 것을 주의해야 한다. 둘째, 감정가를 맹신하는 것은 금물이다. 감정가는 부동산 경기에 따라서 호황기에 평가를 하였는지 불황기에 평가를 하였는지에 따라서 평가금액이 다를 수 있고, 기일 변경신청 또는 경매신청에 대한 이의신청 등 당해 사건의 진행 정도에 따라서 평가금액이 다를 수 있다. 사전에 입찰 물건의 시세를 잘 파악하여 감정가를 현시세로 착각하는 일이 없도록 하여야 한다. 특히 아파트와 같이 고가에 낙찰되는 종목에 입찰하는 경우에 특히 주의해야 한다. 셋째, 입찰 전 현장 확인은 필수이다. 모든 것은 현장에 증거와 사실적 현황이 존재한다. 옥션의 내용만 믿고 입찰해서는 안 된다. 넷째, 권리분석, 물건분석, 수익분석(배당표 작성 포함)을 철저히 하여야 한다. 이점은 다언을 요하지 않는다. 다섯째, 명도 등 부대비용을 고려하여 낙찰가를 산정하여야 한다. 경매 물건은 넘쳐나니 낙찰가 산정은 경매 현장 분위기에 쏠리지 않고 소신껏 해야 한다. 그렇다고 경매에 2등은 없으니, 2등보다 근소한 차이로 1등을 하려는 부질없는 쾌감은 추구하지 말기 바란다.

다음은 입찰 시 작업순서이다. 첫째, 사설정보지 또는 대법원 경매정보 사이트에서 경매물건의 현황파악과 권리분석을 하여 1차적으로 '투자대상 물건을 선정'한다. 이때 옥션의 권리분석을 맹신하는 것은 금물이다. 둘째, 법원자료(매각물건명세서, 현황조사보고서, 감정평가서)를 확인한다. 법원 자료는 자주 내용이 바뀌기도 한다. 이러한 자료들의 하자, 모순, 불완전 등은 매각결정기일 또는 매각확정기일에 이의신청 또는 즉시항고 등의 결정적인 증거 또는 근거가 될 수 있다. 셋째, 투자대상물건과 인근 현황조사 및 시세를 파악한다. 시세는 늘 급매물을 기준으로 파악하는 것이 좋다. 넷째, 공부 발급 및 확인 조사를 한다. 등기부등본, 토지대장, 건축물관리대장, 지적도, 토지이용계획확인원, 개별공시지가확인원 등은 늘 변경될 수 있음을 기억하자. 따라서 특히 등기부등본은 입찰기일 아침에 꼭 확인할 필요가 있다. 사건이 취소 또는 변경되는 경우도 있지만, 대위변제 등 말소기준권리의 변동으로 권리관계가 달라질 수도 있기 때문이다. 다섯째, 구체적이고 치밀한 분석(권리분석, 명도분석, 물건분석, 수익분석)과 배당표 작성을 해야 한다. 특히 다가구 꼬마빌딩 등 임차인이 많은 수익성 부동산은 반드시 배당표를 엄격하게 작성해 봐야 한다. 그래야만 가성비 높은 투자금액 확정이 가능해지고, 정확한 수익분석은 물론 인수자·인수금액·명도 대상자·낙찰금액 등이 구체적이고 효율적으로 판단할 수 있다. 여섯째, 시세 파악과 인근 경매 사례를 전제로 입찰가격을 결정한 후 입찰에 참여한다.

다음은 각 종목별 입찰 전 체크 사항을 살펴본다. 이 단원의 내용은 충분조건이 아닌 필요조건이므로 여기에 제시한 것은 참고로 하고, 구체적인 사건에서 각각의 사정에 따라서 구체적으로 판단하기를 권한다. 먼저, 각 종목의 공통된 체크 사항으로는 입찰 당일 입찰하고자 하는 물건의 등기부를 반드시 확인하고, 매각 부동산이 변경, 취하, 취소 등의 진행 여부를 확인해야 한다. 입찰 물건의 사건번호·물건번호·입찰보증금도 체크한다. 대리입찰 시에 본인의 위임장·인감증명·인감도장 등과 첨부서류를 체크한다. 국토부 실거래가격정보 시스템과 인근 공인중개사사무실을 통한 정확한 시세 파악을 한다.

부동산의 각 종목에 따라서 구체적인 확인 사항이 다르다. 첫째로, 입찰전 주거시설에 대한 확인 사항이다. 체납관리비 유무와 체납상태, 수도·도시가스 요금 연체 여부를 확인한다. 건물의 현 상태와 주변 환경 여건, 인근 대중교통, 학교, 시장, 편의시설, 혐오시설, 저지대 등 수해나 재해에 대한 사전 조사 등을 한다. 둘째로, 업무시설 또는 상업시설은 체납된 관리비 유무와 체납상태, 수도·도시가스 요금 등의 연체 여부는 물론 체납 관리비 유무와 체납 정도를 파악하고, 인근 상권분석과 임대료 수준 및 공실률, 주변 아파트 등 주변 상권의 세대수·인구수와 접근성, 평일과 휴일 및 점심시간과 저녁시간 등 시간대별 유동인구 파악 등의 상권조사·분석이 중요하다. 그리고 업종 파악과 업종에 따른 용도변경 가능 여부, 학원업의 유해업소 입점 제한 문제, 다중이용업소에 해당되는 경우의 소방법 적용과 행위 제한 문제, 각 시설에 따른 주차장 문제와 하수도원인자부담금 문제 등 체크해야 할 점이 많다. 셋째로, 공업시설은 특성상 전기요금, 관리비 등 체납이 많다. 체납금액이 상당히 높은 경우가 많다. 반드시 이를 조사하여야 한다. 그리고 도로 상황과 도로의 폭, 접근성, 출입의 편리성, 공장 마당에 차량의 주정차와 물건 승하차 가능 여부 등이 중요하며, 공장저당법에 따른 매각에 포함된 기계기구의 현존 여부와 상태 파악이 필요하다. 공장저당법이 적용되는 경우 공장에 속한 부동산보다 기계기구 가격이 더 비싼 경우도 왕왕 있음을 주의해야 한다. 토지의 경우는 지목과 지역·지구·구역과 그에 따른 행위 제한, 개발행위와 건축허가, 농지·산지의 전용 문제, 도로 문제, 농취증 문제, 분묘와 분묘기지권 문제, 개발을 전제로 하는 임야의 경우 경사도·수종·수령·임목본수도(입목조사서)·표고분석도 등을 사전에 확인하는 것이 좋다. 지질조사를 통하여 암석 유무도 체크하여야 한다. 암석이 나오면 개발이 난관에 빠질 수도 있기 때문이다.

[30] 특수물권 권리분석 및 입찰 전 체크 사항

특수물권은 많이 유찰되고 수익도 많지만 권리분석이 까다롭고, 체크할 사항 또한 많다. 이에 관하여 간단히 본다. 집합건물에서 아파트 상가, 근린상가의 경우 관리사무소 등을 통하여 관리규약상 동종업종의 영업금지 조항이 있는지 여부를 확인해야 한다. 입찰 자격에서 법인 대표이사가 입찰 시 법인인감증명서가 아닌 법인등기사항증명서로 입찰 자격을 확인한다. 따라서 대표이사 자격을 입증하기 위하여 법인등기사항증명서를 첨부해야 한다. 법정지상권에서 토지만의 경매에서 미등기건물이 존재할 경우, 현장이나 신청채권자 등을 통해 근저당권 설정 당시 건물의 소재 및 동일인 여부 등에 대한 조사를 통하여 법지권 성립 여부와 성립 여부에 따른 대책을 강구해야 한다. 다수의 물건번호가 붙은 사건의 경우, 먼저 낙찰되더라도 동시 배당기일에 따른 경매사건의 장기간 소요로 인하여 건물 명도와 대출 등 사후 계획을 마련하거나 대책을 강구해야 한다. 아파트, 다세대 등 집합건물을 유치권자가 점유한 경우, 점유 사실관계 확인과 대출 가능 여부 및 변호사 선임 등 사후 추가 비용을 확인해야 한다.

대지권 없는 구분건물의 경우(전유부분만 등기된 경우), 시행사 등 이해관계인을 통하여 대지권 취득 가능 여부와 사후 추가 비용을 확인해야 한다. 대지권 미등기의 경우, 시행사 등이 분양대금 회수를 위하여 미납대금과의 동시이행항변권을 행사하는 경우를 대비하여 미납대금 등에 대하여 확인해야 한다. 위반건축물의 경우, 현장과 시군구청 등을 방문하여 이행강제금 부과 여부와 낙찰가 외에 사후에 추가될 원상회복에 따른 비용을 확인해야 한다. 맹지는 현황상 국도 등 공로로 연결되는 공도 또는 사도 유무와 그 도로의 상태와 지속적인 이용가능성 여부를 면밀히 확인해야 한다. 등기부상 말소기준권리보다 먼저 전입신고 또는 사업자등록신청을 한 대항력 있는 임차인이 있는 경우, 신청채권자와 현장을 통하여 탐문조사를 해야 한다.

선순위 전세권자가 임차인의 지위를 겸유하는 경우, 매각물건명세서상으로 임차인의 보증금 인수 여부를 확인해야 한다. 선순위 지상권이 근저당권자와 동일인인 경우, 그 근저당권자가 지상권 말소 동의서를 제출하였는지 여부를 확인해야 한다. 선순위 가등기의 제척기간(10년) 경과 여부와 사전에 등기부상 이해관계인(소유자 등)을 찾아서 가등기 말소 여부를 확인해야 한다. 선순위 가처분 이후 등기부상 이해관계인(소유자 등) 등으로부터 본안소송의 진행 상황 등에 대하여 확인해야 한다. 후순위 가처분도 소유권이전등기청구소송이 제기되어 승소할 경우 낙찰자의 소유권이 상실될 수 있으므로, 본안소송 진행 관계 등을 확인해야 한다.

임금채권은 최우선순위, 우선순위 등이 있으므로 이들을 확인한다. 농지가 타용도로 전환되어 농취증이 발급되지 않는 경우, 반려증만으로 보증금 몰취 여부를 집행법원에 확인하고, 이에 대하여 민사집행법상의 즉시항고 등의 불복제도를 이용할 것인지도 판단해야 한다. 배당요구를 하지 않은 대항력 있는 임차인은 경매와 관계없이 계약기간 동안 계속하여 존속하므로 임대차 기간 만료일을 확인해야 하며, 이를 인수할 것인지 여부를 판단하고, 입찰 참여 금액을 결정해야 한다. 형식상 대항력 있는 임차인이 가족관계에 있는 경우, 신청채권자를 통하여 무상거주확인서 제출 여부를 확인해야 한다.

[31] 입찰표 작성에서의 주의사항

자아~~, 우리는 앞에서 경매의 서론 부분과 경매의 기초지식에 관한 것을 공부하였다. 이제 마지막으로 실제로 경매입찰표 작성에 관한 것을 살펴보고, 제3장부터는 본격적으로 매각절차 속에 숨겨진 투자의 비밀과 고도의 실전 노하우 등을 보고자 한다. 현재의 법원 실무상 민사집행 방법에는 입찰방식과 경매방식이 있다. 입찰방식에는 첫째 '기일입찰'이 있고, 둘째 '기간입찰'이 있으며, 경매방식에는 '호가경매'가 있다.

호가경매는 2002년 민사집행법이 민사소송법에서 분리되기 전에 존재하던 방식인데, 현재는 민사집행법에 규정만 있을 뿐 실무상 이 방식을 사용하는 법원은 전국 어디에도 없다. 호가경매는 과거 한때 경매에 대한 깡패들의 관여에 도움을 주었던 방식이나 지금은 활용되지도 않는 방식이다. 기간입찰은 1개월의 기간을 정하여 그 기간 동안 등기우편으로 기간입찰표를 '집행관(집행법원이 아니다)'에게 보내면, 기간 종료 시점에 개찰기일을 정하여 그 개찰기일에 경매법정에서 기일입찰의 개찰방식과 같은 방식으로 진행한다. 경매사건이 많은 일부 법원에서 사용하고 있다. 통상적인 경매 입찰 방법은 특정 기일을 정하여 입찰기일에 법정에 출석해서 하는 '기일입찰 방식'이다.

기일입찰표 용지는 다음과 같다. 차례대로 기재하면 된다. 다만 주의해야 할 점이 조금 있다. 우선 사건번호와 물건번호를 적어야 하는데, 사건번호는 정확하게 적어야 하며, 물건번호는 경매신청된 여러 개의 부동산 중에서 부동산의 형상, 위치, 가격, 용도 등 일괄매각이 곤란하여 '개별매각'을 하는 것이 매각이 쉽게 되는 등 사회·경제적으로 합리적인 이유가 있을 경우에 집행법원에서 일괄매각이 아닌 각각의 부동산마다 '개별매각'을 진행하면서 '개별 물건마다 각각의 물건번호를 부여한 것'이다. 개별매각의 물건번호는 사건번호의 연속이라고 생각하면 된다. 따라서 개별매각에서 이 물건번호를 빠트리면 무효 처리되므로 주의를 요한다. 결국 물건번호가 다르면 다른 사건이라고 생각하고 입찰표는 물건마다 별도의 입찰용지를 사용해야 한다.

다음으로 입찰자는 본인이 입찰하면 본인의 인적 사항을 기재하면 될 것이고, 대리인이 입찰하면 대리인의 인적 사항을 기재하면 된다. 대리입찰 시에는 본인과의 관계를 입증하기 위하여 본인의 위임장과 인감증명서를 제출하여야 한다. 위임장은 입찰표 뒷면에 있는 양식을 사용하면 된다.

[전산양식 A3360] 기일입찰표(흰색)   용지규격 210mm×297mm(A4용지)

(앞면)

기 일 입 찰 표

지방법원 집행관 귀하   입찰기일 :   년   월   일

| 사건번호 | 타 경 호 | 물건번호 | ※물건번호가 여러개 있는 경우에는 꼭 기재 |

입찰자	본인	성 명	㊞	전화번호	
		주민(사업자)등록번호		법인등록번호	
		주 소			
	대리인	성 명	㊞	본인과의 관계	
		주민등록번호		전화번호	-
		주 소			

입찰가격 | 천억 | 백억 | 십억 | 억 | 천만 | 백만 | 십만 | 만 | 천 | 백 | 십 | 일 | 원

보증금액 | 백억 | 십억 | 억 | 천만 | 백만 | 십만 | 만 | 천 | 백 | 십 | 일 | 원

보증의 제공방법 : ☐ 현금·자기앞수표 ☐ 보증서

보증을 반환 받았습니다.

입찰자   ㊞

주의사항.

1. 입찰표는 물건마다 별도의 용지를 사용하십시오, 다만, 일괄입찰시에는 1매의 용지를 사용하십시오.
2. 한 사건에서 입찰물건이 여러개 있고 그 물건들이 개별적으로 입찰에 부쳐진 경우에는 사건번호외에 물건번호를 기재하십시오.
3. 입찰자가 법인인 경우에는 본인의 성명란에 법인의 명칭과 대표자의 지위 및 성명을, 주민등록란에는 입찰자가 개인인 경우에는 주민등록번호를, 법인인 경우에는 사업자등록번호를 기재하고, 대표자의 자격을 증명하는 서면(법인의 등기사항증명서)을 제출하여야 합니다.
4. 주소는 주민등록상의 주소를, 법인은 등기부상의 본점소재지를 기재하시고, 신분확인상 필요하오니 주민등록증을 꼭 지참하십시오.
5. **입찰가격은 수정할 수 없으므로, 수정을 요하는 때에는 새 용지를 사용하십시오.**
6. 대리인이 입찰하는 때에는 입찰자란에 본인과 대리인의 인적사항 및 본인과의 관계 등을 모두 기재하는 외에 본인의 위임장(입찰표 뒷면을 사용)과 인감증명을 제출하십시오.
7. 위임장, 인감증명 및 자격증명서는 이 입찰표에 첨부하십시오.
8. 일단 제출된 입찰표는 취소, 변경이나 교환이 불가능합니다.
9. 공동으로 입찰하는 경우에는 공동입찰신고서를 입찰표와 함께 제출하되, 입찰표의 본인란에는 "별첨 공동입찰자목록 기재와 같음"이라고 기재한 다음, 입찰표와 공동입찰신고서 사이에는 공동입찰자 전원이 간인 하십시오.
10. 입찰자 본인 또는 대리인 누구나 보증을 반환 받을 수 있습니다.
11. 보증의 제공방법(현금·자기앞수표 또는 보증서)중 하나를 선택하여 ☑표를 기재하십시오.

(뒷면) 위임장

대리인	성명		직업	
	주민등록번호	-	전화번호	
	주소			

위 사람을 대리인으로 정하고 다음 사항을 위임함.
다 음
지방법원 타경 호 부동산

경매사건에 관한 입찰행위 일체

본인 1	성명		직업	
	주민등록번호	-	전화번호	
	주소			
본인 2	성명		직업	
	주민등록번호	-	전화번호	
	주소			
본인 3	성명		직업	
	주민등록번호	-	전화번호	
	주소			

* 본인의 인감 증명서 첨부
* 본인이 법인인 경우에는 주민등록번호란에 사업자등록번호를 기재

지방법원 귀중

입찰자가 법인인 경우에는 사업자등록번호와 법인등록번호를 적고, 대표자의 자격을 증명하는 서면으로 '법인등기사항증명서'를 제출하여야 한다. 이때 법인인감증명서를 제출해서는 아니 된다. 주소는 법인등기부상의 본점 소재지를 기재한다.

그 다음으로는 입찰가격을 적는데, 이때 입찰가격은 세간의 일반거래에서 한글 또는 한자(예컨대 금 삼억원 정 또는 金 參億圓 整)로 기재하는 관례 때문에 경매입찰표에도 한글 또는 한자로 기재하는 경우가 종종 있다. 그러나 경매입찰표에는 '아라비아 숫자로 기재'하여야 한다. 또한 '입찰금액'은 어떤 이유로도 수정을 할 수 없다. 수정하면 무효 처리된다. 분쟁을 사전에 방지하기 위한 특단의 조치이다. 입찰금액을 잘못 쓴 경우에는 별도의 입찰용지를 사용해야 한다.

보증금액은 '입찰금액'의 10%가 아니라 당해 입찰기일의 '최저가격'의 10%를 기재해야 한다. 보증금액은 입찰금액과는 관계없이 유찰이 얼마나 되었든 당해 기일의 '최저가격을 기준'으로 기재한다. 예컨대 만약 A부동산에 대한 경매가 3차 기일인데, 입찰자가 그 기일에 11억에 입찰할 예정(입찰가)이고 그 기일의 최저가가 10억이라면, 자신이 입찰할 '입찰가'의 10%인 1억 1,000만 원이 아니라, 당해 3차 기일 '최저가'의 10%인 1억을 보증금액으로 적는다.

보증제공 방법에는 3가지가 있는데, 이 중 보증서는 보증보험과 계약을 체결한 '지급위탁보증서'를 말하는데, 이 방식은 민사집행법적으로 환가 등의 절차가 복잡한 단점이 있다. 그리고 '자기앞수표'는 수표법상으로는 원래 지급제시기간이 발행일로부터 10일이다. 그러나 경매에서는 집행관이 자기앞수표를 현금화할 시간이 필요하므로 '발행일로부터 5일이 지나지 않은 수표'를 사용해야 한다. 입찰기일 2-3일 전에 발행한 자기앞수표를 사용하는 것이 좋다.

[전산양식 A3392] 기간입찰표(연두색) 용지규격210mm×297mm(A4용지)

(앞면) 기 간 입 찰 표																				
지방법원 집행관 귀하				매각(개찰)기일 :										년 월 일						
사건번호		타 경 호						물건번호		※물건번호가 여러개 있는 경우에는 꼭 기재										
입찰자	본인	성 명							전화번호										
		주민(사업자)등록번호							법인등록번호										
		주소																		
	대리인	성 명							본인과의 관계										
		주민등록번호							전화번호									-	
		주소																		
입찰가격	천억	백억	십억	억	천만	백만	십만	만	천	백	십	일	원	보증금액	백억	십억	억	천만	백만	십만	만	천	백	십	일	원
보증의 제공방법				□ 입금증명서 □ 보증서					보증을 반환 받았습니다.반환 받았습니다. 입찰자													

주의사항.

1. 입찰표는 물건마다 별도의 용지를 사용하십시오. 다만, 일괄입찰시에는 1매의 용지를 사용하십시오.

2. 한 사건에서 입찰물건이 여러 개 있고 그 물건들이 개별적으로 입찰에 부쳐진 경우에는 사건번호외에 물건번호를 기재하십시오.

3. 입찰자가 법인인 경우에는 본인의 성명란에 법인의 명칭과 대표자의 지위 및 성명을, 주민등록란에는 입찰자가 개인인 경우에는 주민등록번호를, 법인인 경우에는 사업자등록번호를 기재하고, 대표자의 자격을 증명하는 서면(법인의 등기사항증명서)을 제출하여야 합니다.

4. 주소는 주민등록상의 주소를, 법인은 등기기록상의 본점소재지를 기재하시고, 신분확인상 필요하오니 주민등록등본이나 법인등기사항전부증명서를 동봉하십시오.

5. <u>입찰가격은 수정할 수 없으므로, 수정을 요하는 때에는 새 용지를 사용하십시오.</u>

6. 대리인이 입찰하는 때에는 입찰자란에 본인과 대리인의 인적사항 및 본인과의 관계 등을 모두 기재하는 외에 <u>본인의 위임장(입찰표 뒷면을 사용)</u>과 인감증명을 제출하십시오.

7. 위임장, 인감증명 및 자격증명서는 이 입찰표에 첨부하십시오.

8. 입찰함에 투입된 후에는 입찰표의 취소, 변경이나 교환이 불가능합니다.

9. 공동으로 입찰하는 경우에는 공동입찰신고서를 입찰표와 함께 제출하되, 입찰표의 본인란에는 "별첨 공동입찰자목록 기재와 같음"이라고 기재한 다음, 입찰표와 공동입찰신고서 사이에는 공동입찰자 전원이 간인하십시오.

10. 입찰자 본인 또는 대리인 누구나 보증을 반환받을 수 있습니다(입금증명서에 의한 보증은 예금계좌로 반환됩니다).

11. 보증의 제공방법(입금증명서 또는 보증서)중 하나를 선택하여 ☑표를 기재 하십시오.

위 입찰표는 기간입찰표이다. 기간입찰표는 기일입찰표와 대체로 같다. 다만 기간 입찰표에는 보증제공의 방법이 '지급위탁보증서와 입금증명서만' 인정된다. 기일입찰과 달리 '현금은 물론 자기앞수표'도 허용되지 않는다. 기간입찰에서는 우편제도를 이용하므로 현금과 자기앞수표는 도난 또는 첨부 여부에 대한 분쟁을 사전에 방지하기 위한 것이다. 입찰 참여자는 은행에 입찰보증금을 납부하거나 보증보험회사와 지급위탁보증을 체결하고 '보증서 또는 입금증명서'를 발급받아서 그것을 작은 흰 봉투에 넣고, 다시 입찰표와 흰 봉투를 노란색 대 봉투에 넣어서 직접 제출 또는 등기우편으로 집행관에게 보내면 된다. 주로 입금증명서를 제출하는 방법으로 한다.

(뒷면)

위 임 장

대리인	성 명		직업	
	주민등록번호	—	전화번호	
	주 소			

위 사람을 대리인으로 정하고 다음 사항을 위임함.

다 음

지방법원   타경   호 부동산 경매사건에 관한 입찰행위 일체

본인 1	성 명	(인감인)	직 업	
	주민등록번호	—	전 화 번 호	
	주 소			
본인 2	성 명	(인감인)	직 업	
	주민등록번호	—	전 화 번 호	
	주 소			
본인 3	성 명	(인감인)	직 업	
	주민등록번호	—	전 화 번 호	
	주 소			

* 본인의 인감 증명서 첨부
* 본인이 법인인 경우에는 주민등록번호란에 사업자등록번호를 기재

지방법원 귀중

[제7-1호서식]

입금증명서(기간입찰용)
【입찰자 기재란】

사건번호		매각기일	
성명·날인	(인)		

법원보관금 영수필통지서(법원제출용) 첨부 장소

이 곳에 법원보관금 영수필통지서를 붙여 주십시요.

[확인란]

환급금 종류	□ 집행관 □ 사건담임자			출납공무원	
	환급사유	환급통지일	기명·날인	환급지시일	기명·날인
기간입찰 환급금	미낙찰, 취하, 취소, 미입찰 기타( )	200 . . .	(인)	200 . . .	(인)

한편 기일입찰이든 기간입찰이든 공동입찰의 경우에는 아래의 공동입찰신고서와 공동입찰자목록을 제출하여야 한다. 이때 공동입찰자 각자의 지분을 표시하고 공동입찰자 전원이 간인을 하여야 한다.

[전산양식 A3364]

공 동 입 찰 신 고 서

법원 집행관 　 귀하

사건번호　　　20　타경　　　호
물건번호
공동입찰자　별지 목록과 같음

위 사건에 관하여 공동입찰을 신고합니다.

20　년　월　일

신청인　　　　외　　인(별지목록 기재와 같음)

※ 1. 공동입찰을 하는 때에는 입찰표에 각자의 지분을 분명하게 표시하여야 합니다.
　 2. 별지 공동입찰자 목록과 사이에 공동입찰자 전원이 간인하십시오.

용지규격 210mm×297mm(A4용지)

[전산양식 A3365]

공 동 입 찰 자 목 록

번호	성 명	주 소		지분
		주민등록번호	전화번호	
	(인)			
		−		
	(인)			
		−		
	(인)			
		−		
	(인)			
		−		
	(인)			
		−		
	(인)			
		−		
	(인)			
		−		
	(인)			
		−		
	(인)			
		−		
	(인)			
		−		

용지규격 210mm×297mm(A4용지)

제3장
매각절차 속에 숨겨진 투자의 비밀

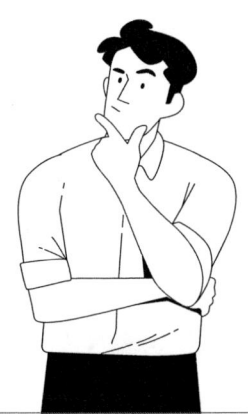

제3장
매각절차 속에 숨겨진 투자의 비밀

[32] 배당요구는 왜 알아야 하나?

채권자가 채무자에게 금전을 빌려주고 그 대여금을 받지 못한 경우에 사법적(私法的)으로 민사집행, 즉 경매신청을 할 수 있음은 누구나 아는 사실이다. 이러한 사법적 집행 방법에는, 첫째로 미리 담보권을 설정한 경우의 담보권 실행방법으로서의 '임의경매', 둘째로 집행권원을 얻어서 집행하는 '강제경매', 그리고 세 번째가 바로 다른 사람이 신청한 임의경매 또는 강제경매에 '배당요구'를 하는 방법이다. 이러한 사법적 집행방법에 관한 첫 번째와 두 번째 방법인 임의경매와 강제경매 및 집행권원에 관하여는 앞에서 이미 자세히 보았다. 여기서는 세 번째 사유인 배당요구의 정체를 밝혀보기로 한다. 또한 입찰참여자가 배당요구를 왜 알아야 하는지를 자세히 보고자 한다.

일반적으로 세간에는 배당요구를 해야 한다고만 알고 있을 뿐이지, 배당요구를 왜 해야 하는지, 모든 채권자가 배당요구를 해야 하는지, 당연배당권자는 누구인지, 배당요구의 요건과 자격 제한은 무엇인지, 배당요구의 종기와 그 법적 의미는 무엇인지, 배당요구는 입찰참여자 또는 낙찰자에게는 어떤 의미를 가지며, 입찰참여자 또는 낙찰자는 배당요구를 왜 알아야 하며, 배당요구가 권리분석 및 명도와는 어떤 관계가 있는지 등 민사집행법적으로 많은 의미를 가지고 있음을 알지 못하는 것 같다. 그러나 경매란 민사집행을 통한 부동산 매매이다. 따라서 이제 배당요구의 구조와 입찰참여자 또는 낙찰자에게 미치는 영향을 이해할 필요가 있다.

배당요구란 우선 '다른 사람이 신청한 경매사건에 편승하는 종된 행위'라는 사실을 기억하자. 즉, 임의경매나 강제경매와 같이 채권자가 스스로 경매신청을 하지 않고 다른 채권자가 신청한 경매사건에 편승하는 종된 행위이다. 따라서 민사집행법은 특별한 경우, 즉 당연배당권자를 제외하고는 모든 종된 채권자는 배당요구를 하여야만 배당을 받을 수 있도록 하고 있다. 심지어는 동일한 부동산에 신청되었던 전 사건이 취하되었다가 바로 다시 경매신청이 되어, 그사이 아무런 권리의 변화가 없었다고 하더라도 전 사건에서 배당요구를 했던 채권자도 다시 또 배당요구를 해야 한다. 또한 국가나 지자체가 부과한 벌금, 과료, 과태료, 추징금, 기타 공법상의 금전채권일지라도 배당요구를 하지 않으면 배당을 받지 못한다. 한편 배당요구는 권리신고와는 다르다. 집행법원에 권리신고를 하면 이해관계인이 되지만(민집법 제90조 4호), 권리신고를 한 것만으로는 배당을 받지 못하며, 별도로 배당요구를 하여야 한다. 뒤에서 배당요구신청서, 권리신고 및 배당요구신청서 양식(재민 97-6)을 동시에 실어 둔다. 활용하기 바란다.

그러면 모든 권리자가 배당요구를 하지 않으면 배당을 받을 수 없는가? 그렇지는 않다. 배당요구를 하지 않아도 당연히 배당을 받을 수 있는 이른바 '당연배당권자'가 있다(민집법 제148조). 배당요구를 하지 않아도 민사집행법상 당연히 배당을 받는 '당연배당권자'에는 ①배종기일 전 이중경매신청자, ②첫 경매개시결정등기 전 가압류권자, ③첫 경매개시결정등기 전 등기된 우선변제권자가 있다. 이들은 배당요구를 하지 않아도 법원이 배당을 해야 하는 이른바 '당연배당권자'이다(민집법 제148조). 이들은 당사자가 굳이 배당요구를 하지 않아도 경매개시결정등기 전에 등기부상에 등기를 한 자들이므로, 경매개시결정등기 시에 이미 집행법원이 등기부상으로 채권자임을 알 수 있기 때문이다. 그러나 배당요구는 임의 또는 강제경매신청과는 달리 '다른 채권자가 신청한 경매사건에 편승하는 종된 행위'이기 때문에 집행법원에 경매개시 당시에 등기부상으로 명백한 자(즉, 당연배당권자)를 제외하고는 모든 채권자는 배당요구를 하여야 배당을 받을 수 있다.

당연배당권자인지 여부와 관련하여 '도시정비사업상의 부동산'에 관하여 유의할 사항이 있다. 도시정비사업이 시행된 지역에 있는 토지와 건물이 경매에 나온 경우, 대지 또는 건축물을 분양받은 자에게 소유권이 이전되면, '종전의' 토지 또는 건축물에 설정된 지상권·전세권·저당권·임차권·가등기담보권·가압류 등 등기된 권리 및 주임법상의 대항요건을 갖춘 임차권은 '새로 소유권을 이전받은 대지 또는 건축물 위에 설정'된 것으로 본다(도시 및 주거환경정비법 제87조 1항). 따라서 경매로 나온 새로 공급된 토지와 건물의 등기부에 종전 부동산에 관한 부담내용이 이기(移記)되지 아니하였더라도 이른바 '법률의 규정에 의하여 물권변동'이 일어난 것으로 보아야 하므로(민법 제187조 참조), 종전 부동산의 등기부상 지상권·전세권·저당권·임차권·가등기담보권·가압류 등 등기된 권리 및 주임법상의 대항요건을 갖춘 임차권자도 배당요구를 하지 않아도 당연히 배당을 받을 수 있는 자에 해당하는 것으로 보아야 한다.

한편 배당요구의 필요성과 관련하여 주의해야 할 것이 있다. 첫째, '가등기'는 경매개시결정등기의 압류 전에 설정되었더라도 집행법원에 채권신고를 하여야만 배당을 받을 수 있다(가담법 제16조). 따라서 집행법원은 소유권의 이전에 관한 가등기가 되어 있는 부동산에 대하여 경매개시결정이 있는 경우에는 가등기권리자에게 그것이 담보가등기인지 순위보전가등기인지 여부에 대하여 법원에 신고하도록 적당한 기간을 정하여 최고(催告)를 하고 있다. 이때의 신고는 배당요구와 같다. 둘째, '전세권'은 실체법상 존속기간이 지났는지에 관계없이 '첫 경매개시결정등기 전에 등기를 하였더라도' 배당요구를 하여야만 배당을 받을 수 있다(민집법 제91조 4항 단서 참조). 셋째, 주택과 상가건물에의 '민법에 따른 임차권(민법 제621조)'은 첫 경매개시결정등기 전에 등기된 경우, 위 전세권과 같이 배당요구를 하여야 하는지에 관하여는 긍정설과 부정설이 대립하고 있다. 판례는 경매개시결정등기 전에 임차권등기명령에 의하여 임차권등기를 한 임차인은 배당요구를 하지 않아도 배당을 받을 수 있는 당연배당권자로 본다.[79] 사견으로는 민법에 따른 임차권(민법 제621조)도 첫 경매개시결정등기 전에 등기되었으므로 당연배당권자로 봄이 옳다고 본다. 넷째, 경매개시결정 전에 '체납처분에 의한 압류등기'가 된 경우에도 교부청구[80]의 효력, 즉 배당요구의 효력이 있다. 별도의 교부청구를 하지 않고도 배당을 받는다. 물론 첫 경매개시결정등기 후에 한 체납처분에 의한 압류등기(참가압류도 포함)는 배종기일까지 집행법원에 교부청구를 하지 않으면 국가의 세금이라도 배당을 받을 수 없다.

그렇다면 배당요구의 요건 또는 자격 제한으로 '모든 채권자'가 다른 채권자의 집행행위에 편승할 수 있는가? 그렇지 않다. '배당요구를 할 수 있는 채권자의 자격'에도 제한이 있다. 즉, 차용증을 가지고 있는 것과 같이 채권자라고 하여 모든 채권자가 배당요구를 할 수 있는 것이 아니라 ①집행정본을 가진 채권자, ②경매기입등기 후의 가압류권자, ③법률에 의하여 우선변제권이 있는 자이다. 이와 같이 집행정본이 있다든지, 가압류권자와 같이 경매기입등기 후이더라도 등기부에 기입등기가 되어 있거나, 또는 실체법적으로 우선변제권이 인정되는 자만이 타인의 집행 절차에 편승할 수 있다(민집법 제88조 제1항). 이것이 바로 이른바 배당요구가 필요한 자, 다른 말로 표현하면 배당요구를 할 수 있는 자 또는 배당요구를 해야 하는 자들이다. 물론 배당요구를 할 수 있는 채권은 집행채무자에 대한 채권이고, 이행기가 도래한 채권이어야 함은 당연한 법리이다. 다만 가압류는 변제기한이 도래하지 아니한 채권에 대하여도 인정되므로(민집법 제276조 2항), 이행기가 도래하지 않은 채권으로 부동산 가압류를 한 경우에는 이행기가 도래하지 않은 채권으로 배당을 받는 셈이 된다. 그래서 민사집행법은

---

79) 대법원 2005. 9. 15. 선고 2005다33039 판결 [배당이의]
80) 세법상의 교부청구와 참가압류는 민사집행법상의 배당요구와 동일한 효력이 있다.

가압류권자의 채권은 공탁을 하도록 하고 있다.

위 가압류권자는 단순히 가압류결정만 받은 자는 안되며, '가압류 집행까지' 한 자이여야 한다. 다만 가압류 집행 전에 배당요구를 하였다면 배당요구로서의 효력이 없으나, 가압류 집행을 하면 배당요구의 하자가 치유된다. 물론 이때도 가압류 '집행'이 배종기일 전까지 있어야만 배당요구의 하자가 치유된다. 또한 타인의 채권을 대위변제하거나 공동저당권의 이시배당에서 차순위채권자가 대위하는 경우에도 대위변제자는 배당요구를 할 수 있다(민법 제480조, 민법 제368조 2항 참조). 그러나 대위변제자가 배당요구를 하기 위해서는 '피대위자의 배당요구의 자격' 외에 '변제자대위에 관한 요건(대위변제사실, 임의대위의 경우 피대위자의 승낙)'도 소명하여야 한다.

한편 판례는 우선변제권을 행사할 수 있는 주택임차인으로부터 임차권과 분리하여 '임차보증금반환채권만'을 양수한 채권양수인은 주임법상의 우선변제권을 행사할 수 있는 임차인이 아니므로 '임차보증금 우선채권자의 지위'에서는 배당요구를 할 수 없고, '일반 금전채권자'로서의 요건을 갖추어서 비로소 배당요구를 할 수 있을 뿐이라고 한다. 즉, 주임법상 우선변제권을 가진 임차인으로부터 임차권과 분리하여 임차보증금반환채권만을 양수한 채권양수인은 주임법상의 우선변제권을 행사할 수 있는 임차인에 해당한다고 볼 수 없다.[81] 위 임차보증금반환채권만의 양도와 달리, 주임법상 대항력을 갖춘 임차인이 임대인의 동의를 얻어 임차권을 양도 또는 전대한 경우에는 '양수인'은 원래의 임차인이 가지는 우선변제권을 '직접 행사'할 수 있고, '전차인'은 원래의 임차인이 가지는 우선변제권을 '대위 행사'할 수 있다.[82] 전자(임차권과 분리된 임차권보증금반환채권만의 양도)와 달리, 이 경우에는 양수인과 전차인은 주임법상의 '우선변제자의 지위'에서 배당요구를 할 수 있다.

이러한 배당요구는 아무 때나 할 수 있는 것이 아니라 배당요구를 해야 하는 '시기적인 제한'이 있다. 즉, 경매개시결정에 따른 압류의 효력이 발생한 때[83]부터 '배당요구 종기[84][85])까지' 배당요구를 하여야 한다. 배종기일까지 배당요구를 하지 않으면 설사 실체법상 우선변제청구권이 있는 채권자라 하더라도, 또는 조세채권의 당해세라 하더라도, 심지어는 국가 형벌권인 벌금이나 과태료 등의 공법상의 채권이라 하더라도 역시 배당요구를 하지 않고는 한 푼

---

81) 대법원 2010. 5. 27. 선고 2010다10276 판결 [배당이의]
82) 대법원 2010. 6. 10. 선고 2009다101275 판결 [배당이의], 대법원 2016. 5. 27. 선고 2016다5504 [배당이의]
83) 압류의 효력은 채무자에 대한 경매개시결정 송달과 경매개시결정등기 중 먼저 된 것에 따라 발생한다.
84) 대법원 2014. 1. 16. 선고 2013다62315 판결 [배당이의], 대법원 2022. 7. 14. 선고 2019다271685 판결 [유치권부존재확인]
85) 배당요구 종기는 첫 매각기일 이전으로 법원이 정한 때가 된다(민집법 제84조 1항).

도 받을 수 없다. 왜냐하면 경매는 채권자가 사권(私權)을 실현하기 위한 집행절차이기 때문에 국가라고 하여 우선할 수 없기 때문이다.

같은 이유로 배종기일까지 배당요구를 한 채권자라 하더라도, 채권의 '일부 금액만'을 배당요구를 한 경우, 배종기일 이후에는 배당요구 하지 아니한 채권을 추가 또는 확장하지 못한다.[86] 다만 경매신청서 또는 배종기일 이전에 제출한 배당요구서에 배종기일까지의 '이자 등의 지급을 요구하는 취지가 기재되어 있는 경우'에는 예외이다. 이러한 유효한 배당요구가 있으면 법원은 이해관계인에게 배당요구서 제출 사실을 통지한다. 그러나 이 통지는 단순히 이해관계인이 채권의 존부와 액수에 관하여 다툴 수 있는 기회를 주는 것 뿐이므로, 설사 통지가 누락되었더라도 배당요구 요건을 갖추고 있는 한 곧바로 배당요구의 효력이 발생한다. 한편 중복경매사건에서 배당요구의 효력은 선행 매각절차에서 배당요구를 한 채권자에 대하여는, 후행 매각절차가 진행되는 경우에 다시 배당요구를 하지 않아도 후행 매각절차에서 배당요구를 한 것으로 취급된다는 의미일 뿐이고, 선행 매각절차에서 한 배당요구의 효력이 후행 매각절차에서 인정된다고 하여 그러한 배당요구의 효력에 처분금지효 등 압류의 일반적인 효력이 포함되는 것은 아니다. 또한 배당요구는 압류에 준하는 것으로서(민법 제168조 2호 참조) 시효중단의 효력이 있다. 이렇게 중단된 소멸시효는 '배당표가 확정된 때'에 다시 진행한다.[87]

배당요구 채권자는 자신이 한 배당요구를 자유로이 철회할 수도 있다. 그러나 배당요구에 따라 매수인이 인수하여야 할 부담이 바뀌는 경우에는 배당요구의 종기가 지난 후에는 이를 철회하지 못한다(민집법 제88조 2항) 매수인이 인수하여야 할 부담이 바뀌는 경우에는 인수할 부담이 '새로 생기는 경우'는 물론 인수할 부담이 '증가하는 경우'도 포함된다. 부담이 새로 생기는 경우는 예컨대 최선순위 전세권이나 대항력과 확정일자를 갖춘 임차권이 배당요구를 하여 매수인이 이 권리를 인수할 필요가 없었는데, 채권자가 배당요구를 철회함으로써 매수인이 이 권리들을 새로 인수하게 되는 경우를 들 수 있고, 부담이 증가하는 경우는 예컨대 대항요건을 갖추고 확정일자를 받지 아니한 최선순위 임차인이 배당요구를 한 경우, 임차인은 소액보증금만 배당받고 매수인은 인수할 것이 없는 것으로 예상되었으나, 임차인이 배당요구를 철회함으로서 매수인은 소액보증금을 추가로 인수하게 되는 경우를 들 수 있다.

임차인이 배당요구를 할 때 배당요구의 자격을 소명하는 서면을 첨부하여야 하는데, 그 자

---

86) 대법원 2012. 5. 10. 선고 2011다44160 판결 [배당이의], 대법원 2023. 10. 12. 선고 2018다294162 판결 [배당이의]
87) 대법원 2009. 3. 26. 선고 2008다89880 판결 [양수금], 대법원 2022. 5. 12. 선고 2021다280026 판결 [배당이의]

격 서류에는 주택 또는 상가건물 임대차계약서, 주택은 전입 신고된 주민등록표 등초본, 상가건물은 사업자등록증 또는 사업자등록신청서면을 첨부하면 된다. 주의할 것은 보증금이 변동된 경우에는 '변동 전후 확정일자가 있는 임대차계약서를 모두 제출'하여야 한다. 계약이 변경된 경우 종전의 계약서를 버리고 최근의 계약서만 제출하면 대항력과 우선변제권의 순위가 달라지기 때문이다. 임차권의 대항요건은 점유가 필수적이므로, 목적물의 점유 사실도 집행관의 현황조사서로 소명되지 않는 한, 즉 집행관의 현황조사서에서 누락되거나 점유 사실이 드러나지 않으면 임차인은 '점유 사실도 소명'하여야 하다. 한편 대항력과 우선변제권을 모두 갖춘 임차인이 확정판결 등 집행권원을 갖추어 '스스로 강제경매신청'을 한 경우, 강제경매신청은 우선변제권을 행사한 것으로 볼 수 있고, 또한 강제경매신청 자체가 배당요구로도 볼 수 있으므로 별도의 배당요구를 할 필요가 없다.

임차인이 '법인'인 경우, 법인은 원칙적으로 주민등록을 할 수 없으므로, 주임법의 적용 대상이 아니다. 다만 예외적으로 한국토지주택공사, 지방공기업법의 의하여 설립된 지방공사, 중소기업기본법의 중소기업에 해당하는 법인은 법인이 선정한 입주자 또는 중소기업 직원의 주거임대차에 주임법이 적용된다(주임법 제3조 2항 및 3항). 그러나 이때에도 대항력이 인정되는 법인에 대하여는 우선변제권이 인정될 수 있으나(주임법 제3조의2 제2항, 3조의3 제5항 등), 최우선변제권(소액보증금의 우선변제권)은 인정되지 않는다는 점을 주의해야 한다(주임법 제8조 1항, 2항 참조). 그러나 주택과 달리 상가건물 임대차의 경우에는 법인에게 전면적으로 적용된다. 법인은 원래 상법상 상인이기 때문이다. 나아가 비법인 사단·재단, 그 밖의 법인이 아닌 단체도 사업자등록이 가능한 한 상임법의 적용대상임을 주의해야 한다(법인세법 제111조 및 부가세법 제8조 참조).

경매신청에 하자가 없으면, 법원은 실무상 통상 경매기입등기 후 2~3개월 이내의 기간으로 '배종기일'을 설정한다. 이 기간은 매우 짧은 기간이므로 이해관계인들은 유의해야 한다. 이 기간을 놓치면 배당요구 종기 설정에 대한 하자를 이유로 항고로써 바로잡지 않는 한 법원은 절대 배당요구를 받아 주지 않는다. 경매참여자는 배종기일까지 배당요구 의무자가 배당요구를 하였는지를 반드시 확인하여야 하고, 특히 다가구와 꼬마빌딩과 같이 임차인이 많은 수익성 부동산에 입찰 참여하는 자는 배당표도 작성해 보아야 한다.

물론 법원의 배종기일 설정 기간에 문제점이 없는 것은 아니다. 우선 배종기일이 너무 짧다. 퇴직근로자의 임금 청구와 이사한 임차인의 경우에는 과거에 자신이 다녔거나 또는 과거에 살았던 부동산이 경매에 나온 사실을 아는 데에는 상당한 시간이 걸리기 때문이다. 배종기일 연기신청 제도가 있기는 하나 특별한 사정이 있는 경우에만 신청할 수 있고, 그것도 배당요구 신청을 하면서 연기신청을 해야 한다는 제한이 따름으로 비효율적이다.

그러면 이제 다음의 사례에서 배당요구종기일과 배당요구 사실을 한번 보자.

아무튼 앞에서 본 바와 같이 배당요구는 이른바 '당연배당권자'를 제외하고는 모든 채권자는 배당요구를 하지 않으면 배당을 받지 못한다. 즉, 가압류·압류·근저당·전세권·등기된 임차권·가등기담보 등 경매개시결정등기 후에 등기한 자는 물론, 최우선변제의 소액임차권이나 확정일자부임차권·근로자의 임금채권·조세 기타 공과금채권 등 비록 실체법상 최우선변제권 또는 우선변제권이 있어도 등기되지 않은 채권자는 물론, 심지어는 판결문 등 집행력 있는 정본을 가진 채권자도 역시 배당요구를 해야 한다. 아래에서 보는 바와 같이 배당요구 채권자는 '채권계산서'를, 주택 및 상가 임차인은 '권리신고 및 배당요구신청서'를 집행법원에 제출하여야 한다. 한편 배당요구의 철회는 자유이나, 배당요구로 매수인(낙찰자)에게 부담이 생기는 경우에는 배당요구의 종기 뒤에는 철회할 수 없다(민집법 제88조 2항). 다음은 배당요구와 관련한 서식이다.

배당요구신청서

사건번호

채 권 자

채 무 자

배당요구채권자

　　　　ㅇ시　ㅇ구　ㅇ동　ㅇ번지

배당요구채권

1. 금　　원정

　ㅇㅇ법원 가단(합) ㅇㅇ호 ㅇㅇ청구사건의 집행력 있는 판결정본에 기한 채권 금　원의 변제금

1. 위 원금에 대한 ㅇㅇ년 ㅇ월 ㅇ일 이후 완제일까지 연 ㅇ 푼의 지연손해금

　　　　　　　　　　　　신　청　원　인

　위 채권자 채무자 간의 귀원 타경 ㅇㅇ호 부동산 강제경매 사건에 관하여 채권자는 채무자에 대하여 전기 집행력 있는 정본에 기한 채권을 가지고 있으므로 위 매각대금에 관하여 배당요구를 합니다.

　　　　　　　ㅇㅇㅇㅇ년　　　ㅇ월　　　ㅇ일

　　　　　위 배당요구채권자　　　　　　　(인)

　　　　　연락처(☎)

　　　　　　　　　　　　지방법원　　　　　　귀중

☞유의사항
실체법상 우선변제청구권이 있는 채권자, 집행력 있는 정본을 가진 채권자 및 경매신청의 등기 후 가압류한 채권자는 배당요구종기일까지 배당요구할 수 있으며, 배당요구는 채권의 원인과 수액을 기재한 서면으로 하여야 합니다.

채권계산서

사건번호
채 권 자
채 무 자

위 사건에 관하여 배당요구채권자 ○ ○ ○는 아래와 같이 채권계산서를 제출합니다.

○○○○년   ○월   ○일

채권자(배당요구채권자)   (인)
연락처(☎)

지방법원   귀중

아   래

1. 원금   원정
   (단   년 ○ 월 ○ 일자 대여금)

1. 이자   원정
   (단   년 ○ 월 ○ 일부터   년   ○ 월   ○ 일까지의 연 ○푼의 이율에 의한 이자금)

1. 기타(집행비용 등 필요할 경우 기재)
   합계 금   원정

☞유의사항
1) 집행법원의 제출최고에 의하여 제출하는 채권계산서에는 ①채권의 원금, ②이자, ③비용, ④기타 부대채권을 기재합니다.
2) 인지는 붙이지 않고 1통을 제출합니다.

권리신고 및 배당요구신청서(주택임대차)

사건번호　　타경　　　부동산강제(임의)경매
채 권 자
채 무 자
소 유 자

　임차인은 이 사건 매각절차에서 임차보증금을 변제받기 위하여 아래와 같이 권리신고 및 배당요구신청을 합니다.

아　래

1	임차부분	전부(방　칸), 일부(　층 방　칸) ※ 건물 일부를 임차한 경우 뒷면에 임차부분을 특정한 내부구조도를 그려 주시기 바랍니다.
2	임차보증금	보증금　　　　원에 월세　　　원
3	배당요구금액	□ 보증금과 같음　□ (보증금과 다름)　　　　원 ※ 해당 □에 표시하여 주시고, 배당요구금액이 보증금과 다른 경우에는 다른 금액을 기재하시기 바랍니다.
4	점유(임대차)기간	20 . . .부터 20 . . .까지
5	전입일자 (주민등록전입일)	20 . . .
6	확정일자 유무	유(20 . . .), 무
7	임차권·전세권등기	유(20 . . .), 무
8	계약일	20 . . .
9	계약당사자	임대인(소유자)　　　　임차인
10	입주한 날 (주택인도일)	20 . . .

첨부서류

1. 임대차계약서 사본 1통
2. 주민등록표등·초본(주소변동사항 포함) 1통

　　　　　　　　　　　　20　．　．　．
　　　　　권리신고인 겸 배당요구신청인　　　　(날인 또는 서명)
　　　　　(주소 :　　　　　　　　　　　　　　　　　　　　)
　　　　　(연락처 :　　　　　　　　　　　　　　　　　　　)
　　　　　　　　　　　　　　　　　지방법원　　　　　귀중

※ 임차인은 기명날인에 갈음하여 서명을 하여도 되며, 연락처는 언제든지 연락가능한 전화번호나 휴대전화번호 등(팩스, 이메일 주소 등 포함)을 기재하시기 바랍니다.

권리신고 및 배당요구신청서(상가임대차)

사건번호 　　타경　　　　부동산강제(임의)경매
채 권 자
채 무 자
소 유 자

　임차인은 이 사건 매각절차에서 임차보증금을 변제받기 위하여 아래와 같이 권리신고 및 배당요구신청을 합니다.

아　래

1	임차부분	전부, 일부(　　층 전부), 일부(　　층 중　　㎡) ※ 건물 일부를 임차한 경우 뒷면에 임차부분을 특정한 내부구조도를 그려 주시기 바랍니다.
2	임차보증금	보증금　　　　원에 월세　　　　원
3	배당요구금액	□ 보증금과 같음　　□ (보증금과 다름)　　　　원 ※ 해당 □ 에 표시하여 주시고, 배당요구금액이 보증금과 다른 경우에는 다른 금액을 기재하시기 바랍니다.
4	점유(임대차)기간	20 . . .부터 20 . . .까지
5	사업자등록신청일	20 . . .
6	확정일자 유무	유(20 . . .), 무
7	임차권·전세권등기	유(20 . . .), 무
8	계약일	20 . . .
9	계약당사자	임대인(소유자)　　　　임차인
10	건물의 인도일	20 . . .

첨부서류

1. 임대차계약서 사본 1통
2. 상가건물 임대차 현황서 등본 1통
3. 건물도면의 등본 1통 (건물 일부를 임차한 경우)

　　　　　　　　　　20 . . .
　　　　권리신고인 겸 배당요구신청인　　　　(날인 또는 서명)
　　　　(주소 :　　　　　　　　　　　　　　　　　　)
　　　　(연락처 :　　　　　　　　　　　　　　　　　)
　　　　　　　　　　　　　지방법원　　　　귀중

※ 임차인은 기명날인에 갈음하여 서명을 하여도 되며, 연락처는 언제든지 연락가능한 전화번호나 휴대전화번호 등(팩스, 이메일 주소 등 포함)을 기재하시기 바랍니다.

그러면 입찰참여자 또는 낙찰자는 무엇 때문에 배당을 공부해야 하는가? 채권자의 배당요구 제도와 입찰참여자 또는 낙찰자와는 어떤 관계가 있을까? 실제로 세간의 강의자들이나 유튜버들은 낙찰자는 매각절차를 제외하고는 민사집행법을 몰라도 된다고 하는 자들이 있다. 이 자들은 절차적 권리분석과 경매란 민사집행을 통한 부동산 매매라는 사실을 모르는 아직 초보자들이다. 결코 그렇지 않다. 경매참여자는 배종기일까지 배당요구 의무자가 배당요구를 하였는지를 반드시 확인하여야 한다. 왜냐하면 배당요구를 하지 않은 자는 배당을 받을 수 없기 때문에 낙찰자가 이 채권자를 명도해야 하는 '명도 문제가 발생'하고, 만약에 이 채권자가 임차인이고 대항요건과 확정일자를 갖추고 배당요구를 하였다면 배당재단으로부터 배당을 받을 수도 있다. 그런데 만약 이 임차인이 '말소기준권리 전에 대항요건을 갖추었음에도 불구하고 배당요구를 하지 않았다면' 낙찰자가 이 '임차인의 보증금을 인수'해야 한다.

결국 배당요구 여부에 따라서 '명도 문제'와 '인수 문제'가 달라질 수 있다. 특히 다가구와 꼬마빌딩(통 상가) 등의 임차인이 많은 수익성 부동산의 경우에는 인수, 명도, 수익분석, 낙찰금액 결정 등과 관련하여 반드시 배당표를 작성해 봐야 하는데, 이때 배당요구 여부에 따라서 낙찰자에게 미치는 결과가 달라질 수 있다. 이처럼 배당요구 여부는 명도와 인수에 관련될 뿐 아니라, 다가구와 꼬마빌딩(통 상가)과 같은 특정 종목에서는 배당요구 여부에 따라서 낙찰자의 인수·명도·낙찰금액 결정 등의 권리분석에서부터 수익분석에까지 낙찰자에게 영향을 미치는 사항이 달라질 수 있다. 따라서 민사집행은 채권자와만 관련이 있다고 생각하는 사람은 매우 근시안적 사고를 가진 초보자이다. 결론적으로 낙찰자는 배당요구의 성질과 낙찰자에게 미치는 효과 등을 알고서 입찰에 참여해야 한다.

배당요구의 방식은 이자·비용·그 밖의 부대채권(附帶債權)을 포함한 '채권의 원인과 액수를 적은 서면'으로 하여야 한다. 여기서 이자는 이자율을 표시하면 되고, 비용은 우선변제가 인정되는 집행비용(다음 단원에서 본다)과 우선변제가 인정되지 않지만 매각대금에서 변제받을 수 있는 비용, 예컨대 배당요구를 위하여 지출한 비용, 중복경매신청자의 경매신청비용 등을 말하며, 부대채권은 지연손해배상금이나 소송비용액확정절차를 거친 본안소송비용 등을 말한다. 신청서 양식은 위에서 본 바와 같다. 배당요구는 채권을 가지고 있다고 주장하는 것만으로는 인정되지 않고, 실무상 소명자료를 붙여야 한다. 증명 정도는 아닌 소명이므로 경매를 신청할 때와는 달리 집행력 있는 정본이 아닌 사본을 첨부하여도 된다. 그러나 '집행문 없이 판결문만 붙여서 배당요구를 하는 것'은 적법한 배당요구로 인정하지 않는다는 것을 주의해야 한다. 판례는 지급명령이 확정되어 지급명령 정본 등을 수령하기 전에 '지급명령 신청 접수 증명원만'을 제출하여 미리 한 배당요구는 부적법하다고 하면서, 그 하자가 치유되려면 배종기일까지 '지급명령 정본' 등을 제출하여야 한다고 하고 있다.[88]

또한 임차인이 1차 임대차계약 후 계약갱신을 통하여 2차 임대차계약을 체결한 상태에서 당해 건물이 경매에 나온 경우, 임차인이 배당요구를 하면서 소명자료로 2차 임대차계약서를 첨부하면서 배당요구서의 내용으로 임차보증금, 전입신고일, 주택인도일 등은 모두 1차 임대차계약서의 것을 기재하였고, 배종기일 후에야 비로소 1차 임대차계약서를 법원에 제출한 사안에서, 판례는 "제2차 임대차계약서는 이 사건 제1차 임대차계약서가 갱신되면서 작성된 것으로서 그 기간만이 다를 뿐 당사자, 목적물, 보증금 액수 등 그 대상이 되는 임대차계약은 실질적으로 동일하므로 이 사건 제1차 임대차계약에 의한 대항력과 우선변제권이 그대로 유지되고 있고, 임차인의 주장이 배종기일 후 배당순위의 변동을 초래하여 매수인(낙찰자)이 인수할 부담에 변동을 가져오는 것이 아니므로, 배당요구의 종기 후에 이 사건 제1차 임대차계약서를 제출한 것은 위 주장을 뒷받침할 수 있는 서류를 보완하는 것에 불과하여 허용된다"고 한다.[89]

그러나 상가건물에 근저당권설정등기가 마쳐지기 전 1차 임대차계약을 체결하여 사업자등록을 마치고 확정일자를 받아 계속 갱신해 온 임차인이, 위 건물에 관한 임의매각절차에서, 근저당권설정등기 후 2차 임대차계약을 체결하여 확정일자를 받은 후 2차 임대차계약서에 기한 배당요구를 하였다가, 배종기일 후 1차 임대차계약서에 기한 확정일자를 주장한 사안에서, 이 경우 임차인의 주장은 '배당요구 종기 후 배당순위의 변동을 초래하여 매수인이 인수할 부담에 변동을 가져오는 것'으로서 허용될 수 없다고 한다.[90]

그리고 배당요구는 동일한 부동산이 연속적으로 경매에 나온 경우에도 종전 매각절차에서의 배당요구를 새로운 매각절차에서의 배당요구로 인정하지 않는다. 그러나 중복경매(이중경매)의 경우에는 선행 매각절차가 취하 또는 취소되어 후행 매각절차가 진행되는 경우에는 선행 매각절차에서 한 배당요구의 효력은 후행 매각절차에서도 그 효력이 인정된다(민집법 제87조). 선행 매각절차에서 이루어진 절차 진행의 결과는 후행 매각절차에 유효한 범위에서 그대로 승계되기 때문이다.[91] 그리고 배당요구의 종기는 배종기일까지이다. 배당요구서 제출은 집행법원에 제출하여야 하고, 집행관 사무실에 제출한 것은 효력이 없다.

---

[88] 대법원 2014. 4. 30. 선고 2012다96045 판결 [배당이의], 대법원 2016. 3. 24. 선고 2015다254323 [배당이의]
[89] 대법원 2012. 7. 12. 선고 2010다42990 판결 [배당이의]
[90] 대법원 2014. 4. 30. 선고 2013다58057 판결 [배당이의]
[91] 대법원 2014. 1. 16. 선고 2013다62315 판결 [배당이의], 대법원 2022. 7. 14. 선고 2019다271685 판결 [유치권부존재확인]

한편 국세와 지방세 등의 조세는 행정기관 독자적으로 압류 또는 참가압류를 할 수 있다. 그런데 조세의 경우에도 중복경매에서는 첫 경매개시결정 전에 압류 또는 참가압류를 한 경우에는 당연히 배당요구로서 인정되지만, 첫 경매개시결정 후에 압류 또는 참가압류를 한 경우에는 배당요구의 종기 전에 집행법원에 별도의 배당요구로서 '교부청구 또는 참가압류 통지'를 하여야 한다. 이때 조세채권자의 교부청구 또는 참가압류의 통지는 민사집행법상 배당요구로 보며, 경매개시결정등기 이후에야 체납처분에 의한 압류등기를 한 경우에는 조세채권자인 국가가 경매법원에 배당요구를 하지 않는 이상 경매법원으로서는 위와 같은 조세채권이 존재하는지를 알 수 없기 때문이다.[92]

위와 같이 채권신고와 배당요구의 최고 외에 법원은 각 채권자에 대하여 채권의 원금, 배당기일까지의 이자, 그 밖의 부대채권과 집행비용을 적은 계산서를 1주일 내에 제출하도록 최고를 한다(민집규칙 81조). 이에 따라서 채권자가 이에 응하지 않은 경우의 효과에 관하여 민사집행법 규칙에는 아무런 규정이 없다. 따라서 채권자가 이에 응하지 않은 경우에는 경매신청서에 첨부된 자료 외에 집행력 있는 집행권원의 정본, 등기사항증명서 등 각종 기록에 나타나 있는 자료에 의하여 배당금액을 계산하는 수밖에 없다.

[33] 배당을 받을 채권자는 누구인가?

우리는 앞에서 배당요구의 일반론에 관하여 자세히 보았다. 그리고 '당연배당권자'와 '배당요구를 할 수 있는 채권자'에 관하여도 보았다. 여기서 이제 당연배당권자와 배당요구를 할 수 있는 채권자를 포괄하여 매각절차에서 '배당을 받을 수 있는 채권자'를 판례를 중심으로 좀 더 구체적으로 보고자 한다. 매각절차에서 배당을 받을 수 있는 채권자에는 당연배당권자와 배당요구를 할 수 있는 채권자가 포함된다. 즉, 이 양자에 포함되는 자는 <u>①배종기일까지 경매신청을 한 압류채권자</u>(민집법 제148조 제1호), <u>②배종기일까지 배당요구를 한 채권자</u>(민집법 제148조 제2호), <u>③첫 경매개시결정등기 전에 등기된 가압류채권자</u>(민집법 제148조 제2호), <u>④저당권·전세권·그 밖의 우선변제권으로서 첫 경매개시결정등기 전에 등기되고 매각으로 소멸하는 채권자</u>이다(민집법 제148조 제4호).

---

92) 대법원 2001. 5. 8. 선고 2000다21154 판결 [배당이의]

위 ①의 '배종기일까지 경매신청을 한 압류채권자'는 바로 '중복경매(이중경매)신청자'를 말한다. 배종기일까지 경매신청을 한 압류채권자에는 중복경매가 아닌 일반 경매의 압류채권자도 포함됨은 물론이다. 선행사건의 배종기일까지 중복경매'신청'만 있으면 비록 압류의 '효력'이 배종기일 후에 발생하였다고 할지라도 배당받을 채권자에 해당한다. 따라서 선행사건의 배종기일 후에 중복경매신청이 있으면 선행사건에서는 배당을 받을 수 없다. 물론 중복경매신청이 부적법 각하 등으로 압류의 효력이 발생하지 않는 경우에는 배당을 받을 수 없다. 배당요구의 종기 내지 배종기일은 '첫 매각기일 이전으로 법원이 정한 날'이 된다(민집법 제84조 1항 참조). 그런데 배종기일이 연기되거나(민집법 제84조 6항 참조), 중복경매에서 선행사건의 경매신청이 취하 또는 취소되어 후행사건에 따라 절차를 진행한 결과, 후행사건이 선행사건의 배종기일 이후의 신청이어서 '새로이 배종기일을 정하여야 하는 경우'에는 '가장 뒤의 것'이 배당요구의 종기가 된다.

민사집행법 제148조 제1호의 압류채권자가 배당받을 금액은 배종기일까지 적법하게 청구된 채권의 원금, 이자, 집행비용이다. 압류채권자가 '일부의 채권만'을 청구한 경우에는 강제경매이든 임의경매이든 원칙적으로 추후에 청구금액을 확장하는 것이 허용되지 않는다. 한편 일부의 채권을 제외한 '나머지 금액을 배당받는 방법'은 강제경매와 임의경매가 다르다. 강제경매의 경우에는 배종기일까지 청구채권을 '확장한 채권계산서를 제출하여 배당요구'를 하면 되고, 중복경매신청을 할 필요가 없다. 결국 강제경매의 경우에는 일부의 채권은 '압류채권'으로, 그 나머지 채권은 '배당요구채권'으로 모두 배당을 받을 수 있다. 그러나 임의경매의 경우에는 압류채권자가 '일부의 채권만'을 청구한 경우 채권계산서에 의한 피담보채권을 확장하는 방법으로 나머지 채권을 확장할 수 없고, 배종기일까지 중복경매를 신청하여야 한다.[93] 압류채권자가 채권계산서를 제출하지 않는 경우에는 법원은 경매신청서에 표시된 청구금액과 기록에 첨부된 자료에 의하여 배당을 한다.

위 ②의 '배종기일까지 배당요구를 한 채권자'에는 저당권·근저당권·가등기담보권의 피담보채권과 전세금반환채권이 있다. 이하에서 구체적으로 문제 되는 것을 차례로 본다. 우선 저당권의 우선배당의 범위는 원금, 이자, 위약금, 채무불이행으로 인한 손해배상금(지연손해금), 저당권의 실행비용이다(민법 제360조 본문). 채권최고액을 기준으로 하는 근저당권과는 달리 저당권은 원금과 변제기, 이자의 이율·발생기·지급시기, 위약금은 등기를 하여야 후

---

[93] 대법원 2001. 3. 23. 선고 99다11526 판결 [배당이의], 대법원 2022. 8. 11. 선고 2017다225619 판결 [배당이의]

순위자나 제3취득자 등에게 대항할 수 있다(부동산등기법 제75조). 이자에 관한 등기를 하였지만 이율에 관한 등기가 없으면 민법에 따라서 법정이율인 연 5%(상인의 경우에는 연 6%)의 범위에서만 우선변제를 받을 수 있다. 이자채권은 등기가 된 이상 변제기 내의 것은 매각대금으로부터 무제한 우선배당을 받는다. 그러나 지연손해금(이행기일 후의 지연배상, 채무불이행으로 인한 손해배상)은 원금의 '이행기일을 경과한 후의 1년분에 한하여' 우선변제 받을 수 있음에 주의해야 한다(민법 제360조 단서).

문제는 '저당권'에서 민법 360조 제한범위를 초과한 금액을 누구에게 배당할 것인가이다. 먼저 경매목적부동산에 후순위자(후순위 담보권자, 전세권자, 조세권자 등, 이하 같다)나 일반채권자가 있지만, 이들이 '배당요구를 하지 않은 경우'에는 저당권자는 매각대금으로부터 '초과금액까지도' 배당받을 수 있다.[94] 후순위자와 일반채권자가 배당요구를 하지 않아서 배당을 받을 수 없기 때문이다.

그러나 배당요구를 한 후순위자가 있는 경우에는 선순위저당권자가 민법 제360조 범위 내에서 우선배당하고, 다음으로 후순위자에게 배당하고, 그래도 잔액이 있으면 선순위저당권자의 민법 제360조의 제한 초과 채권액에 배당한다. 한편 경매목적부동산에 저당권 설정 후에 저당부동산의 제3취득자가 있는 경우에는 저당권자는 매각대금으로부터 민법 제360조의 '제한범위 내의 금액'은 배당을 받지만, 제한범위를 '초과하는' 지연손해금은 일반채권이므로 배당받을 수 없고, 그 초과 금액은 제3취득자에게 돌아간다.[95] 제3취득자는 민법 제360조의 제한범위 내의 금액만을 변제하면 저당권의 소멸을 청구할 수 있는 자이기 때문이다.

마지막으로 경매목적부동산에 선순위저당권자, 후순위자, 일반채권자가 있는 경우에는 먼저 선순위저당권자에게 위 제한범위 내에서 우선배당하고, 다음으로 후순위자에게 배당한 후, 그래도 잔액이 있으면 선순위저당권자의 위 '제한범위 초과'채권과 일반채권자의 채권을 동순위로 안분비례배당한다. 선순위저당권자의 제한범위 초과 채권은 일반채권이기 때문이다. 이때 선순위저당권자가 위 '제한범위 초과채권으로' 안분비례배당을 받기 위해서는 '저당권에 기한 경매신청이나 채권계산서를 제출하는 것만'으로는 부족하고, '그 제한범위 초과채권에 관하여' 민사집행법 제88조, 제268조의 규정에 의한 별도의 적법한 배당요구를 하였거나 그 밖에 달리 배당을 받을 수 있는 채권으로서의 필요한 요건을 갖추고 있어야 한다는 점

---

94) 대법원 1992. 5. 12. 선고 90다8855 판결 [청산금반환]
95) 대법원 1971. 5. 15. 자 71마251 결정 [경매개시결정이의기각결정에대한재항고]

을 주의해야 한다.⁹⁶⁾ 끝으로 일반채권자만 있는 경우에는 물론 이들 사이에는 우선순위가 없으므로 안분비례배당한다.

그런데 현재는 실무상 근저당권만이 존재하며, 저당권은 적어도 실무상으로는 존재하지 않는 권리이다. 그렇다면 여기서 저당권에 관하여 왜 공부를 해야 하는지에 관하여 회의가 들지 않는가? 그러나 다음에서 볼 근저당권이 '경매신청'되면 바로 저당권으로 변경되며, 그때는 저당권에 관한 민법 제360조가 적용되기 때문에 저당권에 관한 배당을 알아야 한다.

저당권과는 달리 '근저당권'의 배당에는 원금, 이자, 지연손해금, 위약금을 포함하여 '채권최고액을 한도로' 근저당권의 효력이 미치며, 채권최고액을 초과하는 부분은 일반채권으로서 배당을 받는 것은 별론으로 하고, 우선변제는 받지 못한다. 채권최고액을 초과하는 부분은 일반채권이기 때문이다. 채권최고액은 '담보의 한도액'을 말한다. 따라서 저당권과는 달리 이자, 지연손해금, 위약금 등에 관하여 등기할 필요가 없다. 등기 없이도 '채권최고액의 범위 내'에서 우선변제를 받기 때문이다. 또한 지연손해금은 채권최고액의 한도 내에서 전액이 담보되며, 저당권과 같이 1년분으로 제한되지 않고, 등기 없이도 최고액의 범위 내에서는 우선배당을 받을 수 있다. 실행비용 또는 집행비용은 채권최고액에 포함되지 않지만, 집행비용으로서 근저당권보다 선순위로 배당받는다. 약정이자는 채권최고액의 범위 내이더라도 이자제한법 등의 법령의 제한에 어긋나지 않아야 함은 물론이다.

한편 근저당권에 있어서 채권최고액은 '우선변제권의 한도'이지 '책임의 한도는 아니다'. 따라서 근저당권에서 채권최고액을 초과한 경우에도 적어도 근저당권자와 근저당권설정자(채무자)와의 관계에서는 채권최고액과는 관계없이 근저당권의 효력이 잔존채무에 여전히 미친다.⁹⁷⁾ 그러므로 경매목적 부동산에 더 이상의 배당받을 채권자나 제3취득자가 없는 한 최고액을 초과한 금액을 채무자인 근저당권설정자에게 반환할 것이 아니라 '채권최고액을 초과하는 채무에 배당'하여야 한다.⁹⁸⁾ 채권최고액은 우선변제권의 한도일 뿐이지 책임의 한도는 아니므로, 더 이상의 배당받을 채권자나 제3취득자가 없는 이상 채권최고액을 초과하는 채무도 변제되어야 하기 때문이다

---

96) 대법원 2002. 9. 24. 선고 2002다33069 판결 [배당이의], 대법원 1998. 4. 10. 선고 97다28216 판결 [배당이의]
97) 대법원 2001. 10. 12. 선고 2000다59081 판결 [근저당권설정등기말소], 대법원 2010. 5. 13. 선고 2010다3681 판결 [배당이의]
98) 대법원 2009. 2. 26. 선고 2008다4001 판결 [배당이의]

'공동근저당권의 경우' 공동근저당권자가 저당부동산 중 일부의 배당절차에 참가하여 채권최고액에 해당하는 '전액을' 배당받은 경우, 다른 저당부동산의 담보권 실행을 위한 매각절차에서는 우선변제권을 행사할 수 없다. 따라서 공동근저당권자가 공동담보의 '나머지' 목적부동산에서 행사할 수 있는 우선변제권의 범위는 최초의 채권최고액에서 우선변제 받은 금액을 공제한 '나머지 채권최고액'이다. 이러한 법리는 채권최고액을 넘는 피담보채권이 원금이 아니라 이자·지연손해금인 경우에도 마찬가지이다.[99]

한편 '누적적 근저당권'의 경우에는 위 공동근저당권의 경우와 다르다. 누적적 근저당권이란 하나의 기본계약에서 발생하는 '동일한 채권'을 담보할 목적으로 '여러 개의 부동산'에 근저당권을 설정하면서, 각 근저당권의 채권최고액을 합한 금액을 우선변제 받기 위하여 공동근저당권의 형식이 아닌 '개별 근저당권의 형식'을 취하는 경우를 말한다. 공동근저당권과 달리 담보의 범위가 중첩되지 않으므로, 누적적 근저당권을 설정받은 채권자는 여러 개의 근저당권을 동시에 실행할 수도 있고, 여러 개의 근저당권 중 어느 것을 먼저 실행하여 그 채권최고액의 범위에서 피담보채권의 전부나 일부를 우선변제받은 다음 피담보채권이 소멸할 때까지 나머지 근저당권을 실행하여 그 근저당권의 채권최고액 범위에서 반복하여 우선변제를 받을 수 있다.[100]

근저당권자가 경매신청한 때에는 그 '경매신청 시'에 '근저당권의 피담보채권이 확정 또는 특정'되며, 근저당권이 확정되면 그 이후에 발생하는 원금채권은 그 근저당권에 의하여 담보되지 않는다. 근저당권이 확정되면 '저당권으로 변하여 민법 제360조가 적용'되기 때문이다. 그래서 저자는 실무상으로는 저당권이 존재하지 않지만, 저당권에 관하여 공부를 해야 한다고 앞에서 강조하였던 것이다. 근저당권자가 피담보채권 중 '일부만을' 청구금액으로 경매신청을 한 경우, 그 나머지 부분에 대하여 배당기일까지 청구금액을 확장할 수 있다 하여도, 이는 경매신청 시까지 '이미 발생한' 원금채권 및 그 원금채권에 대한 경매신청 후의 '지연손해금 채권'에 대한 것이고, '경매신청 이후에 발생한 원금채권'은 그 근저당권에 의하여 담보되지 아니한다.[101] 한편 후순위 근저당권자가 경매를 신청한 경우에 '선순위 근저당권'이 확정되

---

99) 대법원 2006. 10. 27. 선고 2005다14502 판결 [배당이의], 대법원 2017. 12. 21. 선고 2013다16992 전원합의체 판결 [부당이득금반환], 대법원 2018. 7. 11. 선고 2017다292756 판결 [배당이의], 대법원 2024. 6. 13. 선고 2020다258893 판결 [부당이득금]
100) 대법원 2020. 4. 9. 선고 2014다51756, 51763 판결 [배당이의·배당이의]
101) 대법원 1988. 10. 11. 선고 87다카545 판결 [부당이득금반환], 대법원 1991. 9. 10. 선고 91다17979 판결 [채무부존재확인등]

는 시기는 그 '근저당권이 소멸하는 시기, 즉 매수인이 매각대금을 완납한 때'이다.[102] 근저당권이 확정되어 저당권이 되었을 때, 물상보증인, 제3취득자, 일반채권자 등과의 우선변제 또는 안분배당의 문제는 앞에서 본 저당권에서 민법 360조 제한범위를 초과한 금액을 누구에게 배당할 것인가와 같다.

저당권 또는 근저당권 등기가 불법 말소되었다고 하더라도 권리가 소멸되는 것이 아니다. 등기는 공신력이 없기 때문이다. 저당권 또는 근저당권자는 배종기일 이후라도 저당권이 불법 말소된 것을 증명하여 배당을 받을 수 있다.[103] 한편 수인이 시기를 달리하여 채권의 일부씩을 대위변제하고 근저당권 일부 이전의 부기등기를 각 경료한 경우에도, 그들은 각 일부대위자로서 그 근저당권을 배당함에 있어서는 '각 변제채권액에 비례하여 안분배당'하여야 하고 (민법 제483조 1항 일부의 대위 참조), 부기등기의 순위에 의하여 배당해서는 안 된다.[104] 그 일부씩의 '대위변제자들 사이'에는 '변제한 가액에 비례하여' 근저당권을 '준공유'하고 있다고 보아야 하므로 부기등기의 순위가 아니라 준공유의 법리에 따라서 각 변제채권액에 비례하여 안분배당함이 타당하기 때문이다. 또한 '원래의 채권자와 대위변제자 간의 순위'는 대위자는 대위한 권리를 단독으로 행사할 수 없고, 채권자가 그 권리를 행사하는 경우에만 채권자와 함께 그 권리를 행사할 수 있되, 원래의 채권자가 대위변제자에 우선한다.[105] 한편 근저당권의 피담보채권의 '일부가 양도 또는 전부(轉付)된 경우'에는 채권 상호 간에는 우선순위가 없으므로 채권액의 비율에 따라서 평등배당 받는다.

다음으로 '가등기담보권'도 강제경매나 임의경매에 참가하여 우선배당을 받을 수 있다. 이때 순위는 가등기담보권을 저당권으로 보고, 그 담보가등기가 된 때에 그 저당권의 설정등기

---

102) 대법원 1999. 9. 21. 선고 99다26085 판결 [배당이의], 대법원 2001. 12. 11. 선고 2001두7329 판결 [배분처분취소]
103) 대법원 2002. 10. 22. 선고 2000다59678 판결 [배당이의], 대법원 2019. 8. 30. 선고 2019다206742 판결 [배당이의] 등기는 물권의 효력 발생 요건이고 존속 요건은 아니어서 등기가 원인 없이 말소된 경우에는 그 물권의 효력에 아무런 영향이 없고, 그 회복등기가 마쳐지기 전이라도 말소된 등기의 등기명의인은 적법한 권리자로 추정되므로, 근저당권설정등기가 위법하게 말소되어 아직 회복등기를 경료하지 못한 연유로 그 부동산에 대한 매각절차의 배당기일에서 피담보채권액에 해당하는 금액을 배당받지 못한 근저당권자는 배당기일에 출석하여 이의를 하고 배당이의의 소를 제기하여 구제를 받을 수 있고, 설사 배당기일에 출석하지 않음으로써 배당표가 확정되었다고 하더라도, 확정된 배당표에 의하여 배당을 실시하는 것은 실체법상의 권리를 확정하는 것이 아니기 때문에 위 매각절차에서 실제로 배당받은 자에 대하여 부당이득반환 청구로서 그 배당금의 한도 내에서 그 근저당권설정등기가 말소되지 아니하였더라면 배당받았을 금액의 지급을 구할 수 있다.
104) 대법원 2001. 1. 19. 선고 2000다37319 판결 [배당이의], 대법원 2014. 5. 16. 선고 2013다202755 판결 [배당이의], 대법원 2023. 5. 18. 선고 2020다269275 판결 [정산금청구]
105) 대법원 1995. 3. 3. 선고 94다33514 판결 [배당이의], 대법원 2004. 6. 25. 선고 2001다2426 판결 [배당이의], 대법원 2024. 3. 12. 선고 2021다262189 판결 [채권조사확정재판에대한이의의소]

가 된 것으로 본다(가담법 제13조). 판례는 가등기담보권에 의하여 담보되는 채권의 범위도 민법 제360조를 준용하고 있다. 그러나 저당권과는 달리 가등기담보권은 법원의 최고에 따라서(가담법 제16조 1항, 재민 86-6) 채권 신고의 최고기간 내에 채권 신고를 하여야만 배당을 받을 수 있다(가담법 제16조 2항). 권리 신고가 되지 않아 담보가등기인지 순위보전가등기인지 알 수 없는 경우에도, 집행법원은 그 가등기가 등기부상 최선순위이면 일단 이를 순위보전가등기로 보아 낙찰자에게 그 부담이 인수될 수 있다는 취지를 매각물건명세서에 기재한 후 그에 기하여 매각절차를 진행하면 족한 것이지, 반드시 그 가등기가 담보가등기인지 순위보전가등기인지가 밝혀질 때까지 매각절차를 중지하여야 하는 것은 아니다.[106] 가등기담보권자도 민사집행법상 이해관계인이다(가담법 제16조 3항).

한편 저당권에도 근저당권이 있듯이, 담보가등기에도 '근담보가등기'가 있다. 아마도 근담보가등기를 처음 들어보는 분이 대부분일 것이다. 이에 관한 판례를 한번 보자. 실무상 종종 있는 것으로, 판례가 인정하고 있는 담보가등기의 일종이다. 채권자와 채무자가 가등기담보권설정계약을 체결하면서 "가등기 '이후에' 발생할 채권"도 가등기담보권의 피담보채권에 포함시키기로 약정할 수 있다. '가등기 이후에 발생할 채권'에 대하여도 후순위권리자에 대하여 우선변제권을 가지는 담보가등기를 이른바 '근담보가등기'라고 한다. 채권자와 채무자의 약정으로 가등기담보권을 설정한 후에 새로 발생한 채권을 기존 가등기담보권의 피담보채권에 추가할 수 있음은 계약자유의 원칙상 당연하다. 그러나 판례는 가등기담보권 설정 후에 후순위권리자나 제3취득자 등 '이해관계 있는 제3자가 생긴 상태에서' 새로운 약정으로 기존 가등기담보권에 피담보채권을 추가하거나 피담보채권의 내용을 변경·확장하는 경우에는 이해관계 있는 제3자의 이익을 침해하게 되므로, 이러한 경우에는 피담보채권으로 추가·확장한 부분은 이해관계 있는 제3자에 대한 관계에서는 우선변제권 있는 피담보채권에 포함되지 않는다고 보았다.[107] 결국 판례에 의하면 가등기담보권을 설정한 후에 후순위권리자나 제3취득자 등 이해관계 있는 제3자가 생기기 전의 근담보가등기는 후순위 권리자 또는 제3자에게 우선변제권이 인정되나, 가등기담보권 설정 후에 후순위권리자나 제3취득자 등 이해관계 있는 제3자가 생긴 이후에 담보가등기 채권자와 채무자가 새로운 약정으로 새로 발생한 채권을 기존 가등기담보권의 피담보채권에 추가할 수는 없다.

한편 '전세권'은 우리나라 고유의 토종물권으로써 용익물권과 담보물권의 성질을 동시에

---

106) 대법원 2003. 10. 6. 자 2003마1438 결정 [부동산낙찰허가]
107) 대법원 2011. 7. 14. 선고 2011다28090 판결 [배당이의]

가지고 있으며, 말소기준권리로서의 성질을 가진다(통설, 판례). 그런데 우리나라는 물권인 전세권 이외에도 '채권적 전세권'도 인정되고 있어서 전세권은 권리분석상 매우 복잡하다. 즉, 전세권이 말소기준권리인지 여부와 함께 전세권의 인수 또는 소멸에 있어서 구법에서는 매우 복잡한 구조를 가지고 있었다. 과거 민사집행법이 민사소송법 속에 있던 시절 민사소송법은 제608조 제2항에서 전세권의 담보물권으로서의 성질을 무시하고 '등기 후 6월 이내에 그 기간이 만료되는 전세권만 소멸'하는 것으로 규정하고 있어서 해석상 문제가 되었다.

그러나 현행 민사집행법은 제91조 3, 4항에서는 전세권의 '소멸'에 관한 규정을, 같은 법 제148조 4호에서는 전세권의 '배당'에 관한 규정을 각각 규정함으로써, 과거의 복잡한 문제를 일거에 정리하였다. 즉, 전세권은 절차법적 사유로 소멸하는 경우(민집법 제91조 3, 4항 참조)와 존속기간의 만료로 인한 실체법적 사유로 소멸하는 경우가 있는데, 위 규정들을 통합적으로 해석하면, 결론적으로 전세권의 목적물이 토지인지 건물인지 여부에 관계없이, 또한 전세권이 실체법적으로 소멸 또는 종료되었는지 여부에 관계없이, 최선순위 전세권은 오로지 전세권자의 배당요구에 의하여 소멸되고(즉, 배당요구를 하면 실체법상의 존속기간에 상관없이 소멸되고), 배당요구를 하지 않으면 매수인에게 인수되는 것으로 간단하게 정리되었다. 판례의 견해도 같다.[108] 따라서 이제는 입찰참여자는 집행법원이 작성한 매각물건명세서상의 '전세권자의 배당요구 사실 여부만으로도' 전세권의 인수 여부에 관하여 간단하게 판단할 수 있게 되었다.

전세권은 민법상으로는 용익물권이지만, 통설과 판례는 용익물권과 담보물권의 성격을 동시에 가지고 있다고 본다. 전세권의 이러한 용권성과 담보권성의 특성 때문에 경매의 권리분석에서 어려운 문제를 초래하고 있다. 따라서 전세권의 법적 성격을 좀 이해할 필요가 있다. 전세권의 존속기간이 만료되면 전세권의 용익물권적 권능은 전세권설정등기를 말소하지 않고도, 즉 등기부상에 전세권이 존재하고 있어도 민법적으로 전세권은 당연히 소멸되고, 오직 담보물권적 권능만이 남아서 그 범위 내에서만 전세권등기의 효력이 존속한다. 즉, 전세 기간이 끝나서 전세금반환채권만 남은 전세권은 담보권만 남은 것으로 사실상 '채권'이다. 이러한 전세권 존속기간 만료로 인하여 담보권만 남은 전세권도 '전세금반환채권과 함께' 제3자에게 양도할 수 있다. 이때 '담보권만 남은 전세권'은 물권으로서의 성격은 소멸되고 채권만이 남게 되므로, 양수인이 제3자에게 대항하기 위해서는 '채권으로서의 대항요건'을 갖추어야

---

108) 대법원 2010. 6. 24. 선고 2009다40790 판결 [손해배상(기)], 대법원 2011. 7. 14. 선고 2011다28090 판결 [배당이의], 대법원 2015. 10. 29. 선고 2015다30442 판결 [배당이의]

한다. 담보권만 남은 전세권은 물권이 아니라 채권이기 때문이다. 이 채권은 이른바 지명채권인데, 지명채권(指名債權)이란 채권자가 특정된 채권을 말한다. 민법상 지명채권을 양도하면 '지명채권 양도에 따른 대항요건'을 갖추어야 제3자에게 대항할 수 있다(민법 제450조 참조). 지명채권 양도의 제3자에 대한 대항요건은 '확정일자 있는 증서'에 의한 통지나 채무자의 승낙이다. 따라서 담보권만 남은 전세권으로 제3자에게 대항하기 위해서는 채무자가 채권양도를 승낙하지 않는 한 양도인이 채무자에게 '확정일자 있는 증서에 의하여 통지'를 하여야 하고, 물권으로서의 전세권 양도 시에 하는 '전세권 이전의 부기등기'를 해서는 안 된다. 전세금반환채권만 남은 전세권은 채권이기 때문이다. 여기서 확정일자 있는 증서란 내용증명우편 또는 공정증서를 생각하면 된다.

그러면 전세금반환채권을 전세권과 '분리하여 양도'하는 것은 허용되지 않는가? 전세권이 존속하는 동안에 전세권을 존속시키기로 하면서 전세금반환채권만을 전세권과 분리하여 양도할 수 있는지에 관하여, 판례는 '원칙적으로 부정설'의 입장이다.[109] 즉, "전세권은 전세금을 지급하고 타인의 부동산을 그 용도에 따라 사용·수익하는 권리로서 '전세금의 지급이 없으면 전세권은 성립하지 아니하는' 등으로 인하여[110] 전세금은 전세권과 분리될 수 없는 요소일 뿐 아니라, 전세권에서는 그 설정행위에서 금지하지 아니하는 한 전세권자는 전세권 자체를 처분하여 전세금으로 지출한 자본을 회수할 수 있으므로, 전세권이 존속하는 동안은 전세권을 존속시키기로 하면서 전세금반환채권만을 전세권과 분리하여 양도하는 것은 허용되지 아니한다."고 한다.

그러나 예외적으로 "피담보채권의 처분이 있음에도 불구하고 담보물권의 처분이 따르지 않는 특별한 사정이 있는 경우[111]에는 채권양수인은 '담보물권이 없는 무담보의 채권을 양수'한 것이 되고 채권의 처분에 따르지 않은 '담보물권은 소멸'한다"라고 판시하면서, 피담보채권의 처분이 있음에도 불구하고 담보물권의 처분이 따르지 않는 특별한 사정이 있는 경우에는 예외적으로 분리 양도를 인정한다.[112] 판례는 결론적으로 민법상으로는 전세권은 '전세금 지급이 성립요건'이므로 전세권의 용익권과 담보권을 분리할 수 없음이 원칙이지만, 등기선

---

109) 대법원 2002. 8. 23. 선고 2001다69122 판결 [전부금], 대법원 2018. 7. 20. 선고 2014다83937 판결 [공탁금출급청구권확인]
110) 전세금의 지급은 전세권의 성립요건이다. 따라서 전세금 없이는 전세권이 성립되지 않는다.
111) 등기선례 7-263에 의하면, 전세권이 존속기간의 만료로 소별된 경우에도 전세권설정등기는 전세금반환채권을 담보하는 범위 내에서는 유효하므로, 전세권 존속기간이 만료되고 전세금의 반환시기가 경과된 전세권의 경우에도 '설정행위로서 금지하지 않는 한' 전세권 이전등기가 가능하다고 한다.
112) 대법원 1999. 2. 5. 선고 97다33997 판결 [전세권설정등기말소등], 대법원 2004. 4. 28. 선고 2003다61542 판결 [예수금등반환], 대법원 2017. 9. 21. 선고 2017다17207 판결 [소유권이전청구권가등기의말소등기]

례와 같이 '전세권 존속기간이 만료되고 전세금의 반환시기가 경과된 전세권의 경우'에도 '설정행위로서 금지하지 않는 한' 전세권 이전등기가 가능하므로, 존속기간이 만료되고 전세금의 반환시기가 경과된 전세권, 즉 용익권이 소멸된 전세권(담보권만 남은 전세권)도 양도가 가능하다는 결론을 도출하고 있다.[113]

이러한 논리 아래 만약에 분리 양도가 허용되는 경우, 당사자가 '전세금반환채권만'을 분리 양도하면, 담보물권의 전세금반환채권에 대한 부종성·수반성 때문에 '담보물권적 전세권은 소멸'하고, 채권양수인은 '담보물권이 없는 채권', 즉 '일반채권'을 양수한 것이 된다. 따라서 설사 부동산 등기부상에 전세권이 남아 있다고 하더라도 '담보물권으로서의 전세권'은 소멸하고 낙찰자에게 인수되지 않는다. 또한 전세금반환채권은 담보물권이 소멸하고 일반채권이 되었기 때문에 전세금반환채권 양수인은 우선변제권이 없다. 따라서 일반채권인 전세금반환채권 양수인이 경매사건에서 배당을 받기 위해서는 '별도로 집행력 있는 정본 등에 의하여 배당요구를 하여야' 배당을 받을 수 있다(민집법 제88조, 제148조 참조).

한편 최선순위 전세권은 실체법상으로 소멸하였는지와는 상관없이 '배당요구에 의하여' 비로소 소멸한다(민집법 제91조 4항 단서). 전세권이 존속기간 만료 등으로 종료한 경우, 최선순위 전세권자의 채권자가 채권자대위권에 의하거나 전세금반환채권에 대하여 압류 및 추심명령을 받은 다음 추심권한에 의하여 대위권자의 이름으로 전세권으로 배당요구를 할 수 있는데, 이때 전세권이 기간만료로 소멸한 후 전세금반환채권에 대하여 제3자가 압류 및 추심명령 또는 전부명령을 하더라도 마찬가지로 전세권자가 '직접 배당요구'를 하거나 전세권자의 채권자인 압류권자 등이 대위하여 '배당요구를 하여야만' 전세권이 소멸한다. 물론 이때 채권자대위권이나 추심권한에 의하여 배당요구를 하기 위해서는 전세권이 존속기간 만료 등으로 종료하였다는 사실, 채권자대위권의 행사요건과 압류 및 추심명령 또는 전부명령을 받았다는 점에 대한 '소명자료를 제출'하여야 대위에 의한 배당요구와 배당을 받을 수 있다.[114] 전세권에 저당권이 설정되어 있는 경우, 소위 전세권저당권에도 전세권자 또는 전세권저당권자의 배당요구가 있어야만 전세권이 소멸한다.

또한 대법원은 주임법상 임차인으로서의 지위와 전세권자로서의 지위를 함께 가지고 있는 자가 임차인으로서의 지위에 기하여 경매법원에 배당요구를 한 경우, 전세권에 관하여는 배

---

113) 법원실무제요, 민사집행(Ⅲ) 부동산집행2, 사법연수원, 2020, 47-49쪽 참조
114) 대법원 2015. 11. 17. 선고 2014다10694 판결 [전세권설정등기말소등기절차이행등]

당요구가 있는 것으로 볼 수 없다고 한다.[115] 그 이유는 전세권과 임차권은 그 근거법령이 다르기 때문이다. 따라서 양자의 요건을 갖춘 자가 임차인으로서의 지위에서 배당요구를 하였다면, 전세권은 매각으로 소멸되지 않고 매수인에게 인수된다. 또한 최선순위 전세권자가 제1매각절차에서 배당요구를 하였으나 배당을 받지 못하였다면 전세권은 제1매각절차에서 이미 소멸하였으므로, 설사 전세권설정등기가 말소되지 않았다고 하더라도 제2매각절차에서는 전세권자로서 배당을 받을 수 없다고 한다.[116] 이상에서 본 바와 같이 전세권의 채권으로서의 법리와 물권으로서의 법리를 이해하여야 드디어 채권과 물권을 재대로 이해하게 되며, 전세권에 대한 권리분석을 완벽하게 이해하게 된다. 이와 같은 전세권의 법적 성질을 전문가라는 사람들도 잘 이해하지 못하는 경향이 있어서 세간의 전세권에 대한 말소기준권리성과 권리분석에서 해석이 분분한 것이다.

부동산 경매에서 권리분석에서 가장 광범위하게 영향을 미치는 권리는 단연코 임차권이라는 사실을 모르는 사람은 아마 없을 것이다. 여기서 임대차보호법상 소액보증금과 우선변제에 관하여 주의해야 할 판례를 몇 가지 보고자 한다. 소액보증금에 대한 임대차계약에는 주의할 것이 있다. 소위 '경매 직전 물건에 대한 임대차계약'이 바로 그것이다. '경매 직전 물건에 대한 임대차계약'이란 예컨대 10억짜리 주택에 근저당권 등 우선변제권자가 여러 명이고, 이들 우선채권의 합계액이 10억을 초과하는 상태에서, 어떤 사람이 이 깡통주택에 소액보증금 정도만 지급하고 임대차계약을 체결하는 것을 소위 '경매 직전 물건에 대한 임대차계약'이라고 한다. 임대인 입장에서는 이미 채무초과 상태이므로 임차인과 임대차계약을 체결함으로써 임차인으로부터 소액보증금을 수령하는 이익을 얻을 수 있고, 임차인 입장에서는 10억짜리 주택에 소액보증금 정도의 금액으로 임차하여 거주하는 이익을 얻고, 만약에 이 주택이 경매에 나온다고 하더라도 주임법상의 소액보증금 배당요건을 모두 갖추고 있으므로 소액보증금에 대한 최우선변제를 받는 데는 문제가 없다. 이와 같은 '경매 직전 물건에 대한 임대차계약'은 20전쯤부터 최근까지 인천과 서울 등지에서 은밀하게 유행하였던 임대차 방식이다. 그러나 이제는 최근 판례에 의하여 철퇴를 맞아서 허용되지 않는다. 이에 관한 판례의 내용을 보면, "甲이 아파트를 소유하고 있음에도 근저당권 채권최고액의 합계가 시세를 초과하고 경매가 곧 개시될 것으로 예상되는 아파트를 소액임차인 요건에 맞도록 시세보다 현저히 낮은 임차보증금으로 임차한 다음 보증금 잔액을 지급하고 전입신고 후 확정일자를 받았는데, 그 직후 개시된 매각절차에서 배당을 받지 못하자 배당이의를 한 사안에서, 甲은 소액임차인을 보

---

115) 대법원 2010. 6. 24. 선고 2009다40790 판결 [손해배상(기)]
116) 대법원 2015. 10. 29. 선고 2015다30442 판결 [배당이의]

호하기 위하여 경매개시결정 전에만 대항요건을 갖추면 (최)우선변제권을 인정하는 주임법을 악용하여 부당한 이득을 취하고자 임대차계약을 체결한 것이므로 주임법의 보호 대상인 소액임차인에 해당하지 않는다"고 하였다.[117]

같은 맥락에서 임대차계약의 주된 목적이 주택을 사용·수익하려는 것이 아니라 소액임차인으로 보호받아 기존의 채권을 회수하려는데 목적이 있는 경우에도 주임법의 소액임차인으로 보호받지 못한다.[118] 그러나 물론 임대차의 주된 목적이 '주택을 사용·수익하려는데 있는 경우'에는 채권자가 기존의 소비대차의 금전채권을 임대차보증금으로 전환하여 임대차계약을 체결하고 거주한 경우에도 임차인으로서의 지위가 부정되지 않는다.[119] 또한 실제 임대차계약의 주된 목적이 주택을 사용·수익하려는 것인 이상, 처음 임대차계약을 체결할 당시에는 보증금액이 많아 주임법상 소액임차인에 해당하지 않았지만, 그 후 새로운 임대차계약에 의하여 정당하게 보증금을 감액하여 소액임차인에 해당하게 되었다면, 그 임대차계약이 통정허위표시에 의한 계약이라는 등의 특별한 사정이 없는 한 그러한 임차인은 같은 법상 소액임차인으로 보호받을 수 있다고 한다.[120]

한편 먼저 하나의 주택에 임차인이 2인 이상이고, 이들이 그 주택에서 가정 공동생활을 하는 경우에는 이들을 1인의 임차인으로 보아 이들의 보증금을 '합산하여' 소액임차인 여부를 판단하여야 한다(주임법 시행령 제10조 4항). 또한 공유관계에 있는 공동임대인 중 '1인의 공유지분권에 대하여만 경매가 신청된 경우'에는 소액임차인 해당 여부의 판단에 있어서는 경매 신청된 공유지분이 아니라 공유자의 '임차보증금 전액'을 기준으로 하여야 하고, 배당절차에서도 '임차보증금 전액'을 기준으로 배당하는 것이 실무이다. 공동임대인의 보증금반환채무는 '불가분채무'이기 때문이다.[121] 예컨대 丙이 '甲과 乙의 공동주택을 임차'한 다음 설사 '乙의 지분에 관하여만 경매를 신청'한 경우에도, 임차인 丙이 소액임차인(최우선변제) 또는 확정일자부임차인(우선변제) 인지 여부의 판단은 물론 '배당금액의 범위'도 乙의 지분(1/2)이 아닌 '丙의 임차보증금 전액을 기준'으로 판단하여야 한다. '공유물의 공동임대인의 보증금반환채무'는 법적 성질이 '불가분채무'이기 때문이다(민법 제411조 참조). 물론 丙이 보증금반환채권의 만족을

---

117) 대법원 2013. 12. 12. 선고 2013다62223 판결 [배당이의]
118) 대법원 2001. 5. 8. 선고 2001다14733 판결 [배당이의], 대법원 2007. 12. 13. 선고 2007다55088 판결 [임차보증금반환], 대법원 2008. 5. 15. 선고 2007다23203 판결 [배당이의]
119) 대법원 2002. 1. 8. 선고 2001다47535 판결 [건물명도]
120) 대법원 2008. 5. 15. 선고 2007다23203 판결 [배당이의]
121) 대법원 1998. 12. 8. 선고 98다43137 판결 [임대보증금반환], 대법원 2021. 1. 28. 선고 2015다59801 판결 [임대차보증금반환], 대법원 2024. 8. 1. 선고 2023다318857 판결 [부당이득금]

받을 경우, '공동주택의 공유자 乙은 甲으로부터 甲의 지분 2분의 1 상당액에 구상권을 행사'하여 손실을 보전할 수 있다. 丙이 甲과 乙의 공동주택을 임차하였음에도 乙의 공유지분권에 대하여만 경매를 신청하였기 때문에 乙은 甲으로부터 손실을 보전받을 필요가 있다.

또한 다가구주택의 일부씩을 임차한 甲과 乙이 그 주택 및 대지에 대한 매각절차에서 각각 배당요구를 하였다. 그런데 乙이 주택에 '전세권설정등기'를 한 날이 甲의 전입신고일과 확정일자일보다 우선하지만 전입신고는 그 뒤에 하였다면, 건물의 매각대금에 대하여는 전세권자로서 우선변제권을 취득한 乙이 선순위이지만, 대지의 매각대금에 대하여는 甲이 乙보다 전입신고를 먼저 마쳤으므로 주임법에 따라서 선순위이다.[122] 대지와 건물을 일괄매각하더라도 개별매각의 경우와 마찬가지로 대지에 대한 권리자는 대지매각대금에서, 건물에 대한 권리자는 건물매각대금에서 각각 배당을 받아야 하기 때문이다. 상가건물의 경우에도 마찬가지이다. 또한 임차권의 대항력과 확정일자에 의한 우선변제권을 적용함에 있어서는 미등기·무허가 주택의 경우에도 그대로 적용된다.[123]

한편 대지에 저당권 설정 후에 비로소 건물이 신축되고, 그 신축건물에 대하여 저당권이 설정된 후에 대지와 건물이 일괄 경매된 경우, 확정일자부임차인 및 소액임차인은 '대지의 환가대금'에는 우선변제권이 없지만, '신축건물의 환가대금'에는 후순위권리자보다 우선하여 변제받을 권리가 있다. 특히 주임법 시행령 부칙의 '소액보증금의 범위변경에 따른 경과조치'규정을 적용함에 있어서는 '신축건물'에 대하여 담보물권을 취득한 때를 기준으로 소액임차인 및 소액보증금의 범위를 정하여야 한다.[124] 즉, 대지가 아니라 '건물'에 대한 담보권이 주임법상의 소액임차인 및 소액보증금의 범위에 관한 기준이 된다는 것이다. 또한 채무자가 채무초과 상태에서 채무자 소유의 유일한 주택에 대하여 주임법 제8조의 소액보증금 최우선변제권 보호 대상인 임차권을 설정해 준 행위는 사해행위취소의 대상이 된다는 것이 판례이다.[125]

임차권등기명령의 집행에 의하여 임차권등기가 된 경우에는 임차인은 임대차보호법상의 대항력과 우선변제권을 취득한다(주임법 제3조의3 5항, 상임법 제6조 5항, 제7조 1항). 따라서 임차권등기를 할 때까지 대항력과 우선변제권을 갖추지 못하였더라도 임차권등기가 됨으로써 등기한 때로부터 대항력과 우선변제권을 취득하며, 임차인이 임차권등기 이전에 이미

---

122) 대법원 2015. 5. 28. 선고 2014다10007 판결 참조
123) 대법원 2007. 6. 21. 선고 2004다26133 전원합의체 판결 [배당이의]
124) 대법원 2010. 6. 10. 선고 2009다101275 판결 [배당이의]
125) 대법원 2005. 5. 13. 선고 2003다50771 판결 [배당이의], 2012. 8. 23. 선고 2012다20222

대항력 또는 우선변제권을 취득한 경우에는 그 대항력과 우선변제권은 그대로 유지되며, 임차권등기 이후에 대항요건을 상실하더라도 이미 취득한 대항력과 우선변제권을 상실하지 않는다(주임법 제3조의3 5항 단서, 상임법 제6조 6항 단서).

소액임차인으로서 최우선변제를 받기 위해서는 '첫 경매개시결정등기 전'에 대항요건을 갖추어야 하고(주임법 제8조 1항, 상임법 제14조 1항), 배종기일까지 그 요건을 유지하여야 한다. 확정일자부임차인의 우선변제권은 대항요건과 확정일자를 모두 갖춘 때에 발생하지만, 확정일자를 갖춘 후 보증금을 인상한 경우 인상한 보증금에 대하여는 새로 확정일자를 갖추어야 그때부터 우선변제권이 발생한다. 물론 인상 전 확정일자를 받은 임대차계약서를 함께 가지고 있어야 한다.

그 외 배당받을 채권자 중에서 전세권과 임대차보호법상의 임차권의 중첩 적용 또는 충돌 문제, 근로자 임금채권의 우선변제와 최우선변제 문제, 국세·지방세 등 조세채권 우선변제 문제, 가압류채권의 우선변제와 최우선변제 문제 또는 안분배당문제 등에 관하여는 관계되는 곳에서 자세히 보기로 한다.

[34] 낙찰자가 배당까지 알아야 하는가?

집행법원의 배당은 앞에서 본 이해관계인의 배당요구를 전제로 이루어진다. 그러나 앞에서 본 배당요구와는 달리 집행법원의 배당은 매각절차에서 가장 어려운 분야에 해당하면서 채권자들에게는 가장 중요한 절차에 해당한다. 그래서 아마도 입찰 참여자들은 "채권자도 아닌 낙찰자가 왜 복잡한 배당을 알아야 해?"라고 볼멘소리를 할지도 모른다. 대다수의 입찰참여자들은 낙찰자는 낙찰을 받고 부동산을 내 소유로 하면 그만이므로, 배당은 입찰참여자와는 무관하다고 생각하기 쉽다. 그러나 원고와 피고가 대립하는 2원적 구조인 민사소송절차와는 달리 민사집행절차는 여러 이해관계인이 대립하는 다원적 구조이기 때문에 각각의 이해관계인들의 관계를 객관적으로 이해하지 못하면 임차인이 많은 수익성이 높은 양질의 물건을 낙찰받을 수가 없다는 것을 알아야 한다. 배당은 곧 권리분석과 수익분석의 연장선이기 때문이다. 또한 경매에서 권리분석과 수익분석(배당표 작성)에는 임차권이 가장 문제의 주범임은 주지한 바와 같다.

특히 부동산의 종목 중 임차인이 많은 다가구 주택, 다세대형 다가구 주택[126], 꼬마빌딩(통 상가)의 경우에는 반드시 배당을 알아야 하는 부동산 종목에 해당한다. 이들 종목의 배당표 작성은 경매 성공의 바로미터이다. 이들 종목들에 대한 배당은 초고수들만이 최고의 수익을 향유할 수 있는 가장 어려운 분야이다. 물론 다가구·꼬마빌딩과 같은 종목은 낙찰받지 않겠다는 사람은 배당표 공부를 포기해도 된다. 그러나 배당표 공부를 포기하면 반쪽짜리 경매 공부를 할 수밖에 없고, 그러면 낙찰받을 부동산의 종목은 아파트·주택·토지 등 배당표 작성이 필요 없거나 아주 단순한 물건만 낙찰받아야 하고, 임차인이 많거나 보증금이 아주 많은 수익성 부동산은 포기하여야 할 것이다.

어떤가? 여러분들은 단순히 내가 살 집을 낙찰받으려고 경매 공부를 하고 있는가? 아니면 수익형 부동산을 반값 이하에 낙찰받아서 부자가 되려고 공부를 하고 있는가? 이 책을 선택한 여러분들은 후자라고 생각하고 이제부터 배당에 관한 1단계의 강의를 하도록 하겠다. 뒤에서 공부할 '배당표 작성'을 위하여 여기서는 배당의 제1단계에 해당하는 '배당순위'와 사례를 통하여 배당표 작성을 위한 기본적인 권리분석에 관하여 공부하도록 하자. 이것을 알아야만 뒤에서 다가구·꼬마빌딩(통 상가)에서의 '배당표 작성'을 이해할 수 있게 된다.

아래에서 보게 될 배당순위와 제2권에서 공부할 배당표 작성은 일반 경매학원, 법과 대학 또는 부동산 대학, 대학의 평생교육 차원의 경매강의나 유튜브에서의 피상적인 강의 수준으로는 어림도 없다. 우선 배당순위를 먼저 본다. 여기서의 배당순위는 법원 실무와 똑같이 배당순위를 정치하지만 정확하게 나열해 본다. 배당순위에서 첫 번째로는, "<u>최우선배당</u>"이다. <u>①제1순위-집행비용, ②제2순위-저당물의 제3취득자가 지출한 필요비·유익비(민법 제367조), ③제3순위-소액임차보증금[127], 최종 3월분의 임금, 최종 3년간의 퇴직금, 재해보상금이 최우선배당의 제3순위</u>이다.[128]

이처럼 최우선배당 사이에도 제1순위에서 제3순위로 또 순위가 있음을 주의해야 한다. 즉, 최우선배당을 받는 권리들 사이에는 집행비용이 제일 먼저 배당되고, 그 다음으로 저당부동산의 제3취득자가 지출한 필요비·유익비가 배당된 후에 소액임차보증금, 최종 3월분의 임

---

126) 다세대 전체를 1명이 소유하거나 1~2명이 소유하지만, 모든 세대에 대하여 경매가 신청되어 일괄매각결정이 되는 경우를 법적으로는 다세대이나 실제는 다가구와 같다는 의미에서 실무상 '다세대형 다가구주택'이라고 한다.
127) 주임법 제8조 1항, 영 제10조, 제11조, 상임법 제14조 1항, 영 제6조, 제7조, 국세기본법 제35조 1항 4호, 지방세기본법 제71조 1항 4호 각 참조
128) 근로기준법 제38조 2항, 근로자퇴직급여보장법 제12조 2항, 국세기본법 제35조 1항 5호, 지방세기본법 제71조 1항 5호 각 참조

금, 최종 3년간의 퇴직금, 재해보상금 4종 세트가 배당된다. 그런데 마지막의 이른바 최우선배당 4종 세트 상호 간에는 우선순위가 없다 즉, 이들 채권이 서로 경합하여 배당금이 부족한 경우에는 동등한 순위의 채권으로 보아 안분배당한다[부동산 경매에서 우선채권 간의 배당순위(재민 91-2) 참조].

두 번째로는 "우선배당"이다. 우선배당에는 ④제4순위-당해세, ⑤제5순위-(조세의 법정기일 전에 설정된) 저당권·전세권·확정일자부임차권과 등기된 임차권,[129] ⑥제6순위-(최종 3월분의 임금과 최종 3년간의 퇴직금을 제외한) 임금채권, 기타 근로관계로 인한 채권,[130] ⑦제7순위-당해세를 제외한 일반 조세(국세, 지방세, 체납처분비, 가산금 등의 징수금),[131] ⑧제8순위-4대 보험료(건강보험, 국민연금, 산재보험, 고용보험), ⑨제9순위-일반채권(집행권원을 가진 채권, 형사사건의 재산형, 행정사건과 비송사건의 과태료, 국유재산법상의 사용료·대부료·변상금)이다.

여기서 우선배당을 받는 권리들 사이에서도 역시 상호 선후가 있다는 사실을 주의해야 한다. 그런데 위 일반배당에서 '집행권원을 가진 채권만' 있고, 사인이 가지고 있는 '차용증에 의한 일반채권'은 왜 없는지에 대한 의문이 들지 않는가? 사인 간의 일반채권은 판결 등의 재판을 받아서 집행권원을 가지고 있는 경우에만 일반채권으로서 배당대상이 되며, 그렇지 않고 순수하게 차용증만 가진 채권은 배당대상이 되지 않는다.

다음으로 '배당 방법'을 알아야 한다. 배당 방법에는 ①순위배당(앞에서 본 일반배당순위 중 최우선배당과 우선배당이 순위배당에 해당한다), ②안분배당(가압류가 선순위일 경우에 이루어지는 배당이다[132]), ③흡수배당, ④안분후 흡수배당, ⑤순환배당이 있다. '순위배당'은 글자 그대로 권리의 순위에 따라서 최우선배당과 우선배당을 하는 것이고, '안분배당'은 가압류가 선순위 권리일 경우에 가압류의 민사집행법상의 효력 때문에 이루어지는 안분비례배당

---

129) 국세기본법 제35조 1항 3호, 지방세기본법 제71조 1항 3호 참조
130) 근로기준법 제38조 1항 본문, 근로자퇴직급여보장법 제12조 1항 본문 참조
131) 국세기본법 제35조 1항 본문, 지방세기본법 제71조 1항 본문 참조
132) 가압류는 민사집행법상 '처분금지효'가 있다. 이 처분금지효의 구체적인 의미에 관하여는 '개별상대효설'이 다수설과 판례이다. 개별상대효설에 의할 경우, 부동산에 가압류가 있더라도 소유자는 자신의 부동산을 처분할 수 있지만 (매매는 '개별적' 판단) 가압류권자에게는 대항하지 못한다(대항력은 '상대적' 판단). 이와 같은 효과를 개별적상대효라고 하는데, 이 설에 의할 경우에는 가압류가 선순위로 오면 그 이후의 권리와의 관계는 각 권리자의 권리금액에 비례하여 안분배당(평등배당)을 하게 된다. 다만 예외로 '피보전권리가 우선권이 있는 권리'에 대한 가압류는 우선배당권이 인정된다. 예컨대 소액임차보증금, 최종 3월분의 임금, 최종 3년간의 퇴직금, 재해보상금을 피보전권리로 하는 가압류는 우선변제권이 있다. 세간에 이 사실을 모르는 경우가 있으니, 이점 주의해야 한다.

이다. 다시 말해서 가압류의 효력에 관한 통설·판례인 처분금지효와 개별상대효설의 입장에서 이루어지는 배당이 안분배당 또는 평등배당이다.

좀 어렵지만 배당을 이해하기 위해서는 안분배당을 반드시 알아야 한다. 안분배당과 안분후 흡수배당은 뒤에서 본다. 다음으로 '흡수배당'은 가압류가 먼저 왔을 경우에는 1차적으로 안분배당을 한 후(즉, 가압류권자가 배당을 받고 탈락하고 난 후)에 나머지 우선순위가 있는 권리들 사이에는 2차적으로 순위가 빠른 권리가 그 후순위자의 배당금을 흡수 배당한다. 이것을 안분 후에 다시 흡수배당을 한다는 의미에서 '안분후 흡수배당'이라고 한다. 안분후 흡수배당은 다음 장에서 자세히 본다. '순환배당'은 권리들 사이에 우선순위가 무한 반복되는 경우에 그 무한반복의 악순환을 차단하기 위해서 하는 것으로, 실무상 경매법원의 특수한 배당방식이다. 경매참여자는 순위배당, 안분배당, 흡수배당, 안분후 흡수배당만 알면 된다. 순환배당은 몰라도 좋다.

[35] 최우선배당과 우선배당의 사례연습

위에서 본 최우선배당과 우선배당에 관한 사례를 그림을 통하여 연습을 해보자. 이와 같은 배당연습은 제2권에서 보게 될 임차인이 많은 사건의 배당표 작성 연습에서 기본이 됨은 물론 지금까지 공부한 권리분석에 관한 종합적인 연습이기도 하다. 즉, 권리분석의 종합연습이면서 제2권에서 공부할 다가구 주택과 꼬마빌딩(통 상가)의 배당표 작성의 기초가 됨으로 반드시 이해를 하여야 한다. 이해가 오지 않는 분은 이 책 중 제2장~제4장을 반복해서 몇 회 독을 하면 저절로 이해가 온다.

먼저 우선배당을 본다. 우선배당 사례에서는 일단 '최우선배당은 제외'하고 사례연습을 하도록 한다

1) 대항요건과 확정일자의 선후에 따른 우선배당의 예

사례 도해 (1)

	7월 1일	8월 1일	9월 1일	10월 1일	11월 1일
	甲 대항요건	乙 확정일자	丙 대항요건 + 확정일자	甲 확정일자	乙 대항요건

임차인 \ 내용	대항력 발생일	확정일자 효력발생일	우선변제순위
甲	7월 2일 오전 0시	10월 1일 오전 9시	2순위
乙	11월 2일 오전 0시	11월 2일 오전 0시	3순위
丙	9월 2일 오전 0시	9월 2일 오전 0시	1순위

사례 도해 (2)

3월 1일	3월 2일
甲 대항요건	甲 확정일자 / 乙 근저당권

➡ 단, 최우선변제는 논외로 함

➡ 甲, 乙 동순위, 안분배당

➡ 회수하지 못한 금액은 매수인 인수 (甲의 대항력이 시간상으로 빠름)
  대법원 1999. 5. 25. 선고 99다9981 판결 [건물명도] 참조

사례 도해 (3)

3월 1일	3월 2일
甲 확정일자	甲 대항요건 / 乙 근저당권

➡ 단, 최우선변제는 논외로 함

➡ 乙 근저당권 우선
  임차인의 우선변제권은 <u>3월 3일 오전 0시</u>부터 발생, <u>3월 2일 주간(09시경)</u>에 우선변제권이 발생하는 근저당권(말소기준권리)보다 늦음.
  주의 : <u>임차인은</u> 대항요건을 늦게 갖추어서 매수인에게 대항할 수 없고(매수인은 임차권을 인수할 필요가 없고) <u>명도의 대상</u>

甲은 확정일자를 먼저 갖추었지만 그 전제조건인 대항요건을 늦게 갖추어서 대항요건을 갖춘 3월 3일 오전 0시에 대항력이 발생하므로, 乙 근저당권보다 늦다.

사례 도해 (4)

```
    9월1일           9월2일
    甲대항력         甲확정일자/제1,2근저당권        [단, 최우선변제는 논외로 한다]
```

甲, 1, 2근저당권 상호간에는 동순위이므로 안분비례 배당(甲임차권과 제1,2근저당권 상호간에 안분하는 이유는 제1,2근저당권 상호간에는 선후가 있지만 제1,2근저당권의 甲임차권에 대한 관계는 모두 동순위이기 때문)

→ (위 사례 적용) 甲임차권이 보증금 8,000만원, 제1,2근저당권이 각 5,000만원, 3,000만원, 배당금이 12,000만원이라면, 안분과 흡수관계는 다음과 같다.

- [안분배당]

  甲임차인 : 12,000만원 × $\frac{8,000만원}{16,000만원}$ = 6,000만원

  제1근저당권자 : 12,000만원 × $\frac{5,000만원}{16,000만원}$ = 3,750만원

  제2근저당권자 : 12,000만원 × $\frac{3,000만원}{16,000만원}$ = 2,250만원

- [흡수배당]
  제1근저당권자는 자신의 채권 5,000만원이 충족되도록 제2근저당권자로부터 금1,250만원을 흡수배당한다.
- [배당결과]
  甲임차인 : 6,000만원, 제1근저당권자 : 5,000만원, 제2근저당권자 : 1,000만원

- 주의 : 甲임차권은 제1,2근저당권(말소기준권리)보다 시간적으로 대항력을 먼저 갖추어서, 만약 甲이 채권을 전부 배당받지 못한다면 매수인이 인수(위 사례에서 매수인 2,000만원 인수)

2) 가압류가 있는 경우의 안분배당이 원칙
- 가압류의 처분금지효에 관한 통설인 **개별상대효설**의 입장에서 해석함.

사례 도해 (1)

```
    甲              乙
   가압류          근저당권
```

→ 안분배당.
이유는 상호 우선권이 미치지 않기 때문

사례 도해 (2)

```
    甲              乙              丙
   가압류         확정임차권        가압류
```

→ 甲=乙, 甲=丙, 乙=丙 관계가 성립되므로 결국 甲 = 乙 = 丙 이 됨

→ 따라서 甲, 乙, 丙 3자간에는 안분배당

→ 乙과 丙간에는 우선변제권이 있는 乙이 丙을 흡수하여 배당

🏠 사례 도해 (3)

甲	乙	丙	丁
가압류	근저당권	가압류	확정임차권

- ➡️ 甲을 기준으로 평가하면, 甲=乙, 甲=丙, 甲=丁 이므로 甲 = 乙 = 丙 = 丁 됨
- ➡️ 甲을 기준으로 甲, 乙, 丙, 丁 4자간에는 동순위에 의한 안분배당
- ➡️ 乙, 丙, 丁 3자간에는 乙을 기준으로 하므로 乙이 우선변제권을 가지고 있어서 흡수배당
- ➡️ 그리고 丙, 丁 간에는 다시 안분배당

🏠 사례 도해 (4)

丙	甲	乙	丙
임차권 전입	가압류	근저당권	임차권 확정일자

- ➡️ 甲을 기준으로 평가하면, 甲=乙, 甲=丙 이므로 甲 = 乙 = 丙 됨
- ➡️ 乙, 丙 사이에는 흡수배당

다음의 사례들은 소액임차인이 있는 최우선변제와 우선변제가 어우러진 사례에 대한 기본적인 권리분석과 배당 연습이다. 그림을 통하여 자세히 살펴보기 바란다.

① 일반배당

권리순위
1) 2020. 1. 1.　근저당
2) 2021. 1. 1.　당해세
3) 2022. 1. 1.　소액임차인

권리분석(배당) 순위
1) 2022. 1. 1.　소액임차인
2) 2021. 1. 1.　당해세
3) 2020. 1. 1.　근저당

② 일반배당

권리순위
1) 2014. 1. 1　근저당
2) 2020. 1. 1　근저당
3) 2022. 1. 1　소액임차인
4) 2023. 1. 1　가압류

권리분석(배당) 순위
1) 2022. 1. 1　소액임차인
2) 2014. 1. 1　근저당
3) 2020. 1. 1　근저당
4) 2023. 1. 1　가압류

③ 사례

1 소액임차인이 다수인 다가구 주택의 경우 배당 (1)

권리순위
1) 2022. 1. 1.　확정일자임차인
2) 2022. 1. 15.　근저당
3) 2022. 2. 1.　소액임차인 甲
4) 2022. 5. 1.　소액임차인 乙
5) 2022. 11. 1.　소액임차인 丙

권리분석(배당) 순위

2022. 2. 1. 소액임차인甲 　 2022. 5. 1. 소액임차인乙 　 2022. 11. 1. 소액임차인丙

소액임차인끼리는 순서가 없음(½ 범위 내), 안분배당

2022. 1. 1. 확정일자
(말소기준권리 전 대항력 구비 미수금 낙찰자 인수)

2022. 1. 15.　근저당

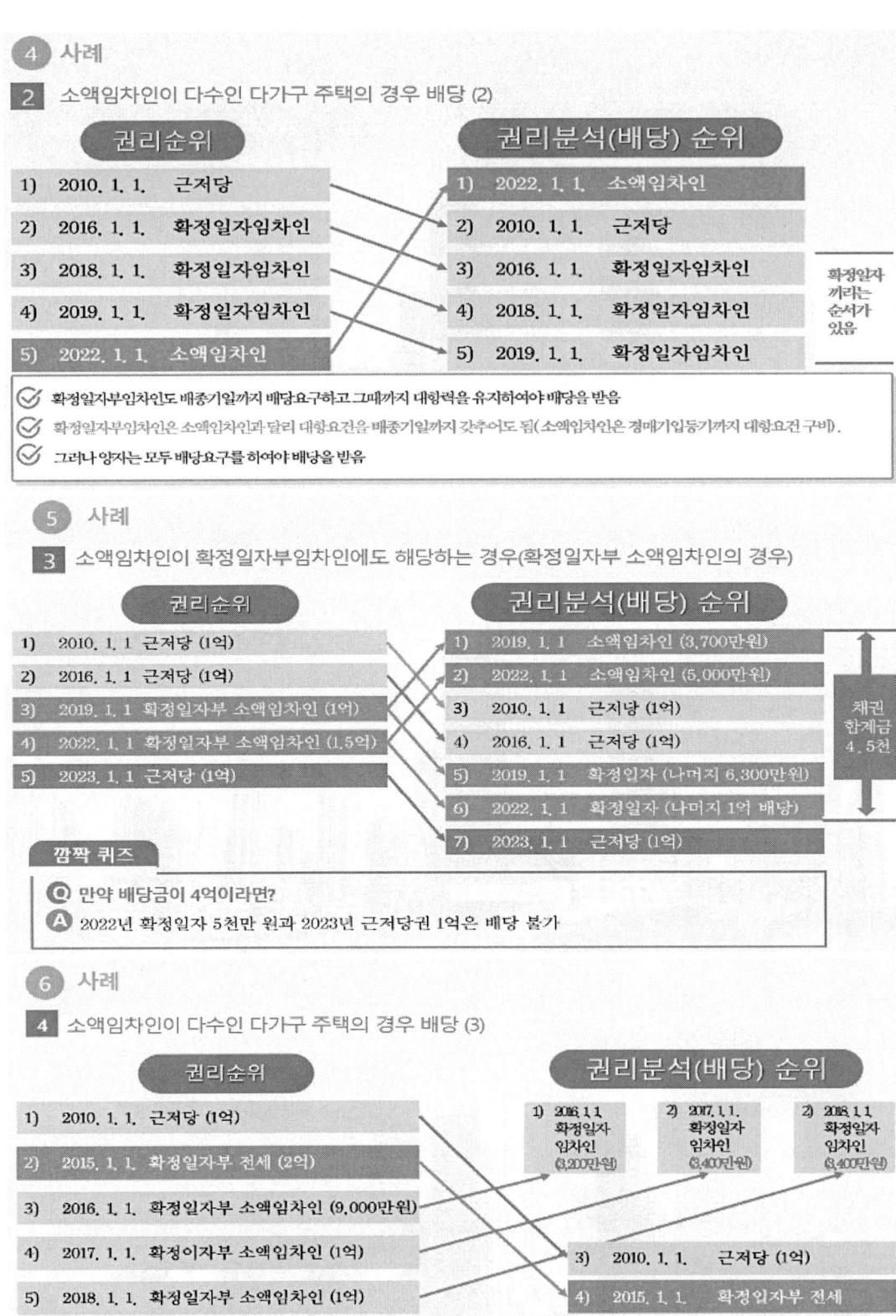

[36] 이른바 중복경매의 경우에는 감정가와 1차 매각가격이 다른 경우가 있다.

중복경매 또는 이중경매라는 것이 있다. 민사소송법상 2건 이상의 사건이 병합된 경우에는 압류가 경합되므로 이것을 '압류의 경합'이라고도 하는데, 하나의 부동산에 하나의 사건이 '경매개시결정이 된 후에' 다시 또 다른 경매가 신청되어서 '중복하여(이중으로) 경매개시결정'이 되는 경우를 말한다. 제1경매신청 → 제1경매신청에 대한 경매개시결정등기 → 제2경매신청 → 제2경매개시결정등기가 되는 경우이다. 앞의 제1경매신청사건을 '선행사건(모(母)사건)', 뒤의 사건(제2경매신청사건)을 '후행사건(관련사건)'이라고도 하며, 중복경매 또는 이중경매는 병합사건에서 발생한다.

중복경매 사건에서는 실무상 주의해야 할 점이 있다. 예컨대 감정가 5억에 선행사건이 진행 중 2회 유찰로 최저가가 2억 4,500만 원이 된 상태에서 합의가 되어 취하되거나 기타 사정으로 기일 미지정이 된 후에는 선행사건은 취하 또는 정지된다. 그러면 이어서 후행사건이 진행되는데, 후행사건의 1차 기일에 선행사건의 유찰된 금액인 2억 4,500만 원을 최저가로 시작하는 경우가 있다. 이것은 이른바 중복경매(이중경매, 압류의 경합, 이하 중복경매라고 한다)의 특성상 선행사건과 후행사건이 중복된 중복경매에서 선행사건이 진행 중에 취하가 되고 후행사건으로 경매가 계속 진행되는 경우이다.

이 경우 경매법원은 감정을 새로 할 필요성이 있는 경우와 같은 특별한 사정이 없는 한 취하된 선행사건의 감정가와 최저가를 후행사건의 경매에 그대로 사용하여 후행사건을 진행한다. 그래서 실무상 선행사건의 감정가와 후행사건에서 1차 매각기일의 입찰가가 서로 다른 것이 등장하는 이유이다. 앞의 사례에서 결국 선행사건에서 2회 유찰로 인한 최저가 2억 4,500만 원은 후행사건의 1차 기일의 최저가로 등장한다. 선행사건의 감정가에 대비해 볼 때 후행사건의 1차 기일의 최저가는 사실상 선행사건의 2차 매각기일의 최저가가 되는 셈이다. 구체적인 사례로 한 번 살펴보자.

아래 두 개의 사건은 중복경매 사건이다. 앞의 사건(2023타경54336)이 '선행사건(모사건)'이고 뒤의 사건(2023타경3420)이 '후행사건(관련사건)'이다. 통상 중복사건은 선행사건으로 경매가 진행되고, 후행사건은 정지된다. 앞의 사건이 2023. 10. 10. 415,000,000만 원에 1차 기일이 진행되었지만, 매수신고인이 없어서 290,500,000만 원으로 유찰되었다. 2회의 기일 변경을 거쳐서 경매신청 채권자와 채무자가 합의로 기일이 2024. 1. 24. 미지정으로 정지되었다. 이어서 정지되었던 후행사건(2023타경3420)이 진행되었다.

2023타경54336 (2)				수원지방법원 본원 · 매각기일 : 2024.01.24(水) (10:00) · 경매 10계(전화:031-210-1279)			
소 재 지	경기도 수원시 영통구 영통동 963-2, 진흥아파트 551동 7층 702호						
새 주 소	경기도 수원시 영통구 매영로310번길 12, 진흥아파트 551동 7층 702호						
물건종별	아파트	감 정 가	415,000,000원	오늘조회: 1 2주누적: 2 2주평균: 0			
대 지 권	33.78㎡(10.22평)	최 저 가	(70%) 290,500,000원	구분	매각기일	최저매각가격	결과
건물면적	59.965㎡(18.14평)	보 증 금	(10%) 29,050,000원	1차	2023-10-10	415,000,000원	유찰
매각물건	토지·건물 일괄매각	소 유 자	김○○		2023-11-09	290,500,000원	변경
개시결정	2023-02-24	채 무 자	(주)한미래글로벌 외1명		2023-12-12	290,500,000원	변경
사 건 명	강제경매	채 권 자	에이치에프더블유삼이에이유동화전문 유한회사(양도인:우리은행)		2024-01-24	290,500,000원	미진행
				배당종결 2024.01.25			
관련사건	2023타경3420(병합)						

2023타경3420 (1)				수원지방법원 본원 · 매각기일 : 2024.01.24(水) (10:00) · 경매 10계(전화:031-210-1279)			
소 재 지	경기도 수원시 영통구 영통동 963-2, 진흥아파트 551동 7층 702호						
새 주 소	경기도 수원시 영통구 매영로310번길 12, 진흥아파트 551동 7층 702호						
물건종별	아파트	감 정 가	415,000,000원	오늘조회: 1 2주누적: 2 2주평균: 0			
대 지 권	33.78㎡(10.22평)	최 저 가	(70%) 290,500,000원	구분	매각기일	최저매각가격	결과
건물면적	59.965㎡(18.14평)	보 증 금	(10%) 29,050,000원	1차	2024-01-24	290,500,000원	
매각물건	토지·건물 일괄매각	소 유 자	김○○	매각 : 338,277,000원 (81.51%)			
개시결정	2023-04-07	채 무 자	(주)한미래글로벌	(입찰5명,매수인:최○○ / 차순위금액 322,795,000원)			
사 건 명	임의경매	채 권 자	에이치에프더블유삼이에이유동화전문 유한회사(양도인 : 우리은행)	매각결정기일 : 2024.01.31 - 매각허가결정			
				대금지급기한 : 2024.03.12			
				대금납부 2024.03.05 / 배당기일 2024.04.18			
				배당종결 2024.04.18			
관련사건	2023타경54336(병합:모사건)						

여기서 주의해야 할 점은 감정가가 415,000,000만 원인데, 후행사건의 1차 입찰가는 290,500,000만 원이라는 사실이다. 후행사건에서 법원은 특별한 사정이 없는 한 선행사건의 최저가를 그대로 가져와서 후행사건을 진행한다. 후행사건에서 1차 기일은 선행사건에 대비해 보면 실질적으로 2차 기일의 최저가인 셈이다. 중복경매를 잘 모르는 사람이라면 1차 기일에서 한 번 더 유찰시킬 가능성이 높다. 이 사건과 같이 아파트의 경우에는 통상 특별한 사정이 없으면 많이 유찰되지 않기 때문에 1차 기일이 아니라 실질적으로 2차 기일이라는 사실을 알면 후행사건에서 바로 입찰에 참여하여야 한다. 그렇지 않고 중복경매를 이해하지 못하여 통상의 사건과 같이 2차기일에서 입찰하면 선행사건에서 유찰된 것을 고려하면 후행사건에서의 2차기일은 실질적으로 선행사건의 3차기일에 해당하므로 중복경매를 이해하지 못하는 사람이라면 그 물건을 놓칠 가능성이 높다.

물론 위 사례의 경우에는 종목이 아파트이므로 후행사건에서 입찰 참여자들이 이 사실을 이미 알고 5명이 들어가서 낙찰을 받았다. 하지만 아파트가 아닌 많이 유찰되는 부동산의 종목에서는 중복사건의 경우 대부분의 사람들이 2차 또는 3차 기일이라는 사실을 알아차리지 못하고 지나친다. 그러나 중복경매의 특성을 잘 알고 입찰 시기를 결정하면 낙찰에 성공할 가능성이 높아지지만, 중복경매의 특성 내지는 민사집행법적 효력을 이해하지 못하면 선행사건과 후행사건을 이해하지 못하여 감정가와 1차 경매의 입찰가 사이의 차이를 발견하지 못하고, 후행사건에서 1차 경매의 입찰가를 감정가로 알고 한 번 더 유찰시킴으로써 후행사건에서 낙찰 기회를 놓치게 되는 경우가 많다.

한편 중복사건처럼 보이지만 민사집행법상 중복사건이 아니라 하나의 건물이 한번 낙찰된 후 다시 경매에 나와서 2회에 걸쳐서 연속적으로 낙찰이 된 경우도 있다. 편의상 이것을 '연속적 매각사건'이라고 한다. 옥션 등에서는 중복사건처럼 후행사건(관련사건)이라는 제목하에 경매사건번호를 기재하고 있으나, 이것은 중복경매는 아니다. 아래의 사례를 통하여 '연속적 매각사건'에 관한 구체적인 사례를 보자. 이 다가구는 2021. 11. 11. ㈜케이엔이 낙찰받았지만, 2023. 4. 27. 다시 임의경매가 신청된 '연속적 매각사건'으로써 중복경매는 아니다.

조금 복잡한 사건 중에는 '중복경매'이면서 '재매각사건'인 경우도 있다. 물론 중복경매, 재매각, 연속적 매각사건은 각각 구별해야 한다. 재매각은 동일한 매각절차에서 최고가매수신고인이 잔금을 납부하지 않아서 다시 새로운 매각기일에 매각이 진행되는 경우이다. 아래의 사례는 중복경매이면서 재매각 사례의 예시이다. 중복경매와 연속적 매각사건이 구별되는가? 아래 사례에서 보듯이 이 사건은 중복경매이면서 재매각사건으로서 선행사건에서 재매각으로 다시 매각기일이 진행되고 있다.

또 한편 중복경매와 구별해야 할 개념으로 '공동경매'라는 것이 있다. 제1경매신청 후에 이에 대한 '경매개시결정이 있기 전에' 또다시 제2경매신청, 제3경매신청, 제4경매신청이 동시다발적으로 있는 경우, 제1경매신청에 대한 경매개시결정 전에 제2경매신청, 제3경매신청, 제4경매신청이 되었기 때문에 제1경매~제4경매을 통틀어서 '하나의 경매개시결정'을 하는 경우를 '공동경매'하고 한다. 중복경매는 먼저 들어온 경매신청에 대하여 '경매개시결정이 있은 후에' 또 새로운 경매신청이 있는 경우에 '이중으로(중복하여) 경매개시결정'을 하는 것임에 반하여, 공동경매는 먼저 들어온 경매신청에 대하여 아직 '경매개시결정이 있기 전에' 또 다른 경매신청이 있어서 그 경매신청을 모두 일괄하여 '하나의 경매개시결정'을 하는 것을 말한다.

이 공동경매는 민사집행법적으로 중요하지 않다. 중요한 것은 중복경매임은 물론이다. 경매에서 공동경매는 무시해도 된다. 아래에서는 단지 중복경매와 개념상 구별하기 위하여 공동경매의 사례를 한번 들어 보기로 한다. 근저당권과 2건의 가압류가 공동으로 경매가 신청되었지만, 제일 빠른 근저당권에 의하여 임의경매개시결정이 된 공동경매의 경우이다.

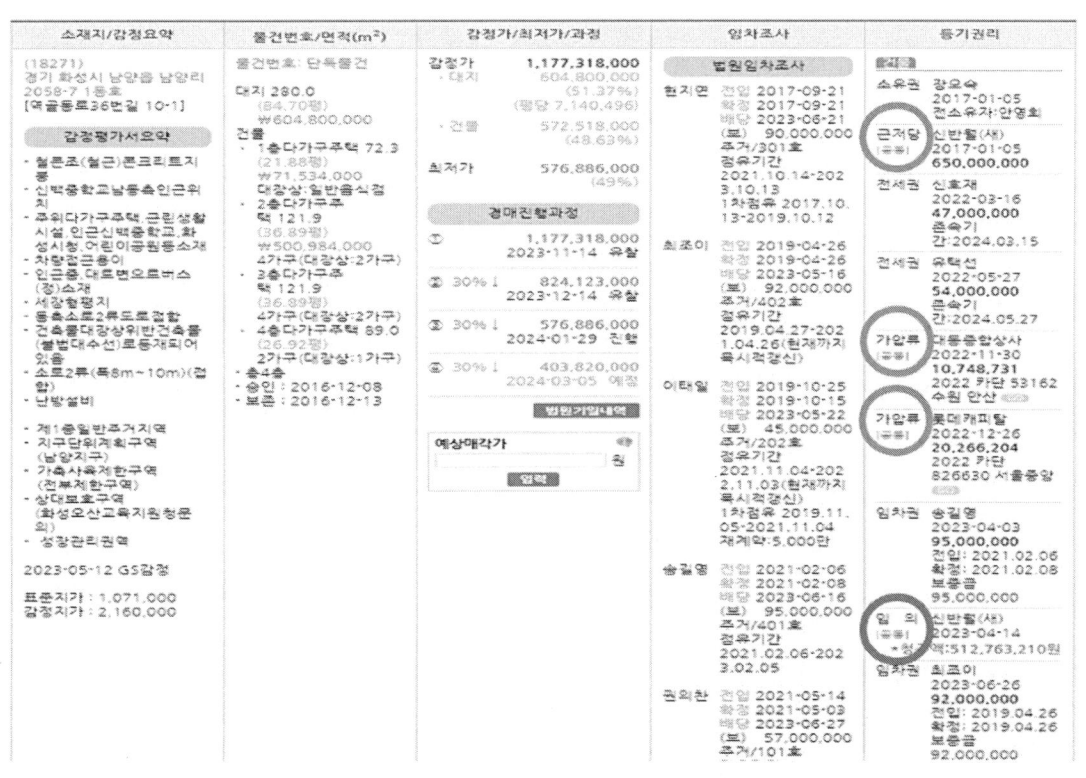

자~~, 이제 우리와 같은 고수익을 노리는 경매투자자들에게는 중복경매가 중요하다는 사실을 알았으니, 여기서 우리는 중복경매의 효력을 좀 더 살펴보도록 하자. 중복경매는 '선행사건'을 기준으로 매각절차를 진행하며, 선행사건의 경매신청이 취하·취소·정지된 경우에

는 '후행사건'에 의하여 절차가 진행된다. 이때 후행사건은 원칙적으로 선행에서 진행된 절차를 그대로 승계하고 후행사건에서는 나머지 절차만 속행하되, 선행사건과 후행사건 사이에 또 다른 용익권 등이 설정된 경우에는 권리관계에 변동이 있게 되므로 현황조사, 재감정 등을 통하여 최저매각가격을 다시 정하여 최저매각가격으로 하는 등의 적절한 조치를 취한 후에 후행사건을 진행하지만, 그렇지 않으면 선행사건의 '유찰된 최저매각가격'을 후행사건에서 그대로 사용하는 것이 법원의 실무이다. 실무적으로 선행사건과 후행사건 사이에 권리관계의 변동이 없는 한 선행사건에서 진행된 절차를 후행사건에 그대로 활용하는 것은 비용 절감과 무용한 절차의 반복을 피하기 위해서이지만, 낙찰자에게는 당락 결정과 매각가 결정에 지대한 영향을 미친다는 점을 잊지 말아야 한다. 그래서 입찰 참여자는 중복경매에 관한 민사집행법적 의미와 실무를 알아야 한다.

한편 이와 같이 중복경매가 필요한 이유는 뭘까? 첫째로, '남을 가망이 없는 경매가 되어 취소되는 것을 방지'하기 위해서이다. 즉, 집행법원은 '최저매각가격'으로 압류채권자의 채권에 우선하는 부동산의 모든 부담과 절차 비용을 변제하고 나면 남을 가망이 없다고 인정되는 경우에는 직권으로 경매를 취소한다(민집법 제102조). 이것이 바로 무잉여경매에 관한 민사집행법적 제도이다. 그러나 예를 들어 '후순위'채권자가 경매를 신청하여 남을 가망이 없어 경매가 취소된 경우, '선순위'채권자가 경매를 신청하여 중복경매가 되면 남을 가망이 없어서 경매가 취소되는 것을 막을 수 있다. 이것이 중복경매를 인정하는 첫 번째 이유이다.

이때 중복경매에서 '남을 가망이 있는지(무잉여 경매) 여부의 판단'을 위해서는 절차의 불필요한 지연을 방지하기 위하여 『그 절차에서 '경매개시결정을 받은' 채권자 중 '최선순위의 권리'를 기준』으로 남을 가망이 없는 경매인지 여부를 판단한다. 즉, 무잉여 경매를 막기 위한 것이 중복경매의 이유이다. 결국 남을 가망이 없는 경매인지 여부의 판단은 '일반사건에서는' 최저매각가격을 기준으로 '최저매각가격'보다 '낙찰금액'이 적을 경우에는 남을 가망이 없는 경매가 된다. 그러나 중복경매에서는 남을 가망이 없는 경매 여부의 기준이 되는 권리는 중복경매신청권자 중 경매를 먼저 신청하여 '압류가 빠른 권리'가 아니라 "최우선순위의 권리를 기준"으로 한다.[133] 무용한 절차의 반복을 방지하기 위해서이다. 말로 하니 이해가 되지 않는가? 그렇다면 아래 예시를 총하여 한번 보자.

---

133) 대결 1998.1.14. 97마1653, 대결 2001.12.28. 2001마2094, 대결 2005.5.27. 2003마1867,1868,1869,1870, 대결 2012.12.21. 2012마379, 대결 2013.11.19. 2012마745

> (예시)　1. 甲 근저당권 – ②번 경매신청(2번 압류)
> 　　　　 2. 乙 임차권
> 　　　　 3. 丙 전세권
> 　　　　 4. 丁 근저당권 – ①번 경매신청(1번 압류)

위 예시에서 ①번 후순위자가 경매신청을 하여 남을 가망이 없는 경매가 될 뻔한 것을 ②번 선순위자가 경매신청을 함으로써 중복경매가 되어 남을 가망이 없는 경매가 되어 취소되는 것을 방지할 수 있다. 위 사례에서 ①번 경매신청이 압류(경매개시결정)가 된 후에 다시 ②번 압류(경매개시결정)가 되었으므로 압류의 경합, 즉 중복경매이다. 이때 중복경매에서 남을 가망이 없는 경매 여부의 기준이 되는 권리는 먼저 경매를 신청한 ①번 압류(丁의 근저당권)이 아니라 '최우선권리인' 甲의 근저당권이 기준이 된다. 그렇게 함으로써 무잉여 경매로 인하여 경매가 취소되는 것을 막을 수 있기 때문이다. 이렇게 보는 것이 바로 무용한 절차의 반복을 막을 수 있게 되는 것이다.

중복경매가 필요한 <u>두 번째 이유는</u>, '배당 참가와 청구금액확장'을 위해서이다. 원래 중복경매에서 선행사건과 후행사건은 별개의 사건으로써 원칙적으로 배종기일이 별도로 지정되고, 각 사건의 채권자는 각각의 배종기일에 배당요구를 함이 원칙이다. 그러나 후행사건의 다른 채권자가 『선행경매의 '배종기일까지' 중복경매신청을 한 경우』에는 후행사건의 중복경매 채권자도 '선행사건의 배당에 참가'할 수 있고, 후행사건의 경매신청자는 선행경매신청 당시에 '누락된 청구금액을 확장'하는 것이 허용된다(민집법 제148조 1호 참조). 즉, 선행경매의 '배종기일까지' 중복경매신청을 한 채권자는 선행사건에서 배당 참가와 누락된 청구금액을 확장할 수 있도록 하기 위한것이 중복경매를 인정하는 두 번째의 이유이다. 중복경매를 인정하는 이유 중에서 무잉여 경매를 막기 위한 것이 중요함은 물론이다.

이상과 같이 위에서 본 2가지 이유 때문에 중복경매가 인정되는데, 경매실무에서 중복경매는 상당히 많으며, 중복경매사건을 이해하지 못해서 낙찰을 받았다가 잔금 미납으로 재매각으로 나오는 사건 또한 상당히 많다. 중복경매는 민사집행법에서 어려운 분야 중의 한 분야이며, 민사집행법에 관한 절차적 권리분석 중 많은 수익을 안겨주는 보석 중의 하나이다.

[37] 남을 가망이 없는 경매(무잉여 경매)는 무조건 취소된다?

앞에서 이미 무잉여 경매에 관하여 본 바와 같이, 우리 민사집행법은 "배당에서 경매신청권자보다 우선하는 '선순위채권과 절차 비용'을 공제하면 남을 것이 없는 경우에는 경매신청자가 스스로 매수신청을 하지 않으면 법원은 매각절차를 취소하여야 한다"라고 규정하고 있다. 법원은 취소하기 전에 경매신청채권자에게 선순위채권과 절차 비용을 부담하고도 남을 가망이 있는 금액으로 스스로 낙찰받을 것을 통지하도록 규정하고 있다(민집법 제91조 1항, 제102조).

이와 같이 무잉여 경매를 인정하고 직권 취소를 인정하는 취지는 <u>첫째로, 압류채권자가 자신에게 남을 가망이 없어서 채권 회수가 되지 않음에도 불구하고 사회경제적으로 무익한 경매신청을 하는 것을 방지하고자 함에 있다.</u> 이러한 경매신청을 허용하면 집행법원은 물론 많은 이해관계인들이 시간과 비용을 낭비함으로써 사회경제적으로 손실이기 때문이다. 둘째로, 남을 가망이 없는 경매(무잉여 경매)는 주로 후순위권자가 경매를 신청함으로써 발생 되는데, <u>후순위자가 경매를 신청한 경우 선순위자 입장에서는 자신의 의사에 반하는 시기에 투자를 회수하도록 강요당하는 꼴이 된다. 이를 막기 위함이다.</u> 선순위 채권자 입장에서는 자신은 1순위자로서 채권 회수가 보장되는 상황에서 더 많은 이자채권을 회수하는 것이 이익이므로, 후순위자가 신청한 경매절차에서 자신의 의사에 반하는 시기에 투자회수를 강요받는 결과가 되기 때문이다.

다시 말해서 민사소송과 달리 민사집행(경매)은 사법(私法)적 집행으로써 원고와 피고의 양자 대립 구조가 아니라 채권자, 소유자, 채무자, 낙찰자 등 이해관계인이 여러 명인 다면적 대립구조이기 때문에 경매신청채권자에게 한 푼도 돌아가지 않는 이득이 없는 경매신청은 허용되지 않는다. 이처럼 경매신청채권자에게 한 푼도 돌아가지 않는 이득이 없는 경매는 허용되지 않는 것이 바로 '잉여주의 원칙'이고, 남을 가망이 없는 경매(무잉여 경매)는 법원에 의하여 직권 취소됨이 원칙이다. 잉여주의 원칙, 인수주의 원칙 또는 말소주의 원칙이 민사집행법의 3대 대원칙이다. 인수주의 원칙 또는 말소주의 원칙은 말소기준권리와 관련하여 이미 앞에서 자세히 보았다. 잉여주의 원칙과 관련해서는 매수인이 낙찰까지 받았는데 경매신청이 취소되면 낙찰자는 비록 입찰보증금을 돌려받는다고 하더라도 시간과 비용을 날리게 되므로 실무상 입찰 전 무잉여로 취소되는 것을 고려할 필요성이 있다.

무잉여로 매각불허가결정이 된 다음의 사례들을 보자. 이 사건은 말소기준권리가 2023. 05. 26. 지평농협의 가압류이다. 감정가가 6억 1,671만 원이고, 대항력을 갖춘 선순위 임차인의 보증금이 1억 600만 원이다. 그리고 그 외의 근저당권, 가압류, 압류 등의 선순위 채권자의 채권액이 확인된 것만도 2억 정도이다. 그런데 매각금액은 1억 6,780만 원이다. 결국 경매신청권자인 지평농협은 한 푼도 받을 수 없다. 따라서 법원은 매각불허가결정을 하였다.

이 사건은 지평농협이 민법과 민사집행법을 잘 알았더라면 매각불허가를 막을 수 있었던 사건이다. 즉, 가압류로 강제경매를 신청하는 것으로 그치지 않고 2009. 4. 8.자 근저당권으로 임의경매를 신청하였더라면 무잉여경매를 막을 수 있었다. 지평농협은 2009. 04. 08. 토지에 근저당권과 담보지상권을 설정하고, 다시 2023. 05. 26. 건물과 토지에 가압류를 하였다. 그런데 지평농협은 토지에 설정한 근저당권으로 건물까지 일괄경매를 신청할 수 있을 뿐만 아니라(민법 제365조 참조), 가압류로 강제경매신청은 물론 근저당권으로 임의경매도 신청할 수 있다. 무잉여경매를 막기 위해서는 임의경매와 강제경매를 동시에 행사했어야 한다. 그런데 가압류로 강제경매만을 신청하였다. 그래서 무잉여경매로 매각불허가가 된 것이다.

만약에 근저당권으로 임의경매를 신청하던지, 강제경매를 신청하였어도 유찰이 많이 되어 무잉여가 될 경우에는 이어서 임의경매 신청도 하였더라면 무잉여경매를 막을 수도 있었다. 민사집행법을 모르면 낙찰자이든 채권자이든 이처럼 무익한 경매가 되고 만다는 점을 알아야 한다. 지평농협의 법률대리인이인 법무사가 민사집행법을 잘 몰라서 능력을 발휘하지 못한 전형적인 사건이다.

2023타경2645 · 수원지방법원 여주지원 · 매각기일 : 2024.08.28(水) (10:00) · 경매 1계(전화:031-880-7445)

소재지	경기도 양평군 지평면 ○○리					
물건종별	다가구(원룸등)	감정가	616,710,000원	오늘조회: 1 2주누적: 2 2주평균: 0		
토지면적	1402㎡(424.11평)	최저가	(24%) 148,072,000원	구분	매각기일	최저매각가격	결과
건물면적	223.01㎡(67.46평)	보증금	(10%) 14,807,200원	1차	2024-04-17	616,710,000원	유찰
매각물건	토지·건물 일괄매각	소유자	손○화	2차	2024-06-05	431,697,000원	유찰
개시결정	2023-06-22	채무자	손○화	3차	2024-07-03	302,188,000원	유찰
사건명	강제경매	채권자	지평농협	4차	2024-07-31	211,532,000원	유찰
				5차	2024-08-28	148,072,000원	매각
				매각 167,800,000원(27.21%) / 1명		
				매각결정기일 : 2024.09.04 - 매각불허가결정		

• 임차인현황 (말소기준권리 : 2023.05.26 / 배당요구종기일 : 2023.09.26)

임차인	점유부분	전입/확정/배당	보증금/차임	대항력	배당예상금액	기타
김○	주거용 본건 토지 지상 이동식 컨테이너	전입일자: 2020.10.08 확정일자: 2020.10.08 배당요구: 2023.08.09	보16,000,000원	있음	소액임차인	
김○	주거용 일부(2층 201호 방 1칸 및 거실)	전입일자: 2016.06.07 확정일자: 2018.09.28 배당요구: 2023.09.21	보46,000,000원	있음	소액임차인 미배당보증금 매수인 인수	
박○	주거용	전입일자: 2019.05.20 확정일자: 미상 배당요구: 없음	미상		배당금 없음	
이○	주거용 2층 202호	전입일자: 2015.07.31 확정일자: 미상 배당요구: 2023.07.12	보44,000,000원	있음	소액임차인 미배당보증금 매수인 인수	

임차인수: 4명 , 임차보증금합계: 106,000,000원

• 건물등기부 (채권액합계 : 52,864,332원)

No	접수	권리종류	권리자	채권금액	비고	소멸여부
1(갑1)	2023.05.26	소유권보존	손○		가압류등기의 촉탁으로 인하여	
2(갑2)	2023.05.26	가압류	지평농협	52,864,332원	말소기준등기 2023카단73	소멸
3(갑3)	2023.06.22	강제경매	지평농협	청구금액: 52,864,332원	2023타경2645	소멸
4(갑4)	2023.07.19	압류	양평군			소멸

• 토지등기부 (채권액합계 : 311,864,332원)

No	접수	권리종류	권리자	채권금액	비고	소멸여부
1(갑2)	2005.03.21	소유권이전(상속)	손○		협의분할에 의한 상속	
2(을5)	2009.04.08	근저당	지평농협	65,000,000원	말소기준등기	소멸
3(을6)	2009.04.08	지상권(토지의전부)	지평농협		존속기간: 2009.04.08~2039.04.08 만30년	소멸
4(을7)	2015.07.31	근저당	이○	44,000,000원		소멸
5(갑5)	2020.04.13	가압류	이○	18,000,000원	2020카단31	소멸
6(갑6)	2021.02.18	가압류	신○	33,000,000원	2021카단70	소멸
7(을8)	2021.03.03	근저당	김○	15,000,000원		소멸
8(을9)	2021.03.31	근저당	김○	59,000,000원		소멸
9(갑7)	2021.04.09	압류	국(이천세무서장)			소멸
10(갑8)	2021.08.13	가압류	이○	25,000,000원	2021카단1468	소멸
11(갑9)	2022.10.07	압류	양평군			소멸
12(갑10)	2022.10.17	압류	양평군			소멸
13(갑11)	2023.05.26	가압류	지평농협	52,864,332원	2023카단73	소멸
14(갑12)	2023.06.22	강제경매	지평농협	청구금액: 52,864,332원	2023타경2645	소멸

다음의 사건도 위 사례와 유사한 이유로 무잉여경매로 매각불허가가 된 사례이다. 이 사건은 말소기준권리가 ㈜00종합건설의 가압류인데, 후순위자인 장씨와 조씨가 강제경매신청을

한 중복경매사건이다. 감정가가 2억 7,200만 원이고, 대항력을 갖춘 선순위 임차인의 보증금이 1억 6,000만 원이다. 그런데 매각금액은 1억 6,000만 원이다. 그런데 선순위 가압류권자의 채권액 약 15억을 그 후순위 권리자들과 안분배당하면 가압류권자에게 배당되는 금액이 약 3억 7,000만 원이다.[134] 이 사건에서 경매신청권자인 장씨와 조씨에게는 한 푼도 배당되지 않는다. 따라서 법원은 매각불허가결정을 하였다. 이런 사건을 6개월 이상을 손품과 발품을 팔아서 낙찰을 받았는데 매각불허가결정이 난다면, 낙찰자는 설사 보증금은 돌려 받지만 그동안의 시간과 비용은 날려야만 한다. 그래서 많이 유찰되는 고수익의 물건은 반드시 민사집행법을 알아야 한다.

---

134) 안분배당계산 : 매각금액 1억 6,000만 원×가압류 금액 약 15억 원÷후순위 권리자들의 채권 약 6억 5,000만 원 = 약 3억 7,000만 원

그런데 앞에서 중복경매 사건에서 남을 가망이 없는지 여부의 기준이 되는 권리에 관하여 설명한 적이 있다. 남을 가망이 없는 경매(무잉여 경매)는 직권 취소되기 때문에 유의를 하여야 하지만, 특히 남을 가망이 없는 경매는 '중복경매 사건'에서 무잉여가 되는지 여부를 결정하는 기준이 되는 권리가 어느 것이냐가 중요하다. 결론적으로 우리는 앞에서 기준이 되는 권리는 제일 먼저 압류한 권리가 아니라 그 절차에서 경매개시결정을 받은 압류채권자 중에서 '최우선순위의 권리'라고 하였다.

중복경매에서 무잉여의 기준이 되는 권리와 관련하여 "대법원 1998. 1. 14. 선고 대법원 97마1653 결정" 사건을 통하여 다시 한번 '무잉여의 기준권리'에 대한 사례연습을 해보자. 위 대법원 결정 사건의 경매 내역은 아래의 표와 같다.

사건/물건번호 /물건종류	물건 현황	감정가/최저가 경매진행과정	임대차 현황	등기내역
서울중앙 97-0000 서울 서초구 서초동 558-00번지 00맨션 301호	생략	최저가 11억 200만원 매 각 11억 300만원	생략	• 근저당권 1994.10.6. 9억원 　근저당권 1994.10.20. 24억원 　근저당권 1994.12.30. 3억원 • 가압류 안방호1995.4.14. 5억 • 강제 안방호 1996.9.7. 12억원 • 임의 1번 근저당권 9억원

위 사건에서 원심은 '최우선 압류(안방호 강제경매)를 기준'으로 잉여 여부를 판단하여 매각절차를 취소하였다. 즉, "최저매각가 11억 200만원 〈 강제경매 안방호 12억원"이라는 이유로 매각절차를 취소하였다. 중복경매에서 무잉여 여부를 결정하는 기준이 되는 권리는 제일 '먼저' 압류를 한 권리(사례에서 안방호의 강제경매에 의한 압류)가 아니라 그 절차에서의 압류(경매개시결정)채권자 중에서 '최우선순위의 권리(사례에서 1994. 10. 6. 설정된 근저당권)'이다.

이 사건에서 강제경매와 임의경매 2건의 경매개시결정이 있었고, 압류는 1996. 9. 7. 안방호의 강제경매가 빠르지만, 권리의 설정 순위는 1994. 10. 6. 설정된 임의경매의 근저당권이 빠르다. 무잉여 여부를 결정하는 기준이 되는 권리는 제일 먼저 압류한 권리(위 사례에서 1996. 9. 7. 안방호의 강제경매)가 아니라 그 절차에서의 압류채권자 중에서 '최우선순위의 권리(위 사례에서 1994. 10. 6. 설정된 근저당권)'라고 하였으니, 임의경매 신청권자인 근저당권을 기준으로 무잉여 여부를 결정하여야 한다.

그 이유는 '남을 가망이 없는 경매가 되어 취소되는 것을 방지'하기 위한 중복경매 제도의 필요성에 더 부합하기 때문이다. 위 사건에서 대법원 역시 같은 취지에서 원심을 파기환송 하였다. 따라서 최저매각가(11억 200만 원)가 최우선순위권리인 근저당권(9억 원)보다 많기 때문에 이 사건은 아직 남을 가망이 없는 경매가 아니다. 만약 중복경매 및 무잉여경매와 배당을 아는 낙찰자라면 이 무렵에 바로 들어가서 입찰을 한다면 매우 성공적인 경매가 될 것이다.

실무상 중복경매와 무잉여경매가 얽히는 경우 또는 임차인이 많은 다가구 주택과 꼬마빌딩(소위 통 상가)의 경우에는 수 회 유찰되어 바닥으로 떨어질 것이기 때문에, 이 종목은 경매 고수들의 황금어장이다. 아래에서 중복경매에다 무잉여경매가 될 가능성이 높고, 임차인이 12명인 다가구 주택에 관한 사례를 한번 보도록 하자.

2022타경10360 • 수원지방법원 본원 • 매각기일 : 2024.09.10(火) (10:00) • 경매 1계 (전화:031-210-1261)

소재지	경기도 화성시 향남읍 상신리						
물건종별	다가구(원룸등)	감정가	1,155,796,400원	오늘조회: 7 2주누적: 140 2주평균: 10 조회동향			
토지면적	275.3㎡(83.28평)	최저가	(49%) 566,340,000원	구분	매각기일	최저매각가격	결과
건물면적	396.56㎡(119.96평)	보증금	(10%) 56,634,000원	1차	2024-06-21	1,155,796,400원	유찰
매각물건	토지·건물 일괄매각	소유자	이○○	2차	2024-07-26	809,057,000원	유찰
개시결정	2022-12-27	채무자	이○○	3차	2024-09-10	566,340,000원	
사건명	부동산강제경매	채권자	손○○ 1명				
관련사건	2023타경59874(중복)						

• **건물등기부** (채권액합계 : 790,000,000원)

No	접수	권리종류	권리자	채권금액	비고	소멸여부
1(갑1)	2016.04.26	소유권보존	이○			
2(을1)	2016.04.26	근저당	(주)○○산업개발	455,000,000원	말소기준등기 확정채권양도전:화성우리신용협동조합	소멸
3(을2)	2021.03.23	주택임차권(3층 303호 전부)	손○	77,000,000원	전입:2018.06.29 확정:2018.06.29	소멸
4(갑2)	2021.10.07	강제경매	손○		2021타경68393 기각	소멸
5(을3)	2021.11.16	주택임차권(2층 201호)	박○	63,000,000원	전입:2018.06.11 확정:2018.06.20	소멸
6(을4)	2022.01.20	주택임차권(2층 203호)	손○	85,000,000원	전입:2016.05.27 확정:2016.05.27	소멸
7(갑3)	2022.12.27	강제경매	손○	청구금액: 85,000,000원	2022타경10360	소멸
8(갑4)	2023.04.21	임의경매	○○산업개발	청구금액: 383,257,617원	2023타경59874	소멸
9(을5)	2023.10.30	주택임차권(3층 301호)	김○	50,000,000원	전입:2016.07.04 확정:2016.07.05	소멸
10(을6)	2024.02.19	주택임차권(3층 302호)	박○	60,000,000원	전입:2020.06.15 확정:2020.07.20	소멸

토지등기부 (채권액합계 : 455,000,000원)

No	접수	권리종류	권리자	채권금액	비고	소멸여부
1(갑2)	2016.12.16	소유권이전(매매)	아○			
2(을1)	2016.12.16	근저당	(주)○산업개발	455,000,000원	말소기준등기 확정채권양도전:화성우리신용협동조합	소멸
3(갑3)	2021.10.07	강제경매	손○		2021타경68393 기각	소멸
4(갑4)	2022.06.15	압류	화성시(징수과세외수입체납징수팀)			소멸
5(갑5)	2022.12.27	강제경매	손○	청구금액: 85,000,000원	2022타경10360	소멸
6(갑6)	2023.04.21	임의경매	(주)○산업개발	청구금액: 383,257,617원	2023타경59874	소멸

관련정보 [관련사건] 전세금 반환 청구의 소-수원지방법원 2022가단560947 판결정본 [내용보기] [사건검색]

임차인현황 (말소기준권리 : 2016.04.26 / 배당요구종기일 : 2023.03.10)

임차인	점유부분	전입/확정/배당	보증금/차임	대항력	배당예상금액	기타
JIN○	주거용 303호	전입일자: 2021.06.07 확정일자: 2021.06.07 배당요구: 2023.01.30	보85,000,000원	없음	배당순위있음	한국계 중국인
김○	주거용 101호	전입일자: 2020.12.24 확정일자: 2020.12.24 배당요구: 2023.01.27	보65,000,000원	없음	배당순위있음	
김○	주거용 304호	전입일자: 2020.06.17 확정일자: 2020.06.17 배당요구: 2023.02.10	보65,000,000원	없음	배당순위있음	
김○	주거용 301호	전입일자: 2016.07.04 확정일자: 2016.07.05 배당요구: 2023.01.16	보50,000,000원	없음	소액임차인	임차권등기자
노○	주거용 102호	전입일자: 2016.06.03 확정일자: 2016.05.24 배당요구: 2023.01.10	보60,000,000원	없음	배당순위있음	
박○	주거용 302호	전입일자: 2020.06.15 확정일자: 2020.07.20 배당요구: 2023.01.30	보60,000,000원	없음	배당순위있음	임차권등기자, 문건처리내역상 배당요구일:2023.02.15
박○	주거용 201호	전입일자: 2018.06.11 확정일자: 2018.06.20 배당요구: 2023.01.20	보63,000,000원	없음	배당순위있음	임차권등기자
방○	주거용 202호	전입일자: 2020.07.29 확정일자: 2020.07.31 배당요구: 2023.02.23	보50,000,000원	없음	소액임차인	
손○	주거용 303호 49.5㎡	전입일자: 2018.06.29 확정일자: 2018.06.29 배당요구: 2021.03.23	보77,000,000원	없음	배당순위있음	임차권등기자, 문건처리내역상 배당요구일:2023.03.10
손○	주거용 203호	전입일자: 2016.05.27 확정일자: 2016.05.27 배당요구: 2023.01.30	보85,000,000원	없음	배당순위있음	임차권등기자, 경매신청인, 확:2016.05.27./2018.07.31., 문건처리내역상 배당요구일 : 2024.05.08
유○	주거용 204호	전입일자: 2017.04.21 확정일자: 2017.04.21 배당요구: 2023.02.03	보65,000,000원	없음	배당순위있음	
윤○	주거용 201호	전입일자: 2021.11.01 확정일자: 2021.11.01 배당요구: 2023.01.16	보63,000,000원	없음	배당순위있음	

임차인수: 12명 , 임차보증금합계: 788,000,000원

이 사건은 2021. 10. 7. 손씨의 강제경매와 2022. 12. 27. 또 다른 손씨의 강제경매, 2023. 4. 21. (주)000산업개발의 임의경매가 중복된 사건이다. 여기에 2016. 12. 16. (주)000산업개발의 근저당권보다 늦게 2021. 10. 7. 손씨가 강제경매를 신청함으로써 무잉여경매가 될 뻔한 사건이었는데, (주)000산업개발이 2016. 12. 16. 설정한 근저당권으로 2023. 4. 21. 자로 임의경매를 신청함으로써 무잉여경매의 가능성이 해소되었다.

하지만 이 사건은 임차인이 12명인 다가구 주택으로 말소기준권리보다 모두 대항요건을 늦게 갖추어서 일단은 모두 명도 대상이다. 그러나 이와 같은 사건에서 배당표를 정확하게 작성할 줄 알아야 한다. 정확한 배당표를 작성해 봄으로써 낙찰자가 얼마의 입찰금액을 쓸 것인지, 배당금을 받고 나가는 임차인이 누구인지, 보증금을 전혀 받지 못하고 쫓겨나는 임차인이 누구인지(명도 대상이 누구인지) 등의 정확한 권리분석과 수익분석이 가능해진다. 다가구 주택과 통 상가와 같은 종목에서 왜 배당표 작성이 필수인지 이제는 감이 좀 오지 않는가? 배당표 작성 방법에 관하여는 뒤에서 자세히 본다.

중복경매에서 남을 가망이 없는 경우의 판단은 위에서 본 바와 같다. 그러나 입찰 참여자는 여기서 또 유의할 점이 있다. 실무에서 무잉여가 되면 법원이 '무조건 그리고 즉시로' 경매를 취소하는 것이 아니다. 법원이 착오에 의한 것이든, 매각을 통하여 경매사건을 종결시키려는 의도이든, 어떤 이유에서든 종종 위와 같은 원칙이 구체적인 경매 실무에서는 무시되는 경우가 간혹 있다. 위와 같이 무잉여 경매에 대한 원칙이 무시된 경우에도 이해관계인이 이의를 하지 않는 한 '매각허가결정이 확정'되면 매각절차의 하자가 치유된다. 그때는 누구도 이의제기나 항고를 할 수 없게 된다. 따라서 입찰자는 일단 무시하고 관망하다가 입찰을 할 필요성도 있다. 또한 설사 법원이 무잉여를 이유로 경매를 취소한다고 하더라도 그 판단은 대부분 '낙찰 이후에 매각허부결정 단계에서' 이루어진다. 다시 말해서 법원은 바로 직권 취소를 하지 않고 매각이 된 후 매각허부결정기일에 가서야 '매각불허가결정'으로 취소를 대신하기도 한다. 왜냐하면 무잉여 경매는 비록 후순위자가 경매를 신청하여서 발생되는 것이지만, 매각절차 진행 도중 종종 선순위 채권자가 경매를 신청함으로써 중복경매가 되어 무잉여가 해소될 수도 있기 때문에, 법원은 처음부터 서둘러 직권 취소를 하지 않는다. 이점 입찰 참여자는 기억할 필요가 있다.

한편 무잉여 경매는 대부분 최선순위 채권자가 아닌 제2순위 이하의 채권자가 경매를 신청하여서 발생하므로, 입찰자는 적극적으로 1순위자를 찾아가서 경매신청을 할 것을 설득하는 방법도 고려할 필요가 있다. 이것이 경매를 성공적으로 이끄는 적극적인 마인드이다. '무잉여 경매'라는 제도를 단순히 개념적으로만 익히려 하지 않고, 이 제도를 민사집행절차 전체에서 어떻게 활용하여 위험을 회피할 것인가 또한 역설적으로 이 제도를 어떻게 활용하여 돈을 벌 것인가를 고민하는 것이 초고수의 경매 비법이다. 결론적으로 무잉여 제도를 이해하고 실무에서 활용하기 위해서는 무잉여 경매는 무조건 바로 취소되는 것이 아니므로 입찰 참여자는 먼저, 일단은 무잉여를 무시하는 것이 좋다. 둘째로, 매각기일 전 등기부를 확인해 본다. 그러면 선순위 담보권자가 경매신청을 하는 경우가 생겨난다. 그러면 무잉여는 해소된다. 셋째로, 그런 후에도 무잉여가 확실하면 1순위 담보권자를 찾아가서 1순위 담보권자가 경매신청을 하도록 설득을 통하여 무잉여 문제를 해소하면 된다. 이렇게 하면 무잉여를 해소하고 수회 유찰된 양질의 물건을 단독입찰로 독점할 수가 있는 것이다. 무잉여를 통한 수익 창출은 고수들이 민사집행법을 통한 고수익을 창출하는 비법 중의 하나이다.

[38] 공유자우선매수와 차순위 제도

　부동산 경매에서 공동소유의 일종인 공유에 공유자우선매수권을 인정하는 것은 공유물의 이용·관리 등 공유자의 유대관계를 중시하는 우리나라만의 특유한 제도이다(민법 제262조~제270조 참조). 공유자우선매수란 공유지분 매각 시에 다른 공유자가 최고가매수신고인의 매수 신고 가격과 같은 가격으로 지분을 우선하여 매수하는 것을 말한다(민집법 제140조). '공유지분'중 일부 지분을 매각할 경우에 인정되므로, 공유 부동산이라도 '전체지분'이 매각대상이면 성질상 공유자우선매수권이 인정되지 않는다. 여러 사람의 공유자가 우선매수권을 행사하는 경우에는 '공유지분의 비율로' 안분 비례하여 우선매수권이 인정된다.

　공유지분경매는 이른바 '실질적 경매'이다. 단순히 공유재산을 분할하기 위한 형식적 경매인 '공유물 분할 경매'와는 구별해야 한다. 따라서 형식적 경매인 공유물 분할 경매에는 공유자우선매수권이 인정되지 않는다. 형식적 경매는 공유물 관계를 청산하는 경매이므로 매각 후 공유관계가 남지 않으므로 지분 공유자를 위한 공유물우선매수권을 인정할 여지가 없기 때문이다. 다음 사례는 지분경매에서의 공유자우선매수가 인정되는 실질적 경매 사례이다. 한번 보도록 하자.

2023타경79113

소재지	경기도 화성시 남양읍 원천리 산 ●		감정가	136,860,120원	오늘조회: 5 2주누적: 79 2주평균: 6		
물건종별	임야				구분	매각기일	최저매각가격	결과
토지면적	전체: 6709㎡(2029.47평) 지분: 991.74㎡(300평)		최저가	(49%) 67,061,000원	1차	2024-04-01	136,860,120원	유찰
건물면적			보증금	(10%) 6,706,100원		2024-05-03	95,802,000원	변경
매각물건	토지지분매각(제시외기타 포함)		소유자	강●	2차	2024-06-07	136,860,120원	유찰
개시결정	2023-10-12		채무자	강●	3차	2024-07-10	95,802,000원	유찰
사건명	임의경매		채권자	(주)●●대부	4차	2024-08-26	67,061,000원	

수원지방법원
매각물건명세서

2023타경79113

사건	2023타경79113 부동산임의경매	매각물건번호	1	작성일자	2024.05.14	담임법관(사법보좌관)	강경래
부동산 및 감정평가액 최저매각가격의 표시	별지기재와 같음	최선순위설정	2020.12.1. 근저당권			배당요구종기	2023.12.26

부동산의 점유자와 점유의 권원, 점유할 수 있는 기간, 차임 또는 보증금에 관한 관계인의 진술 및 임차인이 있는 경우 배당요구 여부와 그 일자, 전입신고일자 또는 사업자등록신청일자와 확정일자의 유무와 그 일자

점유자의 성명	점유부분	정보출처 구분	점유의 권원	임대차기간 (점유기간)	보증금	차임	전입신고일자·외국인등록(체류지변경)신고일자·사업자등록신청일자	확정일자	배당요구여부 (배당요구일자)
				조사된 임차내역없음					

※ 최선순위 설정일자보다 대항요건을 먼저 갖춘 주택·상가건물 임차인의 임차보증금은 매수인에게 인수되는 경우가 발생 할 수 있고, 대항력과 우선변제권이 있는 주택·상가건물 임차인이 배당요구를 하였으나 보증금 전액에 관하여 배당을 받지 아니한 경우에는 배당받지 못한 잔액이 매수인에게 인수되게 됨을 주의하시기 바랍니다.

등기된 부동산에 관한 권리 또는 가처분으로 매각으로 그 효력이 소멸되지 아니하는 것

매각에 따라 설정된 것으로 보는 지상권의 개요

비고란
1. 지분매각임
2. 자연림 상태의 지상 수목은 토지가액에 포함하여 매각
3. 공유자의 우선매수신고는 1회에 한하여 행사할 수 있음(공유자가 우선매수권 신고 후 매각기일까지 매수보증금을 미납하여 실효되는 경우에는 그 공유자는 이후 매각기일부터는 우선매수권을 행사할 수 없음)

주1: 매각목적물에서 제외되는 미등기건물 등이 있을 경우에는 그 취지를 명확히 기재한다.
  2: 매각으로 소멸되는 가등기담보권, 가압류, 전세권의 등기일자가 최선순위 저당권등기일자보다 빠른 경우에는 그 등기일자를 기재한다.

한편 앞에서 본 '실질적 경매'인 공유지분경매와는 달리, 다음 사례는 형식적 경매인 '공유물 분할 경매'이다. 비교해서 자세히 살펴 보기 바란다.

2024타경40494 (1)

소재지	경기도 평택시 안중읍 금곡리 ● 외 1필지		감정가	507,454,000원	오늘조회: 2 2주누적: 53 2주평균: 4		
물건종별	농지		최저가	(100%) 507,454,000원	구분	매각기일	최저매각가격	결과
토지면적	2559㎡(774.1평)				1차	2024-08-26	507,454,000원	
건물면적			보증금	(10%) 50,745,400원				
매각물건	토지 매각		소유자	표● 외3명				
개시결정	2024-01-15		채무자	표● 외2명				
사건명	임의경매(공유물분할을위한경매)		채권자	표●				

토지등기부

No	접수	권리종류	권리자	채권금액	비고	소멸여부
1(갑1)	1976.11.27	소유권이전(매매)	표●		환지로인한전사	
2(갑2)	2005.10.18	소유권일부이전	표● 공동소유자		매매, 5/8	
3(갑3)	2005.12.13	표태원지분중일부이전	표●		증여, 1/8	
4(갑4)	2010.05.14	갑구1번표한등,2번표태원지 보증일부이전	표●		화해권고결정, 미국, 7/96	
5(갑5)	2018.03.20	표한등지분전부이전	표●		협의분할에 의한 상속, 3 3/96	
6(갑6)	2024.01.16	임의경매	표● 공유물분할청구		말소기준등기 2024타경40494	소멸

기타사항	▶ 금곡리 48-8 토지 등기부상
주의사항	▶ 농지취득자격증명 요함(미제출시 보증금 미반환) ▶ 공유자우선매수권 없음

수원지방법원 평택지원

2024타경40494

매각물건명세서

사건	2024타경40494 공유물분할을위한 경매	매각물건번호	1	작성일자	2024.08.05	담임법관 (사법보좌관)	노윤환	
부동산 및 감정평가액 최저매각가격의 표시	별지기재와 같음	최선순위 설정		2024. 1. 15. 경매개시결정		배당요구종기	2024.04.19	

부동산의 점유자와 점유의 권원, 점유할 수 있는 기간, 차임 또는 보증금에 관한 관계인의 진술 및 임차인이 있는 경우 배당요구 여부와 그 일자, 전입신고일자 또는 사업자등록신청일자와 확정일자의 유무와 그 일자

점유자의 성명	점유부분	정보출처 구분	점유의 권원	임대차기간 (점유기간)	보증금	차임	전입신고일자·외국 인등록(체류지변경 신고)일자·사업자등 록신청일자	확정일자	배당요구여부 (배당요구일자)

조사된 임차내역없음

※ 최선순위 설정일자보다 대항요건을 먼저 갖춘 주택·상가건물 임차인의 임차보증금은 매수인에게 인수되는 경우가 발생 할 수 있고, 대항력과 우선변제권이 있는 주택·상가건물 임차인이 배당요구를 하였으나 보증금 전액에 관하여 배당을 받지 아니한 경우에는 배당받지 못한 잔액이 매수인에게 인수되게 됨을 주의하시기 바랍니다.

등기된 부동산에 관한 권리 또는 가처분으로 매각으로 그 효력이 소멸되지 아니하는 것

매각에 따라 설정된 것으로 보는 지상권의 개요

비고란

일괄매각. 농지취득자격증명 요함(미제출시 보증금 미반환). 공유자우선매수권 없음

주1 : 매각목적물에서 제외되는 미등기건물 등이 있을 경우에는 그 취지를 명확히 기재한다.
 2 : 매각으로 소멸되는 가등기담보권, 가압류, 전세권의 등기일자가 최선순위 저당권등기일자보다 빠른 경우에는 그 등기일자를 기재한다.

앞의 사례에서 보았듯이, 공유물 분할 경매는 공유자우선매수권이 인정되지 않는다. 형식적 경매는 공유물 관계를 청산하는 경매이므로 매각 후 공유관계가 남지 않으므로 지분 공유자를 위한 공유물우선매수권을 인정할 여지가 없기 때문임은 앞에서 이미 보았다. 공유물 분할 경매는 형식적 경매이자 '임의경매의 일종'이다. 따라서 공유자는 강제경매와 달리 집행권원 없이 바로 임의경매를 신청하여 공유관계를 청산할 수 있다.

공유자우선매수권 행사 시한은 집행관이 '매각기일을 종결할 때까지'이다. 매각기일 전 '미리' 공유자우선매수권을 신청하는 것도 가능하고, 미리 신청 하든, 매각기일 당일에 신청하든 '매각기일 종결 고지 전까지 보증을 제공해야 함'을 물론이다. 공유자우선매수에는 다음과 같은 행사 제한 사항이 있다. 즉, 공유자가 우선매수신고를 하였으나 최고가매수신고인이 없을 때에는 '최저매각가격'으로 우선 매수를 인정한다(규칙 제76조 2항). 이때는 '최저매각가격'을 최고 매수 신고가로 본다.

그러나 공유자가 지분을 저가에 매수할 목적으로 여러 차례 우선매수신고를 하고 다른 매수신고인이 없으면 매수신청 보증금을 납부하지 않는 방법으로 유찰이 되도록 하였다가 최저매각가격이 많이 저감된 매각기일에 다른 매수신고인이 나타나면 그때서야 비로소 매수신청 보증금을 납부하는 경우에는 '매각 불허가 사유'가 됨을 주의해야 한다(민집법 제121조, 제108조 2호). 바로 이점 때문에 실무상 공유자우선매수신고를 1회로 한정하는 특별매각조건을 붙이기도 한다(앞에서 본 2023타경79113 사건 매각물건명세서 참조).

끝으로 공유자우선매수에서 공유자가 우선매수신고를 하면 최고가매수신고인은 '자동으로' 차순위매수신고인이 된다. 자동으로 된다는 의미는 공유자우선매수에서의 차순위매수신고는 '법적으로 의제된다'는 의미이다. 공유자우선매수로 인한 법적 의제일 뿐이므로 매각기일 종결 전에 최고가매수신고인은 법적으로 의제된 차순위매수자로서의 지위를 포기할 수 있다. 다음은 공유자우선매수신고서이다. 참고하기 바란다.

[전산양식 A3359]

공유자우선매수신고서

사 건   20○○타경○○○○○ 부동산강제(임의)경매
채권자
채무자 (소유자)
공유자
매각기일   20○○. ○. ○. ○○:○○
부동산의 표시 : 별지와 같음

　공유자는 민사집행법 제140조 제1항의 규정에 의하여 <u>매각기일까지(집행관이 민사집행법 제115조 제1항에 따라 최고가매수신고인의 성명과 가격을 부르고 매각기일을 종결한다고 고지하기 전까지)</u> **민사집행법 제113조에 따른 매수신청보증을 제공하고** 최고매수신고가격과 같은 가격으로 채무자의 지분을 우선매수하겠다는 신고를 합니다.

첨부서류
1. 공유자의 주민등록표 등본 또는 초본 1통
2. 기타(   )

20 . . .

우선매수신고인(공유자)   ㊞
(연락처 :   )

○○지방법원 경매○계 귀중

　한편 유사 제도로 특별법에 의한 우선 매수도 인정된다. 즉, ①구 임대주택법(법률 제13499호로 개정되기 전의 것)에 의한 임대주택임차인의 우선 매수(구 임대주택법 제22조, 구 임대주택법은 민간임대주택특별법으로 변경됨), ②공공주택특별법에 따른 공공주택사업자의 부도임대주택의 우선 매수(공공주택특별법 제41조), ③부도공공건설임대주택 임차인

보호를 위한 특별법에 따른 주택매입사업시행자의 우선 매수(동법 제12조), ④전세사기피해자 지원 및 주거안정에 관한 특별법에 따른 경매와 공매에서도 우선 매수(전세사기피해자법 제20조~제22조)가 인정된다. 임대주택법에 따른 임차인 우선매수신고서와 전세사기피해자의 우선매수신청서를 아래에 싣는다. 참고하기 바란다.

[전산양식 A3359-1]

임대주택법에 따른 임차인 우선매수신고서

사 건 20○○타경○○○○○ 부동산강제(임의)경매
채권자
채무자(소유자)
매각기일 20○○. ○. ○. ○○:○○
부동산의 표시 : 별지와 같음

   임차인은 임대주택법 제15조의2 제1항의 규정에 의하여 <u>매각기일까지(집행관이 민사집행법 제115조 제1항에 따라 최고가매수신고인의 성명과 가격을 부르고 매각기일을 종결한다고 고지하기 전까지)</u> **민사집행법 제113조에 따른 매수신청보증을 제공하고** 최고매수신고가격과 같은 가격으로 채무자인 임대사업자의 임대주택을 우선매수하겠다는 신고를 합니다.

첨부서류
1. 임차인의 주민등록표 등본 또는 초본 1통
2. 기타(   )

20 . . .

우선매수신고인(임차인)   ㊞
(연락처 :   )

○○지방법원 경매○계 귀중

전세사기피해자 지원 및 주거안정에 관한 특별법에 따른 경매유예 등 신청서

사건번호   20○○타경 ○○○○○ 부동산강제(임의)경매
채 권 자
채 무 자
소 유 자

아래 해당사항란에 체크하여 주시고 사유를 기재하여 주시기 바랍니다.

아   래

□ 위 사건의 매각기일을 다음과 같은 사유로 보류신청을 하오니 매각기일의 지정을 보류하여 주시기 바랍니다.
□ 위 사건의 매각기일이 20 . . . :   로 지정되었는바, 다음과 같은 사유로 위 매각기일의 연기(변경)등 신청을 하오니 연기(변경)등 하여 주시기 바랍니다.

다   음

사유:

첨부서류: 전세사기피해자임을 증명하는 서류 1통
         (단, 증명하는 서류가 해당 사건에 제출된 경우 제외)

20 . . .

신청인(전세사기피해자)   (서명 또는 날인)
주소:
연락 가능한 전화번호:

○○지방법원 경매○계 귀중

[전산양식 A3359-2]

전세사기피해자 지원 및 주거안정에 관한 특별법에 따른 임차인 우선매수신고서

사　건　　20○○타경○○○○○ 부동산강제(임의)경매
채권자
채무자
소유자
매각기일　20○○. ○. ○. 00:00
부동산의 표시 : 별지와 같음

　임차인○○○은 전세사기피해자 지원 및 주거안정에 관한 특별법 제20조 제1항의 규정에 의하여 <u>매각기일까지(집행관이 민사집행법 제115조 제1항에 따라 최고가매수신고인의 성명과 가격을 부르고 매각기일을 종결한다고 고지하기 전까지)</u> 민사집행법 제113조에 따른 매수신청보증을 제공하고 최고매수신고가격과 같은 가격으로 <u>별지 부동산을 우선매수하겠다는 신고</u>를 합니다.

첨부서류

1. <u>전세사기피해자임을 증명하는 서류 1통</u>
　(단, 증명하는 서류가 해당 사건에 제출된 경우 제외)
2. 기타(　　　　　　　)

20　.　.　.

　　　　　우선매수신고인(임차인)　　　　　　서명 또는 날인
　　　　　주소:
　　　　　연락 가능한 전화번호:

○○지방법원 경매○계 귀중

　한편 <u>여러 개의 부동산을 '일괄매각'하는 경우, 매각대상 부동산 중 '일부에 대한 공유자'는 특별한 사정이 없는 한 매각대상 부동산 전체에 대하여 공유자의 우선매수권을 행사할 수 없다</u>(대법원 2006. 3. 13. 자 2005마1078 결정 [매각허가결정에대한이의]). 일괄매각제도는 동일인으로 하여금 매각부동산으로 일괄매수하도록 함으로써 부동산의 합리적 이용을 가능하게 한다는 데에 그 주된 목적이 있는데, 일괄매각대상인 여러 개의 부동산에 관하여 채무자 이외에 여러 공유자가 각각 따로 있는 경우에는 공유자의 우선매수권 제도로는 동일인에게 매각부동산을 일괄 귀속시킨다는 목적을 달성하기 곤란하고, 여러 개의 목적물을 일괄매각하는 경우 그 중 일부에 매각불허가사유가 있다면 그 전부에 대한 매각을 불허가하여야 하는데, 거꾸로 일괄매각 대상 부동산 중 일부에 대한 공유자에 불과한 자에게 그것도 다른 매수신고인의 희생을 바탕으로 하여 전체에 대한 매각을 허가하는 것은 형평에 맞지 않기 때문이다.

[39] 일반 매각사건에서의 차순위 제도

지분경매의 공유자우선매수제도에서 공유자우선매수가 있는 경우에 최고가매수신고인이 차순위자가 되는 것과 같이 일반 사건에서도 차순위 제도가 있다. 최고가매수신고인이 매각대금을 납부하지 않을 경우에 '일정한 조건 하에' 인정된다(법 제114조).

일반 사건에서 차순위 제도를 인정하는 취지는 최고가매수신고인이 매각대금을 납부하지 않을 경우에는 '재매각'을 하게 되는데, 재매각을 하게 되면 매각절차를 반복하여야 할 뿐만 아니라 그에 따른 사회경제적인 비용 또한 늘어나므로, 매각절차의 반복 방지, 비용 낭비 방지, 절차 지연을 방지하고, 재매각 없이 속행하여 사건을 신속하게 종결하기 위하여 인정된다.

양자의 차이점은 공유자우선매수에서는 공유관계의 특수성을 고려하여 법적 의제로서 인정되는 것이므로, 공유자가 우선매수신고를 하면 최고가매수신고인은 '자동으로' 차순위매수신고인이 된다. 그러나 일반 사건에서의 차순위는 자동으로 의제되는 것이 아니라 '차순위 요건을 갖춘 자가 차순위 신고를 하여야' 비로소 차순위자로 인정된다는 점과 특히 일반 사건에서의 차순위는 공유자우선매수에서의 차순위와 그 개념이 다르다.

공유자우선매수가 아닌 일반 사건에서의 차순위자가 되기 위한 요건으로, 첫째로, 차순위신고자의 '<u>차순위매수신고액이 최고가매수신고액에서 보증금을 뺀 금액을 넘어야</u>' 한다〖<u>차순위매수신고액〉(최고가매수신고액 – 보증금)</u>〗. 이처럼 일반 사건에서의 차순위는 공유자우선매수에서와 같이 2등을 의미하는 것이 아니다. 또한 위의 차순위 요건을 충족하는 한 반드시 2등만이 차순위자가 되는 것이 아니다. <u>차순위 요건을 갖춘 차순위신고인이 2인 이상이면</u> ①

'신고 금액순'으로 정하고, ②신고금액이 같으면 '추첨'으로 정한다(재민 2004-3 제34조).

둘째로, 당해 사건의 매각기일 종결 전까지 '차순위매수신고'를 하여야 한다. 공유자우선매수에서의 차순위자와 같이 법적으로 의제 되는 것이 아니기 때문에 자동으로 차순위자가 결정되는 것이 아니라 매각종결 전까지 차순위매수신고를 반드시 하여야 한다. 셋째로, 이 경우의 차순위자는 신고에 의하여 결정된 것이므로 매수인이 매각대금을 지급할 때까지 차순위매수인은 차순위신고를 철회하지 못하며, 보증금도 회수하지 못한다. 공유자우선매수에서 차순위자가 법적으로 의제되어 자동으로 결정됨으로써 최고가매수신고인이 매각기일 종결 전에 차순위매수자로서의 지위를 포기할 수 있는 것과 서로 다르다. 일반 매각사건에서의 차순위는 스스로 차순위매수신고를 하였기 때문에 보증금 회수는 물론 차순위 신고도 철회하지 못한다.

넷째로, 최고가매수신고인에게 '매각허가결정'이 된 후에 최고가매수신고인이 '대금을 납부하지 아니하는 경우에만 비로소' 차순위매수신고인에게 매각허가결정이 가능하다. 따라서 최고가매수신고인에게 '매각불허가결정'이 있는 경우에는 차순위매수신고인에게 차순위 매각허가결정을 할 수 없고 '새 매각'을 하여야 한다는 점을 주의해야 한다(대결 2010마177493 참조). 최고가매수신고인에 대한 매각불허가결정은 매각허가결정이 되었다가 대금을 납부하지 않는 경우와는 달리 보증금이 배당재단에 포함되지 않고 최고가매수신고인에게 반환되기 때문에, 재매각을 하지 않을 목적으로 인정하는 차순위제도와 매치되지 않기 때문이다. 다시 말해서 차순위 제도는 최고가매수신고인에게 '매각허가결정'이 되었음에도 불구하고 동인이 '대금을 납부하지 아니하는 경우에만' 인정되고, 애초에 '매각불허가결정'이 된 경우에는 재매각이 아니라 '새매각'으로 다시 매각이 진행된다.

다섯째로, 차순위매수신고인마저도 대금을 납부하지 않을 경우에는 '재매각'이 실시되는데, 이때 재매각기일 3일 전까지 최고가매수신고인과 차순위매수신고인 중 먼저 납부한 자가 소유자가 된다. 실무는 재매각 전일까지 납부를 허용하는 경우가 대부분이다. 심지어는 납부기한이 한참 지난 후에도 납부를 허용하기도 한다. 이를 실무상으로는 '기한 후 납부'라고 한다. 기한 후 납부에 대한 서식을 아래에 싣는다. 참고하기 바란다. 최고가매수신고인과 차순위매수신고인이 있는 경우에, 이때 만약 경매신청인이 경매신청을 취하하고자 하는 경우에는 최고가매수신고인은 물론 차순위매수신고인으로부터도 동의를 받아야 한다. 차순위자도 매수신고인이기 때문이다.

매각대금 (기한 후)납입 신청서

사건번호 타경   호
채 권 자
채 무 자
소 유 자
매 수 인

 위 사건에 관하여 매수인은 년 월 일에 대금지급기일 지정을 받았으나 사정에 의하여 지정일에 납입하지 못하였으므로 <u>다음과 같이 매수잔대금, 지연이자 및 진행된 매각절차의 비용을 합산하여 대급납입을 신청합니다.</u>

매수금액 :
보 증 금 :
잔 대 금 :
지연이자 : (잔대금×경과일수/365×25%)

년 월 일

    매수인   (인)
    연락처(☎)

    지방법원   귀중

 우리는 앞에서 공유자우선매수와 나아가 일반 사건에서도 차순위매수가 인정됨을 자세히 보았다. 양자의 결정적인 차이점은 일반 사건에서는 '최고가매수신고가 있은 후'에 비로소 차순위매수신고를 할 수 있지만, 공유자우선매수에서는 경매개시결정이 있은 후이면 '처음부터' 즉 매각기일 전에도 차순위매수가 가능하다. 따라서 공유자우선매수는 '처음부터' 매각물건명세서에 공유자우선매수가 가능함을 표시한다. 공유자우선매수에서의 차순위매수는 과거부터 이 제도를 악용하는 사례가 빈번하였다. 그래서 현재의 실무는 특별매각조건으로 '1회에 한정'하여 인정하고 있다. 공유자우선매수의 예는 앞에서 본 2023타경79113 사건 매각물건명세서(박스 부분)을 참조하기 바란다.

[40] 경매조건의 변경은 입찰 경쟁을 낮춘다.

대법원 경매 사이트 또는 경매정보지를 보다 보면 자신이 입찰하려는 물건의 매각기일이 변경되는 경우를 종종 보았을 것이다. 변경이란 크게 보아서 '기일 변경'을 말하는데, 그 기일 변경의 원인은 매우 다양하다. 일반적으로 이해관계인의 사정에 따라서 경매사건의 구체적인 사정이 바뀌는 경우 기일 변경을 신청하게 되는데, 구체적으로 단순히 소유자인 채무자가 집행법원에 매각기일 변경을 요구하여 기일 변경이 될 수도 있고, 경매에 관련된 권리가 변동되거나, 감정평가 금액이 너무 높거나 낮아서 재평가를 위하여 변경되거나, 새로운 매각조건이 추가되는 등 다양한 이유에 의하여 채무자의 요구에 따라서 집행법원이 기일 변경을 허용하는 것이다.

진정한 이유와 원인에 의하여 정당하게 변경 절차가 일어나기도 하지만, 소유자인 채무자가 당해 물건의 소유권을 빼앗기지 않으려고 또는 채무변제의 시간을 벌기 위하여, "채무를 변제할 테니, 기간을 좀 유예해달라"는 등으로 채권자를 기만하여 꼼수를 부리는 경우 등 기일 변경의 이유는 다양하다.

소유자인 채무자가 당해 물건을 뺏기지 않으려고 한다는 것은 그 물건의 가치가 그만큼 높다는 의미이기도 하다. 특히 감정가보다 채무액이 더 많음에도 불구하고 소유자인 채무자가 기일 변경을 신청한다는 것은 그 물건이 무언가 미래가치가 매우 높다는 것을 의미한다고 볼 수 있다. 이처럼 채무자가 민사집행법상 기일 변경을 신청한다는 것은 그 물건이 그만큼 미래가치가 높다는 메세지일 수도 있고, 나아가 변경이 자주 있으면 그만큼 입찰 경쟁자가 줄어들게 된다.

입찰 경쟁이 높을수록 물건을 싸게 살 수 없기 때문에 변경이 잦으면 입찰 경쟁이 줄어들게 된다. 경매는 1등 이외에는 소용이 없지만 1등을 한다고 반드시 수익을 많이 남기거나 돈을 버는 것은 아니다. 그래서 변경은 경매에서 또 다른 의미를 내포하고 있음을 알 수 있다. 다음 사례를 통하여 변경이 어떤 의미를 시사하는지를 보도록 하자.

2023타경2034

880-7445)

소재지	경기도 양평군 강상면 ○○○ 외 14필지 도로명검색 D지도 N지도 G지도 주소 복사						
물건종별	임야	감정가	2,388,032,000원	오늘조회: 2 2주누적: 18 2주평균: 1 조회동향			
토지면적	5465㎡(1653.16평)	최저가	(70%) 1,671,622,000원	구분	매각기일	최저매각가격	결과
건물면적		보증금	(10%) 167,162,200원	1차	2024-07-03	2,388,032,000원	유찰
매각물건	토지만 매각	소유자	김○ 외1명		2024-07-31	1,671,622,000원	변경
개시결정	2023-05-02	채무자	김○		2024-08-28	1,671,622,000원	변경
사건명	부동산임의경매	채권자	농협자산관리회사(양도인:동서천농협)	본사건은 변경 되었으며 현재 매각기일이 지정되지 않았습니다.			

매각물건명세서

사건	2023타경2034 부동산임의경매	매각물건번호	1	작성일자	2024.06.18	담임법관(사법보좌관)	이영진
부동산 및 감정평가액 최저매각가격의 표시	별지기재와 같음	최선순위 설정	2020.03.10.근저당권			배당요구종기	2023.08.07

부동산의 점유자와 점유의 권원, 점유할 수 있는 기간, 차임 또는 보증금에 관한 관계인의 진술 및 임차인이 있는 경우 배당요구 여부와 그 일자, 전입신고일자 또는 사업자등록신청일자와 확정일자의 유무와 그 일자

점유자의 성명	점유부분	정보출처 구분	점유의 권원	임대차기간 (점유기간)	보증금	차임	전입신고일자·외국인등록(체류지변경신고)일자·사업자등록신청일자	확정일자	배당요구여부 (배당요구일자)
조사된 임차내역없음									

※ 최선순위 설정일자보다 대항요건을 먼저 갖춘 주택·상가건물 임차인의 임차보증금은 매수인에게 인수되는 경우가 발생 할 수 있고, 대항력과 우선변제권이 있는 주택·상가건물 임차인이 배당요구를 하였으나 보증금 전액에 관하여 배당을 받지 아니한 경우에는 배당받지 못한 잔액이 매수인에게 인수되게 됨을 주의하시기 바랍니다.

등기된 부동산에 관한 권리 또는 가처분으로 매각으로 그 효력이 소멸되지 아니하는 것

해당사항없음

매각에 따라 설정된 것으로 보는 지상권의 개요

해당사항없음

비고란
1. 일괄매각
2. 목록1,13.은 공부상 '전'이나, 현황 '도로'임. 목록2~10,12.는 공부상 '전'이나, 신축신고를 득하고 토목공사 완료된 토지이고, 목록12의 일부는 '도로'임. 목록11.은 공부상 '전'이나, 현황 '전기타' 상태로 일부 시멘트 바닥이 있고, 목록14.는 공부상 '임야'이나, 현황 신축신고를 득하고 토목공사 완료된 토지로 일부는 '도로'이며, 목록15.는 공부상 '임야', 현황 '도로'임.
3. 목록2~10,12,14.는 양평군청 문의 결과 신축신고를 득하여 토목공사가 완료된 토지임(감정평가서 참조).
4. 목록1~13.은 농지취득자격증명 요함(미제출시 매수보증금 반환하지 않음.), 발급기관의 농지취득자격증명신청 반려처분 등으로 인해 필요한 경우 행정소송등을 제기하여 취득 요함(사실조회회신 참조).
5. 목록9. 지상에 컨테이너 박스 1개동 및 목록14. 경계 인근 제시외 시설물이 각 소재하나, 이동이 용이하여 평가 및 매각에서 제외함.
6. 본건 지상의 옹벽, 경계석, 주차장 설치를 위한 구조물 등은 거래관행상 토지에 포함하여 평가함.
7. 네모건설 주식회사(목록14,15.의 지분 소유자임)가 2024. 6. 18. 유치권신고(공사대금:960,000,000원)를 하였으나 그 성립여부는 불분명함.

위 사건은 건축신고를 득하고 토목공사를 완료한 상태의 물건이다. 형식상 지목이 전이어서 농취증 제출을 요구하고 있다. 그러나 뒤에서 보는 바와 같이 '농취증 반려처분'까지 있고, 토목공사까지 완료된 상황에서 농취증 제출은 무리로 보인다. 이에 관하여 농취증 및 반려처분과 관련해서는 제2권 농지편에서 자세히 사례와 함께 보기로 한다. 다시 본론으로 돌아와서, 유치권 신고가 되어 있고 '지목은 임야이지만 사실상 대지로' 소유자와 채무자는 이 물건을 놓치고 싶지 않은 것 같다. 2회에 걸쳐서 변경 절차가 진행되고 있다.

다음의 사건은 신축 중인 아파트 17세대가 거의 완료된 상태에서 경매에 나왔다. 각 세대의 아파트 면적은 128.03㎡(38.73평), 방4, 거실, 주방, 화장실2, 드레스룸, 발코니6이다. 감정가 3,536,000,000원에서 7차 유찰이 되어 371,856,000원대까지 떨어진 상태에서 소유자와 채무자는 이 아파트를 놓치지 않기 위하여 3번의 변경 절차를 거치면서 안간힘을 쓰고 있다. 대지권은 미등기 상태이나 최저매각가격은 건물과 대지권을 포함한 가격이며, 일괄매각으로 대지권 등기에는 별문제가 없어 보인다. 건축법상 사용승인은 받지 않았지만, 사용승인을 받는 데는 별문제가 없어 보인다. 유치권을 행사하고 있으며, 유치권이 있다는 확정판결(서울고등법원 2020나2032945)이 있다. 그러나 중요한 것은 진성채권인지 여부도 중요하지만, 점유 상태의 파악이 더 중요하다. 유치권은 담보물권이지만 본질이 점유권이기 때문이다. 참고로 유치권자의 공사대금이 17억 정도인 것을 감안하면 합의 가능성도 있어 보인다.

2017타경32041 · 수원지방법원 여주지원 · 매각기일 : 2024.08.21(水) (10:00) · 경매 6계(전화:031-880-7450)

소재지: 경기도 양평군 용문면 다문리 산9-15, 아파트 1동 2층 201호외16개호

오늘조회: 1 2주누적: 56 2주평균: 4

물건종별	아파트	감정가	3,160,000,000원
대지권	미등기감정가격포함	최저가	(12%) 371,856,000원
건물면적	2156.6㎡(652.37평)	보증금	(10%) 37,185,600원
매각물건	토지·건물 일괄매각	소유자	(주)신일신업개발. 장봉익
개시결정	2017-07-06	채무자	(주)신일산업개발 외3
사건명	강제경매(유치권에기한경매)	채권자	공항시설관리(주) 외2

구분	매각기일	최저매각가격	결과
1차	2020-07-01	3,536,000,000원	유찰
2차	2020-08-05	2,475,200,000원	유찰
3차	2020-09-09	1,732,640,000원	유찰
	2020-10-14	1,212,848,000원	변경
4차	2022-12-28	1,084,128,441원	유찰
	2023-02-08	758,890,000원	변경
5차	2024-05-22	1,084,128,441원	유찰
6차	2024-06-19	758,890,000원	유찰
7차	2024-07-24	531,223,000원	유찰
	2024-08-21	371,856,000원	변경

본사건은 변경 되었으며 현재 매각기일이 지정되지 않았습니다.

관련사건 2017타경9133(중복)-취하, 2017타경9140(중복)-취하

다음 사건 역시 상당히 양질의 물건이다. 토지만 매각이고, 지상에는 거의 완료된 공장이 있다. 해당 부동산은 각 공부상 임야이나 토지 1, 2 부지는 건축허가를 받아 옹벽을 설치하고, 토지조성공사를 하여 각 부지에 공장과 창고 1동씩 건축을 하던 중 공사가 중단된 상태이다. 본건은 이미 건축허가가 난 토지로서 건축허가 명의자와 협의하여 건축허가를 승계받거나 해당 건축과에 허가 취소가 가능한지를 확인한 후 입찰에 참여하면 된다. 이 건 역시 3회의 변경 절차가 이루어졌다.

2023타경6894 (1)

* 수원지방법원 본원 · 매각기일: 2024.08.20(火) (10:00) · 경매 6계(전화:031-210-1266)

소재지	경기도 화성시 마도면 ○○○ 외 2필지						
물건종별	임야	감정가	2,940,616,000원	오늘조회: 3 2주누적: 12 2주평균: 1			
				구분	매각기일	최저매각가격	결과
토지면적	7002㎡(2118.11평)	최저가	(50%) 1,458,064,000원	1차	2024-03-26	4,191,673,000원	유찰
건물면적	건물은 매각제외	보증금	(10%) 145,806,400원		2024-04-29	2,934,171,000원	변경
매각물건	토지만 매각	소유자	(주)○○왕식자재마트		2024-06-03	4,197,324,000원	변경
				2차	2024-07-05	2,082,949,000원	유찰
개시결정	2023-07-06	채무자	(주)○○왕식자재마트		2024-08-20	1,458,064,000원	변경
사건명	임의경매	채권자	계양신협	본사건은 변경 되었으며 현재 매각기일이 지정되지 않았습니다.			

여기서 소유자 또는 채무자가 신청할 수 있는 기일변경·연기신청서를 참고로 실어둔다.

매각기일 변경·연기 신청서

사건번호   타경   호
채 권 자
채 무 자

  위 사건에 관하여   .   .   . :   로 매각기일이 지정되었음을 통지받았는바,
...................사정으로 그 변경(연기)을 요청하오니 조치하여 주시기 바랍니다.

              년   월   일

          채 권 자   (인)
          연락처(☎)

          지방법원   귀중

[41] 경매신청의 취하와 매각절차의 취소·정지는 어떻게 다른가?

경매신청자는 경매개시결정에서부터 낙찰자가 대금을 납부하기까지 경매신청을 취하할 수 있다. 다만 임의경매이든 강제경매이든 최고가매수신고인이 있는 경우에는 최고가매수신고인, 매수인, 차순위매수신고인(이하 최고가매수신고인 등이라 함)이 있으면 이들 모두로부터 동의를 받아야만 취하할 수 있다(민집법 제93조 2항). 최고가매수신고인과 차순위매수신고인은 매각기일에서 집행관에 의하여 최고가매수신고인 및 차순위매수신고인으로 이름과 가격이 불린 사람을 말하는 것이고(민집법 제115조 1항 참조), 매수인은 최고가매수신고인 또는 차순위매수신고인 중 매가허부결정기일에 매각허가결정이 확정된 사람을 말한다.

취하는 '경매신청인'이 낙찰자가 대금을 납부하기 전까지 집행법원에 하여야 한다. 매각허부결정에 대하여 즉시항고가 있어서 항고법원에 기록이 송부된 후에는 취하서를 항고법원에 제출해야 한다. 취하는 실무상 서면으로 한다.

경매취하 동의서

사건번호
채 권 자
채 무 자
소 유 자

위 사건에 관하여 매수인은 채권자가 위 경매신청을 취하하는데 대하여 동의합니다.

첨 부 서 류
1. 매수인 인감증명   1부

년   월   일

매 수 인   (인)
연락처(☎)

지방법원   귀중

경매 취하서

사건번호 　　　타경　　　　호

채 권 자

채 무 자

　위 사건의 채권자는 채무자로부터 채권 전액을 변제(또는 합의가 되었으므로) 받았으므로 별지 목록기재 부동산에 대한 경매신청을 취하합니다.

첨 부 서 류

1. 취하서부본(소유자와 같은 수)　　　　　　1통
1. 등록세 영수필확인서(경매기입등기말소등기용)　1통

년　　　　월　　　　일

　　　　　채권자　　　　　　　　　　　　　(인)

　　　　　연락처(☎)

지방법원　　　　귀중

(최고가 매수신고인 또는 낙찰인의 동의를 표시하는 경우)
위 경매신청취하에 동의함.

년　　　　월　　　　일

　　　　　위 동의자(최고가 매수신고인 또는 낙찰인)　　(인)

　　　　　연락처(☎)

☞유의사항

1) 경매신청은 매수인의 대금납부까지 취하할 수 있는 바, 경매신청 취하로 압류효력은 소멸하나 매수신고 후 경매신청을 취하하려면 최고가매수신고인(차순위매수신고인 포함)의 동의가 있어야 합니다.
2) 동의를 요하는 경우에는 동의서를 작성하여 취하서에 첨부하거나 또는 취하서 말미에 동의의 뜻을 표시하고 본인이 아닌 경우에는 인감증명을 첨부하여야 합니다.

다음은 취하로 종결된 사건이다. 취하도 물건의 가치가 높아서 소유자가 그 물건을 놓치고 싶지 않거나 물건의 가격 대비 채무가 적을 경우 등 다양한 경우에 일어난다. 이런 것들을 분석하는 것도 물건분석과 수익분석의 일종이다.

2022타경34652 (5) · 수원지방법원 여주지원 · 매각기일 : 2024.08.28(水) (10:00) · 경매 1계(전화:031-880-7445)

소재지	경기도 양평군 용문면			도로양검색 지도 지도 G지도 주소복사			
물건종별	도로	감정가	2,902,500원	오늘조회: 2 2주누적: 11 2주평균: 1 조회동향			
				구분	매각기일	최저매각가격	결과
토지면적	전체: 43㎡(13.01평) 지분: 21.5㎡(6.5평)	최저가	(24%) 697,000원	1차	2023-11-29	2,902,500원	유찰
					2024-01-24	2,032,000원	변경
건물면적		보증금	(10%) 69,700원	2차	2024-06-05	2,032,000원	유찰
				3차	2024-07-03	1,422,000원	유찰
매각물건	토지지분매각	소유자	장○○	4차	2024-07-31	995,000원	유찰
					2024-08-28	697,000원	변경
개시결정	2022-08-10	채무자	장○○		2024-08-13	0원	취하
사건명	강제경매	채권자	성남중앙신협	본사건은 취하(으)로 경매절차가 종결되었습니다.			
관련사건	2022타경36443(병합)						

중복경매 또는 이중경매의 경우에는 주의할 점이 있다. 이 경우에는 선행사건의 압류채권자가 신청을 취하하여도 후행사건에 따라 절차가 계속 진행된다(민집법 제87조 2항). 따라서 중복경매개시결정이 있는 때에는 선행사건의 경매신청이 취하될 경우 매각조건에 변경이 생겨서(예컨대 이중경매에서 먼저 압류와 뒤의 압류 사이에 임차권 또는 전세권 등이 설정된 경우) 매각물건명세서상의 기재사항이 바뀌는 경우(민집법 제105조 1항 3호 참조)에는 '선행사건의 취하'에 최고가매수신고인 등의 동의를 받아야 하고, 선행사건이 취하되더라도 매각물건명세서상의 기재사항이 바뀌지 아니하는 경우에는 동의를 받을 필요가 없다. 한편 후행사건이 선행사건의 '배당요구의 종기일 뒤'에 경매신청이 된 경우에는 진행 중인 선행사건을 취하하고 후행사건에 따라 절차를 진행하기 위해서는 '선행사건의 취하'에 최고가매수신고인 등의 동의를 받아야 한다.

취하에 동의를 요하는 경우에는 입찰 실무상 매수인(낙찰자)에게 수고비 명목으로 얼마간의 금전이 수수되는 것이 경매에서의 관례이다. 문제는 경매신청인이 동의서를 받은 후 경매를 취하하지 않은 상태에서 매수인(낙찰자)의 잔금 납부기일이 다가오는 경우가 있다. 이때는 낙찰자는 잔금 납부를 하는 것이 바람직하다. 잔금 납부를 하지 않으면 수고비 때문에 최고가매수신고인 또는 매수인으로서 소유권이전등기도 하지 못한 채 입찰보증금을 떼일 수 있기 때문이다.

경매 취하는 경매신청자가 하는 것이고, 경매 취소는 일정한 조건 아래 '집행법원'이 하는 것이다. 다음에 볼 경매의 정지와는 달리, 매각절차가 취소되면 집행법원은 경매신청인과 상대방(채무자와 소유자)에게 고지하고, 경매개시결정등기 말소를 등기관에게 촉탁한다. 경매 취소결정에 대하여는 즉시항고를 할 수 없다는 점을 주의해야 한다(민집법 제266조 제3항).

집행법원이 매각절차를 취소하는 경우를 한번 보자. 먼저 '임의경매'의 경우이다. 첫째로, 임의경매 진행 중 경매신청채권자가 채무자로부터 채무 전액을 변제받고 근저당권을 말소한 후에 근저당권이 말소된 등기사항증명서를 집행법원에 제출한 경우. 둘째로, 채무자가 채권자를 상대로 채무부존재확인소송이나 근저당권말소청구소송을 제기하여 본안법원으로부터 매각절차를 일시 정지를 명하는 잠정처분을 받아서 집행법원에 제출한 경우. 셋째로, 둘째의 경우에 채무자가 승소의 확정판결에 의하여 근저당권을 말소까지 한 다음 그 근저당권이 말소된 등기사항증명서를 집행법원에 제출한 경우. 넷째로, 채권자의 임의경매 신청에 대하여 채무자가 '경매개시결정에 대한 이의'를 제기하여 매각절차취소결정이 확정된 경우 등에는 모두 최고가매수신고인 등의 동의 없이도 집행법원에 의하여 매각절차가 취소된다.

그러나 '강제경매'의 경우에는 집행법원으로부터 취소를 받아내기 위해서는 문제가 좀 다르다. 당사자의 합의에 의하여 경매가 진행되는 임의경매와는 달리 강제경매는 애초에 법원의 집행권원에 의하여 경매가 시작되었기 때문에 최고가매수신고인 등의 동의 없이 매각절차를 소멸시키기 위해서는 '민사소송법의 법리'에 따라서 채무자가 채무를 갚았다는 것을 '청구이의의 소'라는 본안소송을 통하여 판결을 받아야만 가능하다. 이때 청구이의의 소의 본안법원으로부터 집행정지 결정을 받아서 강제경매를 정지시킨 후에 승소판결문을 집행법원에 제출하여야 최고가매수신고인 등의 동의 없이 강제경매가 취소된다. 간단히 말하면 임의경매와 달리 강제경매는 집행권원의 부존재, 소멸, 이행기의 연기와 같은 실체상의 하자를 '청구이의의 소로서만 주장'할 수 있기 때문에 '청구이의의 소'라는 본안소송에서 승소하여 그 판결문을 집행법원에 제출하여야만 경매가 취소된다.

이처럼 강제경매의 경우에는 최고가매수신고인 등의 동의 없이 매각절차를 소멸시키기 위해서는 채무자는 매우 어려운 과정을 거쳐야 한다. 따라서 경매 실무상으로 임의경매와 달리 강제경매의 경우에는 앞에서 본 바와 같은 청구이의의 소송과 같은 어려운 절차 없이 채무자가 최고가매수신고인 등의 동의를 받기 위해서는 임의경매에 비하여 2배 이상의 높은 합의금을 주지 않으면 최고가매수신고인 등의 동의를 받아내기가 쉽지 않다. 결국 강제경매의 경우에는 매수인(낙찰자)은 민사집행법을 모르면 이와 같은 사건에서 아주 작은 수고비를 받고서 강제경매 사건의 취소를 동의하는 우(愚)를 범하게 된다.

다음은 중복경매 사건에 대한 취하와 취소의 사례이다. 경매의 취하와 취소 사례를 구체적으로 한번 보도록 하자.

2019타경517908							
*수원지방법원 본원	*매각기일 : 2021.06.03(木) (10:30)			*경매 6계(전화:031-210-1266)			
소 재 지	경기도 화성시 팔탄면 ○○○ 다세대주택 1동 101호외10개호						
새 주 소	경기도 화성시 팔탄면 ○○○ 다세대주택 1동 101호외10개호						
				오늘조회: 1 2주누적: 0 2주평균: 0			
물건종별	다세대(빌라)	감 정 가	1,611,093,000원	구분	매각기일	최저매각가격	결과
				1차	2020-09-24	1,611,093,000원	유찰
대 지 권	미등기감정가격포함	최 저 가	(49%) 789,436,000원	2차	2020-11-04	1,127,765,000원	유찰
					2020-12-04	789,436,000원	변경
건물면적	559.24㎡(169.17평)	보 증 금	(10%) 78,943,600원		2021-02-24	789,436,000원	변경
				3차	2021-06-03	789,436,000원	
매각물건	토지·건물 일괄매각	소 유 자	유○○	매각 : 960,000,000원 (59.59%)			
				(입찰1명,매수인:(주)호크)			
개시결정	2019-10-08	채 무 자	유○○	매각결정기일 : 2021.06.10 - 매각허가결정			
				대금지급기한 : 2021.07.27			
				배당기일 : 2021.07.27			
사 건 명	임의경매	채 권 자	(주)포켓핀테크대부 외1	2021-07-26		0원	취하
				본사건은 취하(으)로 경매절차가 종결되었습니다.			
관련사건	2020타경63438(중복:모사건)-취소						

2020타경63438

소재지	경기도 화성시 팔탄면 ○○○ 구분건물 1동 101호외10개호				
새 주 소	경기도 화성시 팔탄면 ○○○ 구분건물 1동 101호외10개호				

• 수원지방법원 본원 • 매각기일 : 2022.08.26.(금) (10:30) • 경매 6계(전화:031-210-1266)

물건종별	다세대(빌라)	감 정 가	1,611,093,000원	오늘조회: 1 2주누적: 0 2주평균: 0
대 지 권	미등기감정가격포함	최 저 가	(49%) 789,436,000원	
건물면적	559.24㎡(169.17평)	보 증 금	(20%) 157,887,200원	
매각물건	토지·건물 일괄매각	소 유 자	유○○	
개시결정	2020-06-22	채 무 자	유○○	
사 건 명	임의경매	채 권 자	(주)리카싱인베스트먼트대부외2	

구분	매각기일	최저매각가격	결과
1차	2022-03-29	1,611,093,000원	유찰
2차	2022-04-28	1,127,765,000원	유찰
3차	2022-06-03	789,436,000원	매각
	매각 860,100,000원(53.39%) / 1명 / 미납		
	2022-08-26	789,436,000원	취소
	본사건은 취소(으)로 경매절차가 종결되었습니다.		

관련사건 2019타경517908(중복)-취하, 2021타경65233(병합)

2021타경65233

• 수원지방법원 본원 • 배당요구종기일 : 2022.01.27 • 경매 6계(전화:031-210-1266)

본 사건은 경매예정물건으로 배당종결(으)로 경매절차가 종결되었습니다.

소재지	경기도 화성시 팔탄면 ○○○				
물건종별	예정물건	소 유 자	유○○	사건접수일자	2021-08-11
사 건 명	임의경매	채 무 자	황○○	개시결정	2021-08-12
입찰방법	기일입찰	채 권 자	고○○	배당요구종기일	2022-01-27
관련사건	2020타경63438(병합:모사건)-취소			종국일자	2022-09-27(배당종결)

위 2019타경517908 사건은 신축 등기된 지 8개월 만에 경매신청이 되었다가 취하되었다. 채무자가 대금지급기한 전에 채권자에게 채무를 변제하고, 채권자가 대금지급기한 하루 전에 사건을 취하하였음을 알 수 있다. 매수인은 소위 닭 쫓던 개 꼴이 된 것이다. 이 사건에서 채무자는 변경을 2회식이나 하였고, 채무변제로 사건을 취하하려고 무척 노력하고 있었음을 알 수 있다. 그런데 매수인 60%대에 낙찰을 잘 받고도 대금지급기한까지 잔금 납부를 지연하다고 하루를 남기고 취하되었다. 민사집행법은 모르면 낙찰자는 고생하여 낙찰을 잘 받고도 이런 꼴이 된다. 그런 연후에 이어서 동일 부동산에 또 다른 채권자들이 경매를 신청하여 2020타경63438 및 2021타경65233 사건이 중복사건으로 경매시장에 나왔다. 당사자의 합의로 선행사건인 2020타경63438 사건과 관련 사건인 2021타경65233 사건에 대한 경매신청이 취소된 것이다. 비록 임의경매이지만 채무자가 매수인의 동의를 받아내기 위하여 얼마나 정성을 쏟았을 것인가가 짐작이 되지 않는가?

한편 매각절차가 정지되는 경우도 있다. 취하 또는 취소는 매각절차가 종국적으로 종료되지만, 정지는 그렇지 않다. 집행법원은 다음의 문서가 집행법원에 제출되면 매각절차를 정지

한다(민집법 제266조). 정지 사유는 담보권 등기가 말소된 등기사항증명서, 담보권 등기를 말소하도록 명한 확정판결 정본, 담보권이 없거나 소멸되었다는 취지의 확정판결 정본, 채권자가 담보권을 실행하지 아니하기로 하거나 경매신청을 취하하겠다는 취지 또는 피담보채권을 변제받았거나 그 변제를 미루도록 승낙한다는 취지를 적은 서류, 담보권 실행을 일시 정지하도록 명한 재판의 정본[135] 등이 제출된 경우에 경매사건을 정지한다. 이때 법원은 별도의 정지 결정을 하거나 경매신청인에게 통지를 하지 않는다. 다만 매각기일 법정 출입구에 고지한다.

물론 낙찰자는 사건이 정지되어도 대금을 납부하면 등기 없이도 소유권을 취득한다(민집법 제135조, 제268조). 따라서 대금납부 후에는 매각절차의 정지, 취소문서가 집행법원에 제출되더라도 매수인(낙찰자)의 소유권 취득에 아무런 영향을 주지 못하며 배당절차도 그대로 실시된다. 어떤가? 이 점을 생각하면 낙찰자는 매각대금을 빨리 납부하는 것도 중요하다는 생각이 들지 않는가? 이처럼 민사집행법을 알아야 낙찰자에게 유리하고 원활한 경매를 진행할 수 있다. 낙찰자가 잔금 납부를 미루는 등안 매각절차가 취하, 취소, 정지되면 애써 낙찰받은 부동산을 취득하지 못하는 경우가 생길 수 있기 때문이다. 위 2019타경517908 사건의 낙찰자가 닭 쫓던 개 꼴이 된 전형적인 사례이다.

이처럼 경매는 다수 당사자의 다면적 대립 관계이므로, 상호 이해관계가 엇갈리는 복잡한 양상을 띠고 있다. 이러한 구조를 잘 이해해야 한다. 이것 역시 큰 틀에서 수익분석과 연관된다. 위 사례의 사건에서 소유자와 채무자는 세 번에 걸친 경매사건을 겪으면서 결국은 부동산을 지켜냈다. 결국 입찰자 입장에서는 기일 변경, 취하, 취소, 정지 등이 그 사건의 종국적 향방을 좌우하는 요인으로 작용한다는 점을 기억하기 바란다.

[42] 명도와 관련한 불편한 진실

일반 매매에 비하여 경매는 명도가 껄끄럽다. 왜냐하면 일반 매매는 매도인이 스스로 원하여 매매를 하는 것이지만, 경매는 매도인이 무자력으로 인하여 채권자로부터 강제로 매각을

---

[135] 이러한 문서의 예로는 채무부존재확인의 소 또는 근저당권 설정등기말소청구의 소에 따른 '매각절차의 일시정지결정', 경매개시결정에 대한 이의신청에 따른 '매각절차의 일시정지결정', 제3자 이의의 소에 따른 '매각절차의 일시정지결정' 등을 생각할 수 있다.

당하는 것이기 때문이다. 무자력으로 인하여 소유자가 강제매각을 당하면 당해 건물에 거주 또는 영업을 하고 있던 임차인은 대항력과 우선권을 확보하지 못하였다면 보증금을 회수하지 못할 수도 있다. 이들은 비록 자신의 무지에 의하여 대항력을 갖추지 못하였다 하더라도 이유 여하를 불문하고 보증금을 돌려받을 수 없다면 순순히 집이나 영업장을 비워주지 않으려 한다. 최소한 이사비라도 받아서 손실을 조금이라도 만회하려고 하는 것이 일반적이다.

하지만 걱정할 필요 없다. 왜냐하면 점유자도 자신이 낙찰자에게는 법적으로 또는 이성적으로 명분이 없다는 점을 알고 있지만, 다만 감정적으로 수용하지 못할 뿐이며, 억지를 부리는 것뿐이다. 따라서 낙찰자보다 점유자가 오히려 심리적으로 더 불안하다. 점유자는 속으로는 협상을 하기를 바라면서도 겉으로는 협상의 의사가 없는 것처럼 행동하거나, 또는 협상에 응하는 것처럼 하다가도 갑자기 전화를 받지 않거나 연락이 끊기는 등의 행동으로 낙찰자를 안달 나게 한다. 이것은 작전일 뿐이다.

그러나 낙찰자는 합법적일 뿐 아니라 결론적으로 낙찰자가 법적으로는 물론 현실적으로도 소위 甲이다. 따라서 낙찰자로서는 객관적·이성적 판단으로 행동은 단호하게 하되, 마음으로는 여유를 가질 필요가 있다. 현 상황에 대한 객관적이고 법리적인 이해와 점유자의 상황을 이성적으로 판단하고 마음의 여유를 가지고 점유자의 농단을 과감하게 리드할 필요가 있다. 그래야 명도가 낙찰자의 의도대로 이루어진다. 그렇지 않고 점유자로 하여금 낙찰자가 간절한 상황에 처한 것과 같은 오해를 하도록 행동을 해서는 안 된다.

그렇다면 여기서 점유자의 심리와 입장을 일반적·객관적으로 한번 자세히 살펴보자. 그리고 낙찰자는 어떻게 처신해야 하는지를 한번 보자. 낙찰자는 내공을 쌓고 권리분석과 명도분석을 하였을 것이므로, 단연코 점유자는 법적으로 후순위자 또는 불리한 지위에 있는 자일 것이다. 점유자도 이 점을 머리로는 잘 알고 있지만, 가슴으로 수용하지 못할 뿐이다. 그래서 이사비용이라도 받거나 조금 더 살기를 원하는 것이다. 그래서 낙찰자에게 추운 겨울이라는 등의 계절을 핑계로, 아이가 초등학교 졸업반이라는 등의 아이를 핑계로, 남편 직장을 핑계로 등등 나름대로의 대응 방안(?)을 가지고 내심 불안에 떨고 있다. 점유자의 내심을 살펴보면, 낙찰자가 전화를 하면 어떻게 하지?, 찾아오면 어떻게 하지?, 찾아오면 사정을 할까?, 배째라고 소리를 지를까?, 점유자는 불안한 심정으로 낙찰자에 대하여 나름대로의 전략을 짜고 시나리오를 준비하고 기다린다.

그러나 시간이 흘러도 낙찰자는 찾아오지 않고, 어느 날 갑자기 법원으로부터 특별송달 우편이 날아들고, 내용물은 '인도명령 결정정본'이라는 것이다. 주문에는 "피신청인은 신청인에게 별지 목록 기재 부동산을 인도하라"라고 쓰여 있다. 곧이어서 낙찰자가 보낸 '내용증명 우편'이 날아든다. 내용에는 "언제까지 부동산을 비워주지 않으면 강제집행과 함께 민형사상의 책임을 져야 하며, 그에 대한 손해배상도 물리겠단다". 공식적인 절차를 통한 협박 아닌 협박이다. 이쯤 되면 점유자는 낙찰자에게 전화를 할 것이다. 이사비용이라도 조금 받을 속셈으로 먼저 전화를 하거나 먼저 찾아오게 된다. 이때 간단명료하게 협상을 하되, 질질 끌려가서는 안 된다. 또한 낙찰자는 이성적으로는 동정이 가더라도 감성적 동정은 절대 금물이다.

경매는 낙찰자의 고의나 과실에 따른 낙찰자의 불찰로 발생한 사건은 결코 아니다. 따라서 낙찰자가 최고가를 쓴 사람이라는 의미에서 채무자 또는 소유자에게는 은덕을 베푼 사람이다. 그렇다면 낙찰자는 인도명령 신청이나 명도소송 또는 점유자에 대한 강제집행을 주저해서는 안 된다. 명도는 신속이 중요하므로, 시간을 끌면 끄는 만큼 낙찰자에게 경제적으로 손실일 뿐만 아니라, 감정적으로도 상처를 입게 된다. 따라서 바로 법적 조치와 함께 협상에 들어가는 것이 중요하다.

그러나 여기에 덧붙여서 말하거니와, 사실 경매 투자에서 명도는 중요한 것이 아니다. 낙찰자가 양질의 부동산을 싸게 샀느냐가 중요한 것이지 낙찰자는 소유자이므로 당연한 법적 절차인 명도가 중요한 것이 아니다. 명도는 당연히 이루어지는 절차일 뿐이다. 따라서 좋은 부동산을 싸게 샀다면 명도가 오래 걸리거나 복잡하거나 이사비용이 좀 들어가더라도 성공한 경매가 될 것이고, 그 반대라면 아무리 명도를 신속 명확하게 잘했더라도 성공한 경매는 아닐 것이다.

어떻든 명도에서 점유자가 호락호락하지 않으면 '인도명령'을 신청하여야 하며, 인도명령은 일종의 재판이다. 따라서 공매가 행정기관인 캠코에서 하는 것이므로 삼권분립의 원칙상 인도명령이 인정되지 않고 법원에 '명도소송'을 하여야 하는 점과는 현저한 차이이다. 인도명령 신청은 '매각절차의 연장선상'에서 민사집행법상 인정되는 것이다. 따라서 민사집행법상 이른바 '전속관할'에 해당하므로 '당해 경매를 진행한 법원에만' 신청을 할 수 있다. 민사소송법에 의하여 인정되는 명도소송과는 관할에서부터 심리방식 등 양자는 확연히 다르다.

민사소송법상의 '명도소송'은 구두변론을 통하여 판결로써 재판을 하고, 이에 대한 불복은 항소와 상고로 하지만, 민사집행법상의 '인도명령'은 서류재판으로 할 것인지 구두변론을 열 것인지는 재판부가 자유로이 결정할 수 있지만, 대부분 인도명령은 '서류재판'으로써 재판을 하고, 이에 대한 불복은 항고 또는 즉시항고로써 한다. 인도명령은 명령이라고 되어 있지만 실질은 '결정'이라는 재판이다. 인도명령과 명도소송은 재판의 관할과 방식, 불복방법 등에서 판이하게 다르다. 인도명령은 모든 경매사건에서 무조건 인정되는 것이 아님을 주의해야 한다.

인도명령이 수용되면 인도명령에 대한 '결정정본'이 나온다. 법원은 이 결정정본을 낙찰자는 물론 점유자에게도 송달한다. 이 결정정본을 받고도 이사를 가지 않거나 협상에 응하지 않으면 낙찰자는 다시 법원으로부터 '송달증명과 집행문'을 부여받아 집행관에게 강제집행을 신청하여 점유자를 강제로 쫓아낼 수 있다. 이때 집행관은 물론 대동한 인부들의 노무비 등 인건비와 트럭 사용료, 물류 보관비 등의 집행비용이 발생하는데, 원래 이들은 법률상의 이유 없이 버틴 점유자가 부담해야 할 성질이지만, 배 째라는 식으로 점유자가 응하지 않으므로 일단은 낙찰자가 부담해야만 한다. 물론 낙찰자는 부담 후 점유자의 재산으로부터 강제집행을 할 수 있다.

엄밀히 따지면 이런 경우에는 '국가집행의 원칙'에 따라서 국가가 집행하고 점유자로부터 비용을 추징하는 것이 정당하다. 즉, 법리상으로는 인도명령까지 떨어졌는데 버티는 자에 대한 응징 또는 추징은 국가의 몫이지, 경매사건의 이해관계인도 아니요 오히려 경매사건의 은혜자인 낙찰자의 몫은 아니다. 하지만 현실은 매우 비법률적이고·비민주적이고·비합리적이다. 이와 같은 상황 때문에 실무상으로는 낙찰자는 점유자와 적당한 이사 비용을 주고 사건을 간단히 해결하고자 하는 사람도 있게 되는 것이다.

그러나 원론적·법리적으로는 어찌 됐든 실무적으로는 이와 같은 비용이 발생한 것은 점유자의 고의 또는 과실에 의한 것이기 때문에, 낙찰자는 점유자를 상대로 지급명령 등의 집행권원을 득하여 인도명령과 그에 따른 강제집행으로 보관 중인 점유자의 물건(동산)에 대하여 집행비용을 보상받는 방법도 가능하다. 점유자가 사용 중인 집기류 등의 동산이 별로 돈이 되지는 않을지라도, 점유자 입장에서는 이를 재구입하려면 많은 돈이 들어갈 수도 있기 때문에, 점유자로서는 손실이 크거나 큰 압박이 아닐 수 없다. 따라서 이 방법을 강구하는 것도 좋은 생각이다. 이와 같이 인도명령 등의 집행이 민사집행의 일종으로서 민사집행의 연속이다.

[43] 항고 속의 숨겨진 절차적 손익(항고의 역설)

　기일입찰의 '매각기일'과 기간입찰의 '개찰기일'에서 최고가매수신고인이 있으면, 7일 후 매각(허부)결정기일에 매각을 허가할 것인지 불허가할 것인지를 결정한다. 저자가 경매란 결정이라는 재판을 통한 부동산매각이라고 한 점을 기억하는가? 매각허부결정이 있으면 다시 매각(허부)결정기일로부터 7일 후 매각(허부)결정 확정기일에 매각허부결정이 확정된다. 매각(허부)결정기일에서 매각(허부)결정 확정기일까지 이해관계인은 '매각허가결정 또는 불허가결정'에 관하여 즉시항고를 제기할 수 있다. 즉시항고 제기 기간은 그 처분을 고지받은 날부터 7일 이내의 불변기간이다. 불변기간은 천재지변 등 특별한 사정이 아니면 연기나 중단이 인정되지 않는다.

　사법보좌관이 매각허부결정을 한 경우에는 불복이 있는 자는 같은 기간 내에 사법보좌관의 매각허부결정에 대하여 먼저 '사법보좌관의 처분에 대한 이의신청'을 하여야 하고, 이에 따라서 사법보좌관은 스스로 사건을 경정하거나 또는 단독판사에게 송부함으로써 이의신청 사건을 처리한다. 사법보좌관의 사건 송부에 따라서 단독판사가 사법보좌관이 한 이의신청 사건에 대한 처분을 다시 판단하는 식으로 '2중의 구조'로 되어 있다. 이것을 전문적 용어로 '재도의 고안(再度의 考案)'[136]이라고 한다. 이 단원 끝부분에 사법보좌관의 처분에 대한 이의신청서를 실어 둔다.

　한편 이해관계인은 매각허부결정에 따라 '손해를 볼 경우에만' 그 결정에 대하여 즉시항고를 할 수 있다. 낙찰자가 부동산을 낙찰받았는데, 다른 이해관계인이 매각허가결정에 대하여 항고를 제기하면 항고 또는 재항고는 짧으면 6개월 내외, 길면 1년 내지 2년 내외의 기간이 소요된다. 물론 <u>남항고(濫抗告, 항고 남용)로 인한 절차 지연을 막기 위하여 민사집행법은 '모든' 항고인은 매각대금의 10%에 해당하는 금전 또는 '법원이 인정한' 유가증권을 항고 보증금으로 공탁하여야 하고(민집법 제130조 제3항), 항고인이 2인 이상이어도 그들이 이해관계의 기초가 되는 권리관계를 공유하는 등의 특별한 사정이 없는 한 '항고인별로' 각각 매각대금의</u>

---

[136]　일반적으로 모든 재판은 불복이 있으면 원심법원은 그 재판을 할 수 없고 '상급법원'에서 그 당부(當否)를 심리·판단한다. 그런데 민사소송법 제446조는 결정이나 명령에 대하여 항고(즉시항고, 통상항고, 재항고 모두 포함)가 제기되면, 원심법원에서 보아 항고에 정당한 이유가 있다고 인정할 때에는 상급심의 절차를 거칠 필요 없이 원심법원 스스로 결정이나 명령을 바로 잡을 수 있도록 한 것을 "재도의 고안(再度의 考案)"이라고 한다.

10%에 해당하는 금전 또는 '법원이 인정한' 유가증권을 항고 보증금으로 공탁하도록 하고 있다(대법원 2006마513 결정).

항고 보증금은 '매각허가결정'에 대한 항고에만 적용되며, '매각불허가결정'에 대한 항고에는 보증금을 공탁할 필요가 없다. 위에서 '법원이 인정한 유가증권'이란 항고를 하고자 하는 자가 유가증권을 보증으로 공탁하고자 하는 경우에는 미리 집행법원에 유가증권 지정 신청을 하여 법원으로부터 지정을 받은 유가증권을 공탁하여야 한다. 항고 보증에는 보증회사와 지급보증위탁계약의 체결에 의한 이른바 '지급보증문서 또는 지급보증서'에 의한 보증은 허용되지 않는다(재민 2003-5 제5조 4호 참조).

또한 '채무자 및 소유자'가 한 항고가 '기각 또는 각하'[137]된 때에는 항고인은 보증으로 제공한 금전이나 유가증권을 반환받지 못한다(민집법 제130조 6항). 그러나 낙찰자의 경우는 예외이다. 즉, 낙찰자가 항고를 한 경우에는 항고의 기각 또는 각하 시에도 항고보증금을 돌려받을 수 있음이 원칙이다. 낙찰자는 낙찰불허가결정에 대해서만 항고를 할 것이고, '낙찰불허가결정'에 대한 항고는 보증금을 공탁할 필요가 없기 때문이다. 또한 항고를 한 날부터 항고기각결정이 확정된 날까지의 매각대금에 대한 대법원규칙이 정하는 이율(연 12%)에 의한 금액에 대하여도 반환을 요구할 수 없다. 반환받지 못하는 금액은 배당재단(경매법원의 배당할 금액)에 귀속된다. 그러나 경매신청이 '취하'되거나 매각절차가 '취소'되는 경우에는 항고인은 보증금을 반환받을 수 있다. 이때는 경매사건이 소급적으로 소멸되기 때문이다.

앞에서 대법원규칙이 정하는 이율은 현재 연 12%이다(민집규칙 제75조). 단, 보증으로 제공한 금전이나 유가증권을 현금화한 금액을 한도로 한다. 그러나 '채무자 및 소유자 이외의 자', 즉 낙찰자가 한 항고가 기각 또는 각하된 경우에는 보증으로 제공한 금전이나 유가증권은 반환받을 수 있지만, 대법원규칙이 정하는 이율에 의한 금액은 역시 반환받을 수 없다. 이것은 성질이 '지연손해금'이기 때문이다.

어쨌든 항고인이 보증금 등의 부담에도 불구하고 항고를 하면 낙찰자는 낙찰을 받고도 항고소송이 종결될 때까지 아무런 행위도 할 수 없으니 피를 말리는 기간일 수도 있다. 2심에서 항고가 기각되면 항고인은 3심에 재항고를 제기할 수도 있는데, 이때는 낙찰자가 기다려야

---

[137] 기각은 실체적 이유가 없는 경우에 하는 것이고, 각하는 항고 제기에 대한 기간, 방식 등의 형식적 하자를 이유로 하는 재판의 방식이다. 한편 항고가 항고심에 계속된 후 항고인이 항고 또는 재항고를 '취하'하는 경우에는 항고(재항고)의 기각으로 본다. 따라서 항고를 취하한 때에도 보증금이 반환되지 않는다.

하는 기간은 재항고 기간만큼 더 늘어난다. 즉시항고 또는 사법보좌관의 매각허부결정에 대한 이의신청에는 집행정지의 효력이 없다(민집법 제15조 6항 본문). 하지만 매각허부결정은 확정되어야 효력이 있으므로 즉시항고나 이의신청이 있으면 매각허부결정이 확정되지 않아 집행법원은 대금지급기한이나 새 매각기일을 지정하거나 실시할 수 없게 되어 사실상 집행절차를 진행할 수 없게 된다. 그래서 낙찰자가 기다려야 하는 기간이 더 늘어난다. 물론 항고가 항고 보증금을 납부하지 않는 등의 형식적 하자가 있어서 각하 되거나 항고가 이유 없음을 이유로 기각이 되면 그 이후의 절차는 진행할 수 있어서 낙찰자는 최종적으로 부동산을 소유할 수 있지만, 만약 항고가 인용되면 낙찰자는 매수인(낙찰자)의 자격을 박탈당할 수도 있다.

한편 항고는 채권자나 낙찰자도 제기할 수 있지만, 이들은 제기할 이유가 그리 많지 않을 것이다. 그래서 주로 항고는 소유자(채무자)나 임차인 등이 제기하는 경우가 대부분이다. 채무자는 항고로 승소를 할 수 있는 경우가 희박하고, 임차인의 경우는 항고기간 동안 월세를 지급하지 않고 거주할 수 있는 현실적인 이익이 있으므로 항고를 제기할 소지가 있고, 경매 현실에서도 임차인이 항고를 제기하는 경우가 많다.

아무튼 항고가 들어오면 최고가매수신고인 또는 매수인(낙찰자)은 오랜 시간을 기다려야 하는 고통이 따를 수 있다. 그러나 경매에서 낙찰자는 모든 것은 수익과 관련하여 판단하고 행동하여야 한다. 다시 말해서 항고로 인하여 그 항고가 종결될 때까지 오랜 기간을 기다려야 하거나 상가 등 수익성 부동산은 임대료에 대한 손실이 따를 수도 있지만, 항고심이 계속되는 동안 낙찰자는 매각 잔금을 내지 않은 상태에서 낙찰받은 부동산의 가격이 상승하면 항고심이 계속되는 동안 상승한 부동산 가격에 대한 수익을 얻을 수도 있다. 특히 대지 또는 토지가 더욱 그렇다. 이것은 바로 항고 등 민사집행(경매)의 구조를 수익의 면에서 접근하여 생각의 전환을 하면 전화위복이 될 수도 있음을 보여 주는 극단적인 예이다. 일반 부동산 매매에서는 있을 수 없는 이야기이지만 경매에서는 가능하다. 골치 아픈 항고가 오히려 수익을 안겨주는 것이다. 또한 항고가 들어오면 다음 달까지 매각 잔금을 낼 걱정도 하지 않아도 된다. 극단적으로 낙찰자가 항고를 제기하고 시간을 끄는 동안 낙찰자는 잔금 납부기간을 연장하는 등의 다른 경제적 이득을 얻을 수도 있다. 물론 낙찰자가 항고를 제기할 이유가 거의 없을 것이므로, 좀 극단적이기는 하지만 말이다. 그 정도로 항고를 두려워할 필요는 없다는 의미이다.

[전산양식 A5100]

사법보좌관의 처분에 대한 이의신청서

사　건　　타경(타채, 타기)

사법보좌관의 처분에 대하여 법원조직법 제54조 제3항에 따라 이의를 신청합니다.

신청인	성명	
	주소	
	연락처	
이의신청대상처분	처분일자	
	처분내용	
신청취지		
신청이유		

20　.　.　.

신청인　　　　　　　(서명 또는 날인)

지방법원　　　　　　귀중

※ 주의

1. 집행절차에 관한 집행법원의 재판에 대하여 사법보좌관처분에 대한 이의신청을 하는 경우에는 민사집행법 제15조 제3항에 따른 항고이유서를 이의신청서를 제출한 날부터 10일 이내에 제출하여야 하며, 매각허가결정에 대하여 항고를 하고자 하는 사람은 민사집행법 제130조 제3항의 보증을 제공하였음을 증명하는 서류를 제출하여야 합니다.
2. 위 1항의 항고이유서 또는 보증을 제공하였음을 증명하는 서류를 제출하지 아니한 경우에는 이의신청이 각하될 수 있습니다(사법보좌관규칙 제4조, 민사집행법 제15조 제5항, 제130조 제4항).

항 고 장

사　 건　　　타경(타채, 타기)

항 고 인

주　 소

　위 사건에 관하여 귀 법원에서 20 ． ． ．에 한 결정에 대하여 불복하므로 항고를 제기합니다.

　　　　　　　　　　　원　결　정　의　표　시

　　　　　　　　　　　　항　고　취　지

(예시) 원결정을 취소하고 다시 상당한 재판을 구합니다.

　　　　　　　　　　　　항　고　이　유

첨부서류 1.
　　　　　2.

　　　　　　　　　　　　　20 ． ． ．

　　　　　위 항고인　　　　　　　　　(날인 또는 서명)
　　　　　연락처(　　　　　　　　　　　　　)

　　　　　　　　　　　　　　　　　지방법원　　　　　귀중

※ 주의
1. 집행절차에 관한 집행법원의 재판에 대하여 즉시항고를 제기하는 경우에는 항고장에 항고이유를 적지 아니한 때에는 항고인은 항고장을 제출한 날부터 10일 이내에 항고이유서를 제출하여야 합니다(민사집행법 제15조 제3항).
2. 매각허가결정에 대한 항고를 하는 경우에는 민사집행법 제130조 제3항의 보증을 제공하였음을 증명하는 서류를 제출하여야 합니다.
3. 위 1항의 항고이유서 또는 2항의 보증을 제공하였음을 증명하는 서류를 제출하지 아니한 경우에는 즉시항고가 각하될 수 있습니다(민사집행법 제15조 제5항, 제130조 제4항).

에필로그

책을 마무리 하면서...

오늘날 대한민국은 전체인구와 출생인구는 물론 생산인구도 급격히 줄어들고 있다. 그래서 천정부지로 오른 현 부동산의 실거래 가격은 높아도 너무 높다. 그리고 신규 분양은 아파트도 상가도 비싼 땅값으로 인하여 분양가가 너무 높다. 상가 등 수익성 부동산은 매매가와 분양가가 높아서 자영업자는 이제 자기 소유의 부동산이 아니고서는 수지타산을 맞추기가 어려워졌다. 그래서 이제는 50% 내외 또는 그 이하에 매수할 수 있는 경매가 대세이고 효자일 수밖에 없다. 그런데 최근 몰지각한 유튜버의 허풍에 찬 방송과 일부 경매학원의 잘못된 경영방식으로 인하여 진실한 경매학원이 피해를 보거나, 자칫 일반인들이 신선한 부동산 경매에 대하여 잘못된 편견과 선입견을 가지게 될까 걱정되어서, 또한 경매를 사랑하는 독자들을 위하여 얼마 전에 방송된 실제 사건에 대한 논평과 함께 집필 후기를 쓴다.

2024. 11. 15. KBS TV '추적 60분'이라는 프로에서 서울 강남에 있는 '굿*** 경매학원'의 공동투자에 관하여 방송된 적이 있다. 이 방송에 의하면 굿*** 경매학원은 7,000명의 수강생들을 모집하여 3,000억 원을 공동 투자하였지만, 매각이 되지 않아서 심각한 문제가 발생하였다는 것이다. 방송에 의하면 학원은 수강생들로부터 부동산 투자금액을 구좌로 분할하여 수십 명 또는 수백 명이 지분으로 투자하게 하고, 학원에서 투자자와는 별도의 주식회사 또는 농업법인을 설립한 후 개인들이 투자한 금액으로 법인 명의로 부동산을 낙찰받고, 법인 명의로 소유권이전등기를 함과 동시에 법인 명의로 대출을 받는 방식으로 투자를 진행하였다는 것이다. 굿*** 경매학원은 민법상 공유자들의 관리·처분상 의견 일치의 어려움과 대출의 어려움을 극복하기 위하여 법인을 설립하여 공동투자를 한 것으로 보이나, 위와 같은 굿***의 투자방식은 민법적으로 불법행위에 해당함은 물론 지금처럼 경기상황이 나쁠 때에는 분쟁

으로 이어질 위험성이 매우 높다. 나아가 세법 등 행정법상 또는 형법상 위법 소지가 높은 위험한 방식이다. 위 투자방식의 문제점을 지적한다.

첫째, 자연인과 법인은 법적으로 전혀 다른 사람이다. 따라서 자연인과 법인을 함부로 혼용하면 세법과 행정법적으로 위법행위가 될 수 있으며, 민법상으로는 불법행위가 되어 손해배상책임이 발생할 수 있다. 민법상 공동투자를 위하여 주식회사를 설립하는 것(이른바 paper company, 유령회사)은 상법 위반이다. 특히 농업인이 아니면서 농지를 취득하기 위하여 농업법인을 설립하는 것은 '농어업경영체 육성 및 지원에 관한 법률'에 위반된다. 몇 명 정도의 실질적인 공동투자는 몰라도 그렇게 많은 사람이 위와 같은 방식으로 투자를 하는 것은 매우 위험한 방식이다. 특히 부동산 경기가 좋지 않아 환금성이 떨어지면 십중팔구 문제가 발생한다.

둘째, 여러 명이 투자를 하려면 최소한 '수익성 부동산'에 투자하는 것이 바람직하다. 토지는 수익이 나오지 않기 때문에 위험하다. 수익성 부동산은 경기변동에 상대적으로 민감하지 않아서 위험성이 낮다. 유동화전문회사 또는 특수목적회사(SPC)가 취하는 투자방식을 굿*** 경매학원이 따라 한 것이다. 그러나 유동화전문회사 또는 특수목적회사(SPC) 등은 현재 합법적으로 인정되는 부동산에 대한 간접투자 방식이지만, 자연인이 법적 근거 없이 민법의 법리를 무시하고 위와 같은 방식으로 투자를 하는 것은 위법이자 매우 위험한 방식이다.

셋째, 경매 투자는 권리분석, 물건분석, 수익분석이 모두 최대한 객관적 근거와 기준에 의하여 이루어져야 한다. 전국 경매학원의 강의가 대부분 권리분석에만 치중되어 있고, 물건분석과 수익분석에 대한 구체적인 강의는 거의 없다. 이 책의 제5편의 내용과 같은 물건분석과 수익분석에 대한 강의는 찾아보기 어렵다. 그러나 정작 물건분석과 수익분석은 권리분석 못지않게 중요하다. 굿*** 경매학원처럼 무인도를 낙찰받거나 재개발·재건축 등이 예정된 땅은 물건분석과 수익분석이 객관적으로 쉽지 않다. 따라서 여러 명이 낙찰받는 경우에는 이런 종목은 당연히 피해야 한다. 이와 같은 종목은 임대소득이 나오지 않고, 여러 명이 투자하면 각자의 자금 사정이 천차만별이기 때문에 위험할 뿐 아니라, 물건분석과 수익분석이 객관적이지 못하고 뜬구름 잡는 식이 될 수 있다. 따라서 토지는 물론 특히 무인도나 재개발·재건축 등이 예정된 땅은 여러 명이 공유 또는 편법적인 방식으로 투자하는 종목으로는 바람직하지 않다. 이것이 바로 이 책의 제5편에서 본 바와 같이 객관적인 내용을 기준으로 하는 진정한 의미의 물건분석이고 수익분석이다.

자고로 경매에 관한 전문 학원이라면 체계적인 커리큘럼으로 권리분석은 물론 물건분석과 수익분석에 대한 근거중심, 법리중심의 객관적인 강의로 이루어져야만 수강생이 수강 후 유찰이 많이 된 물건을 스스로 낙찰받을 수 있다. 그렇지 않고 흥미중심, 결과중심의 피상적인 커리큘럼으로 채워지면 수강 후 많이 유찰된 어려운 물건을 스스로 낙찰받을 수 없다. 결국 수강생들은 스스로 낙찰받을 수 있는 내공이 없다 보니 위와 같은 위험한 방식으로 투자에 참여하게 되고, 이와 같은 방식의 학원의 투자는 결론적으로 수강생에 대한 기만이 될 수 있다.

끝으로 방송도 문제가 있다. 2024. 11. 15. KBS TV '추적60분'은 소제목으로 "대박은 없다"라고 하였다. 그러나 방송국은 프로그램 소제목을 "대박은 없다"가 아니라 "대박은 없었다"라고 하였어야 옳다. 소제목을 굿*** 경매학원에 국한하지 않고 '일반적 표현으로' '대박은 없다'라고 하는 것은 잘못된 표현이다. 왜냐하면 일반적 표현으로 하면 부동산 경매는 "전혀 대박은 없다"는 의미가 되기 때문이다. 그러나 그것은 일반적인 사실과 다르다. 부동산 경매 투자에는 대박이 상당히 많기 때문이다. 비록 굿*** 경매학원의 공동투자자들에게는 대박은 없었지만, 일반적으로 경매 투자에는 대박이 많기 때문이다. 따라서 방송은 프로그램 소제목을 "대박은 없다"가 아니라 "대박은 없었다"라고 하였어야 굿*** 경매학원에 국한된 보도가 되어서 정확한 표현이 된다. 그렇지 않고 일반적으로 "대박은 없다"라고 하면 "부동산 경매 투자에는 대박은 없다"는 잘못된 표현이 된다. 언론의 PD와 기자 및 편집자는 이점 주의할 일이다. 이 책을 읽은 독자들은 위 방송을 보고 부동산 경매에 대한 오해가 없기를 바란다.

수강생 여러분! 그리고 독자 여러분! 수고하셨습니다. 이 책은 법조계의 소송실무와 법무실무 및 부동산업계의 거래실무는 물론, 경매에 관한 권리분석과 물건분석 및 수익분석에 관련된 토지공법과 건물공법까지도 포용하여 정치하게 제련하였기 때문에 1~2회 독으로 만족하시기에는 부족할 것입니다. 10회 독은 한다는 생각으로 다독을 하시기 바랍니다. 그래도 이해

가 오지 않을 경우에는 저희 학원에 오셔서 저자의 강의를 들으시면 반드시 고수의 반열에 오르게 될 것입니다. 한편 경매는 고독합니다. 아니 부자가 되는 길 자체가 고독합니다. 따라서 평택 부동산경매학원의 동호회와 연구회에 가입하여 서로 품앗이를 한다는 생각으로 임장과 실전 투자를 함께하고 익힘으로써, 가장 짧은 시간에 고수가 되고 부자가 되셔서, 건강하고 행복한 삶을 영위하시기 바랍니다. 건투를 빕니다. 감사합니다.

평택 부동산경매학원 & 컨설팅
원장 부동산학박사 **김 태 건** 배상

저자와
협의하여
인지생략

부동산 경매 시크릿 제1권

저　　자　김 태 건
발 행 일　2025. 03. 01
출 판 사　도서출판 애플북
I S B N　979-11-93285-77-0
발 행 처　도서출판 애플북

★ 평택부동산경매학원 SNS

네이버 블로그 : 평택부동산경매학원 & 컨설팅 : http://blog.naver.com/009ktg
네이버 카페 : 평택부동산경매학원 & 컨설팅 : http://cafe.naver.com/pyeongtaekbaksa
YouTube : 김태건의 경매TV
이메일 : 009ktg@naver.com

이 책은 저작권법에 따라 보호받는 저작물이므로
무단 전재와 무단 복제를 금지합니다.